HANS-JÜRGEN PAPIER

Die Forderungsverletzung im öffentlichen Recht

Schriften zum Öffentlichen Recht

Band 136

Die Forderungsverletzung
im öffentlichen Recht

Von

Dr. Hans-Jürgen Papier

DUNCKER & HUMBLOT / BERLIN

Alle Rechte vorbehalten
© 1970 Duncker & Humblot, Berlin 41
Gedruckt 1970 bei Berliner Buchdruckerei Union GmbH., Berlin 61
Printed in Germany

Meiner Frau

Vorwort

Die vorliegende Schrift ist im Frühjahr 1970 von der Juristischen Fakultät der Freien Universität Berlin als Dissertation angenommen worden. Rechtsprechung und Schrifttum konnten im wesentlichen bis Juli 1970 berücksichtigt werden.

Die Arbeit wurde von meinem verehrten Lehrer, Herrn Professor Dr. Karl August Bettermann, betreut und in großzügiger Weise gefördert, wofür ich ihm aufrichtigen Dank sage. Seine schon vor einigen Jahren publizierten Erkenntnisse über Rechtsgrund und Rechtsnatur der Amtshaftung boten mir eine wertvolle Grundlage für weitere und spezielle Überlegungen zur Staatshaftung wegen Forderungsverletzung.

Mein Dank gilt auch Herrn Professor Dr. Arwed Blomeyer, der als Zweitreferent den Inhalt der Schrift vornehmlich unter zivilrechtlichen Gesichtspunkten begutachtete.

Herrn Ministerialrat a. D. Dr. Johannes Broermann bin ich für die Aufnahme der Arbeit in sein Verlagsprogramm in besonderer Weise verpflichtet.

Berlin, im Dezember 1970

Hans-Jürgen Papier

Inhaltsverzeichnis

Die Problemeinführung 15

Erstes Kapitel

Das öffentlich-rechtliche Schuldverhältnis — seine Voraussetzungen und seine haftungsrechtliche Behandlung in Rechtsprechung und Lehre

A. Die Gründe der herrschenden Lehre für eine Anwendung des Haftungsrechts des allgemeinen Schuldrechts im öffentlichen Recht 17

B. Die grundsätzlichen Fragestellungen 18

C. Der Gegensatz von Forderungsverletzung und Delikt im Privatrecht 19

D. Die Trennung beider Unrechtsformen im öffentlichen Recht 23

    I. Die Unterscheidung subjektiver öffentlicher Rechte in absolute und relative 23

   II. Die Einordnung der positiven Leistungsansprüche des status negativus in das Haftungsschema: Forderungsverletzung — unerlaubte Handlung 26

      1. Der Gegensatz von „dinglichen" Ansprüchen zu Forderungsrechten und die unterschiedliche Haftung im Falle ihrer Verletzung nach Privatrecht 27

      2. Die Verletzung der negatorischen Ansprüche des öffentlichen Rechts 31

      3. Die Parallelen bei den positiven Leistungsansprüchen des status negativus zu den negatorischen Ansprüchen 33

E. Die Bedenken gegen eine unmittelbare Staatshaftung allgemein 34

    I. Die persönliche Haftung des Amtsträgers nach § 839 BGB 35

   II. Die Staatshaftungstheorie Kelsens 37

F. Die traditionelle Anwendung des bürgerlichen Rechts der Forderungsverletzung in der Rechtsprechung 40

    I. Die öffentlich-rechtliche Verwahrung 40

      1. Die Entwicklung dieses Instituts in der Rechtsprechung 40

      2. Die maßgeblichen Gründe für die Konstruktion eines öffentlich-rechtlichen Verwahrungsverhältnisses 42

Inhaltsverzeichnis

II. Das öffentlich-rechtliche Treuhandverhältnis 42

III. Die Verletzung der beamtenrechtlichen Fürsorgepflicht 43

IV. Die Haftung im Rahmen öffentlich-rechtlicher Anstaltsverhältnisse 44

V. Zur generellen Anerkennung der Forderungsverletzung als Institut des öffentlichen Rechts in der Rechtsprechung 46

G. *Kritik an der Rechtsprechung des Reichsgerichts* 46

H. *Die Rechtsprechung des Bundesgerichtshofs seit BGHZ 21, 214* 52

  I. Die Fürsorgepflichtverletzung 53

  II. Die Fürsorgepflicht als Hauptpflicht 53

  III. Das „besonders enge Verhältnis des einzelnen zum Staat oder zur Staatsverwaltung" 55

  IV. Die teilweise Anerkennung des S c h u l verhältnisses als öffentlich-rechtliches Schuldverhältnis 57

J. *Die Begriffsbestimmung des öffentlich-rechtlichen Schuldverhältnisses in der Rechtslehre* 58

  I. Die Voraussetzung der Vermögenswertigkeit der geschuldeten Leistung 59

  II. Die Begriffsbestimmung bei Friedrichs 60

  III. Das öffentlich-rechtliche Schuldverhältnis nach dem Entwurf einer Verwaltungsrechtsordnung für Württemberg (EVRO) 61

  IV. Die Beschränkung auf schlicht-hoheitliche Verwaltungstätigkeit 62

   1. Begriffliche Klärung 63
   2. Das Verhältnis zu den in BGHZ 21, 214 aufgestellten Voraussetzungen 64
   3. Kritik an der herrschenden Lehre 64
      a) Forderungsverhältnisse und Gewaltverhältnisse 66
      b) Die Koinzidenz von Forderungsrecht = Gläubigerfunktion und Entscheidungs- und Vollstreckungsbefugnis als Kriterium der Über- und Unterordnung 69
      c) Das bürgerliche Recht der Forderungsverletzung als Ausdruck eines allgemeinen, jedoch auf Koordinationsverhältnisse beschränkten Rechtsgedankens 71
         α) Die Unterscheidung zwischen Analogie und Anwendung eines allgemeinen Rechtsgedankens 72
         β) Kritik an der Ersetzung der Analogie durch die Theorie der Anwendung allgemeiner Rechtsgedanken 75
      d) Die analoge Anwendung des bürgerlichen Rechts der Forderungsverletzung auf Schuldverhältnisse des öffentlichen Rechts 77

Inhaltsverzeichnis 11

V. Die Bestimmung des verwaltungsrechtlichen Schuldverhältnisses nach Art und Intensität des jeweiligen Leistungsinteresses bei Simons 81

VI. Zusammenfassende Stellungnahme zu den Begriffsbestimmungen des öffentlich-rechtlichen Schuldverhältnisses 84

Zweites Kapitel

Die Sanktionierung der öffentlich-rechtlichen Forderungsverletzung durch das Institut des enteignungsgleichen Eingriffs

A. *Die Entwicklung des enteignungsgleichen Eingriffs durch die Rechtsprechung zur selbständigen Haftungsgrundlage für Staatsunrecht* 85

B. *Die von vornherein beschränkte Regelungsmöglichkeit der öffentlich-rechtlichen Forderungsverletzung mit Hilfe des enteignungsgleichen Eingriffs* 87

C. *Das Verhältnis von Forderungsverletzung und enteignungsgleichem Eingriff* 88

    I. Enteignung durch Unterlassen 89

    II. Das Erfordernis des Eingriffs in „bereits vorhandene konkrete Werte" 90

    III. Kritik an der Rechtsprechung und die eigene Begründung 91

D. *Die unterschiedlichen Rechtsfolgen bei Forderungsverletzung und enteignungsgleichem Eingriff* 94

    I. Der Gegensatz von Restitution und Kompensation 95

    II. Die Enteignungsentschädigung als Schadensersatz minderen Umfangs 97

Drittes Kapitel

Amtspflichtverletzung und öffentlich-rechtliche Forderungsverletzung

A. *Die Einwände der herrschenden Lehre gegen die Amtshaftungsvorschriften als Grundlage eines Schadenersatzanspruchs wegen Forderungsverletzung* 99

    I. Art. 34 GG als befreiende Haftungsübernahme des Staates für Beamtenunrecht 100

        1. Die Amtspflichten als Innenpflichten im Gegensatz zu den Rechtspflichten des Staates im Außenverhältnis 100

        2. Die mögliche Diskrepanz zwischen Organwalterunrecht und Staatsunrecht 103

            a) Das amtspflichtwidrige, aber rechtmäßige Organwalterhandeln 103

            b) Das amtspflichtgemäße, aber rechtswidrige Organwalterhandeln 104

3. Die Ergebnisse der herrschenden Lehre 105

 4. Kritik an der Konstruktion der Amtspflichten des § 839 BGB als Innenpflichten des Organwalters 105

 II. Die Amtshaftung als ausschließliche D e l i k t s haftung 107

B. *Das Verhältnis der Amtshaftung als einer unmittelbaren Staatshaftung zur öffentlich-rechtlichen Forderungsverletzung* 108

 I. Die Problematik bei der „Umdeutung" der geltenden Amtshaftung in eine unmittelbare Staatshaftung 109

 II. Art. 34 GG als Haftungs- oder Anspruchsnorm 111

 III. Art. 34 GG als umfassende, Forderungsverletzung und unerlaubte Handlung gleichermaßen erfassende Haftungsnorm 113

C. *Die Amtshaftung als „Mindesthaftung" des Hoheitsträgers bei öffentlich-rechtlichen Forderungsverletzungen?* 115

 I. Die Haftungsverschärfung als Sinn und Zweck der Amtshaftung 115

 II. Der Wegfall der für die B e a m t e n haftung aus § 839 BGB geltenden Einschränkungen bei der S t a a t s haftung nach Art. 34 GG 118

 1. Subsidiarität der Staatshaftung, § 839 Abs. 1 Satz 2 BGB? 119

 2. Zur Geltung des § 839 Abs. 3 BGB für die Staatshaftung .. 120

 3. Staatshaftung und Naturalrestitution 122

Viertes Kapitel

Ausnahmen von dem Grundsatz ausschließlicher und abschließender Regelung der öffentlich-rechtlichen Forderungsverletzung durch das Staatshaftungsrecht

A. *Die die Staatshaftungsnorm ergänzende Anwendung schuldrechtlicher Vorschriften* 125

 I. Die Beweislast hinsichtlich des Verschuldens des Amtsträgers 125

 II. Der Anspruch auf Verzugszinsen im Rahmen der Staatshaftung 127

 1. Die abweichenden Voraussetzungen des öffentlich-rechtlichen Schuldnerverzuges eines Trägers öffentlicher Gewalt 129

 a) Die Anwendbarkeit des § 284 BGB auf öffentlich-rechtliche Subjektionsverhältnisse 129

 b) Die dem hoheitlichen Schuldner zustehende Prüfungs- und Entscheidungsfrist 130

 c) Die Bedeutung der Antragstellung für den Eintritt des Verzuges bei antragsbedinger Leistung 133

Inhaltsverzeichnis

    2. Die gesetzlichen Regelungen öffentlich-rechtlicher Verzugszinsansprüche 134
    3. Die entsprechende Anwendung des § 288 BGB 135
  III. Die Verjährung des Staatshaftungsanspruchs 137
    1. Die Unanwendbarkeit des § 852 BGB auf den Staatshaftungsanspruch wegen öffentlich-rechtlicher Forderungsverletzung 137
    2. Die gesetzlichen Sonderregelungen 139

B. *Die Fälle gesetzlicher Anerkennung einer Haftung des Hoheitsträgers wegen Forderungsverletzung n e b e n der Amtshaftung* 140
  I. Der Schadensersatzanspruch wegen Verletzung der beamtenrechtlichen Fürsorgepflicht 141
  II. Der Schadensersatzanspruch aus öffentlich-rechtlicher Verwahrung 143

C. *Die Leistungsstörungen im Rahmen gegenseitiger Verträge des öffentlichen Rechts* 146
  I. Die Bedeutung der §§ 323 ff. BGB neben einer Schadensersatzhaftung aus Art. 34 GG 146
  II. Anwendbarkeit der §§ 323 ff. BGB im öffentlichen Recht nur mit Einschränkungen? 147
    1. Die These einer unbedingten Aufrechterhaltung öffentlich-rechtlicher Vertragspflichten zur Wahrung des öffentlichen Interesses 147
    2. Zur Vereinbarkeit der in den §§ 323 ff. BGB getroffenen Regelungen mit der zu 1. genannten These 148
    3. Die Ablehnung einer besonderen, die §§ 323 bis 326 BGB ausschließenden Bestandskraft öffentlich-rechtlicher Erfüllungsansprüche 151

D. *Die Grenzen des Art. 34 GG als Z u r e c h n u n g s n o r m — die Ergänzung durch entsprechende Anwendung des § 278 BGB* 152
  I. Art. 34 GG als Institut der Organ- u n d Gehilfenhaftung 153
    1. Zur Unterscheidung von Organschaft und Stellvertretung, von Organhaftung und Gehilfenhaftung im Privatrecht 153
    2. Die Regelung des öffentlichen Haftungsrechts 155
  II. Die Haftung der „Funktionskörperschaft" aus Art. 34 GG als der Schuldnerin der Primärverpflichtung 156
  III. Die Haftung des Hoheitsträgers für das Verschulden einer als Erfüllungsgehilfin eingeschalteten Z i v i l person 157

Zusammenfassung   160

Literaturverzeichnis   165

Die Problemeinführung

Die Problematik um die Rechtsfolgen der Forderungsverletzung im öffentlichen Recht wird in der überkommenen Lehre und Rechtsprechung vornehmlich unter folgender Fragestellung erörtert: Findet § 278 BGB neben dem Amtshaftungsrecht — oder gar an dessen Stelle — im öffentlichen Recht entsprechende Anwendung? Diese Fragestellung ist aus mehreren Gründen unzulänglich: § 278 BGB ist ausschließlich *Zurechnungs*norm, nicht Haftungs- oder Anspruchsnorm[1]. Die primäre Frage ist also die nach der Anwendbarkeit privatrechtlicher *Haftungs*normen bei Forderungsverletzungen, also der §§ 275, 280 ff., 323 ff. BGB. Selbst wenn man die Geltung dieser Haftungsnormen im öffentlichen Recht bejaht, wäre jedenfalls nach der im Zivilrecht herrschenden Organtheorie § 278 BGB nicht einmal die primäre Zurechnungsnorm, vielmehr wären es die §§ 31, 89 BGB[2]. § 278 BGB wäre es nach dieser herrschenden Lehre nur dann, wenn ein Amtsträger nicht als Organ[3] derjenigen juristischen Person, die Schuldnerin des verletzten Primäranspruchs ist, gehandelt hätte[4].

Bei der Frage nach einem selbständigen, dem Privatrecht entsprechenden öffentlich-rechtlichen Haftungssystem für schuldhafte Forderungs- bzw. Vertragsverletzung ist darüber hinaus nicht nur — wie es in der überkommenen Fragestellung zum Ausdruck gelangt — das

---

[1] Vgl. zur Gegenüberstellung von Anspruchs- oder Haftungsnorm und Zurechnungsnorm: Westermann, JuS 1961, 333 ff.
[2] Siehe für das Privatrecht: Siebert in Soergel-Siebert § 31 Rdn. 1 u. 2; ders. Rechtsstellung u. Haftung der Technischen Überwachungsvereine, S. 10 f., 47; Enneccerus-Nipperdey § 110 I 3 sowie Fußn. 17; Nastelski in RGRK § 278 Anm. 10; Erman-Westermann § 31 Anm. 7; Denecke JR 1951, 742; Westermann, JuS 1961, 333 (335).
Nach der im Gegensatz zu jener „Organtheorie" stehenden sog. „Vertretertheorie" dagegen verschärft § 31 BGB lediglich gegenüber § 831 BGB die Haftung des Vereins für außervertragliches schadenstiftendes Verhalten seiner verfassungsmäßig berufenen Vertreter, indem er den Entlastungsbeweis abschneidet. Für Vertragsverletzungen durch Organe soll dagegen ausschließlich § 278 BGB gelten: von Tuhr Bd. 1, S. 540 Fußn. 87; Staudinger-Coing § 31 Rdn. 7; Erman-Groepper § 278 Anm. 4 b; RGZ 122, 351 (358 f.); anders offenbar RG JW 1936, 2066 (2067); offen gelassen in RGZ 110, 145 (147).
[3] Daß der Organbegriff im öffentlichen Recht — insbesondere in bezug auf die Staatshaftung nach Art. 34 GG — weiter ist als der in § 31 BGB, ist unten Kap. 4, D I 2 ausgeführt.
[4] Siehe z. B. BVerwGE 25, 138 (143): „Auch eine selbständige Körperschaft kann als Gehilfin des Landes bei der Erfüllung von Fürsorgepflichten gegenüber Landesbeamten in Betracht kommen".

Amtshaftungsrecht zu berücksichtigen. Es wird auch zu prüfen sein, inwieweit andere Haftungsinstitute für Staatsunrecht — insbesondere der Entschädigungsanspruch aus enteignungsgleichem Eingriff, dessen Voraussetzungen und Umfang in Rechtsprechung und Lehre keineswegs geklärt sind — die öffentlich-rechtliche Forderungsverletzung erfassen.

Die überkommene Fragestellung in ihrer Verknüpfung mit dem Amtshaftungsrecht ist aber auch deshalb zu eng, weil öffentlich-rechtliche Forderungsverletzungen auch außerhalb der Amtshaftung vorkommen und gerade hier ein besonderes Bedürfnis für die Entwicklung einer weiteren Haftungsgrundlage zu bestehen scheint:

Es sind verwaltungsrechtliche Schuldverhältnisse möglich, an denen auch oder sogar ausschließlich[5] Zivilpersonen beteiligt sind, so daß die Forderungsverletzung nicht einem Hoheitsträger zuzurechnen ist, sondern die Haftung einer Privatperson in Frage steht. Die Frage, unter welchen Voraussetzungen und nach welchen Vorschriften eine Privatperson wegen Verletzung öffentlich-rechtlicher Forderungen einem Hoheitsträger gegenüber haftet, wird jedoch in dieser Arbeit ausgeklammert.

Aber auch die einem Hoheitsträger zuzurechnenden Forderungsverletzungen können außerhalb der Amtshaftung — sowie der anderen erwähnten Haftungstatbestände — liegen, sofern die Amtshaftung auf allgemeine und besondere Gewaltverhältnisse beschränkt sein und ein Subjektionsverhältnis voraussetzen sollte, die Forderungsverletzung aber im Rahmen eines öffentlich-rechtlichen Koordinationsverhältnisses begangen wird.

Schließlich können Amtshaftungsrecht sowie die sonstigen Haftungstatbestände ein dem Privatrecht entsprechendes Haftungssystem für Forderungsverletzung von vornherein nur insoweit ersetzen, als *Schadensersatz* in Frage steht. Die Rechtsfolgen schuldhafter Vertragsverletzung sind aber nach dem privatrechtlichen Haftungssystem umfangreicher. Hier treten insbesondere der Rücktritt, vgl. §§ 325, 326 BGB, sowie die Rechtsfolgen des § 323 BGB alternativ neben den Schadensersatzanspruch wegen Nichterfüllung.

---

[5] Daß insbesondere öffentlich-rechtliche Verträge ausschließlich zwischen zwei oder mehreren Privatpersonen möglich sind, siehe Apelt, AöR 84, 257; Simons, S. 66; BGH DVBl. 1960, 561 f.; a. A. Menger, VerwArch 52 (1961), S. 100 f. mit Anm. 27.

Erstes Kapitel

Das öffentlich-rechtliche Schuldverhältnis —
seine Voraussetzungen und seine haftungs-rechtliche
Behandlung in Rechtsprechung und Lehre

A. Die Gründe der herrschenden Lehre
für eine Anwendung des Haftungsrechts des
allgemeinen Schuldrechts im öffentlichen Recht

Das bürgerliche Recht unterscheidet zwei Arten der Haftung für schuldhaft begangenes Unrecht: wegen Forderungsverletzung und wegen unerlaubter Handlung. Als Tatbestände der Forderungsverletzung sind im BGB ausdrücklich nur Unmöglichkeit und Verzug geregelt. Durch die von Lehre und Rechtsprechung entwickelten Grundsätze über die *positive* Forderungsverletzung ist die Begrenzung der Tatbestände der Leistungsstörung im BGB aufgegeben: der Schuldner hat für jede schuldhafte — oder nach § 278 BGB zurechenbare — Forderungsverletzung einzustehen.

An diesen Unterschied im privatrechtlichen Unrechtshaftungssystem knüpfen Rechtsprechung und Lehre des öffentlichen Rechts an: das positive öffentliche Recht regele mit dem Amtshaftungsrecht nur die *deliktische* Haftung eines Trägers öffentlicher Gewalt[1], hinsichtlich der Forderungsverletzung bestehe eine Lücke, die mit Hilfe des Privatrechts zu schließen sei. Dabei wird auf die für den Geschädigten ungünstigere Ausgestaltung des Deliktsrechts allgemein und des Amtshaftungsrechts im besonderen gegenüber dem Recht der Forderungsverletzung hingewiesen[2]. Das Deliktsrecht sei für den Gläubiger und Geschädigten insoweit ungünstiger, als der Anspruch der kurzen Verjährung des § 852 BGB unterliege, dem Gläubiger die Beweislastregel der §§ 282, 285 BGB

---

[1] So insbesondere Simons, S. 79; Blume, S. 146 ff.; Schneider, NJW 1962, 705 (707); Eckert, DVBl. 1962, 11 (15); Wertenbruch, JuS 1963, 180 (182); Schwär, S. 39 f.; OVG Hamburg DVBl. 1960, 745 (746); BayVGH, BayVerwBl. 1961, 90 (91).
[2] Simons, S. 78/79; Schwär, S. 35 ff.; Koch, S. 36 ff.; Blume, S. 148 ff.; Wertenbruch, JuS 1963, 180 (182); Pentz, NJW 1960, 85 f.; Weimar, RiA 1960, 311; vgl. ferner Baur, JZ 1963, 41 (44).
Aus der Rechtsprechung: BVerwGE 13, 17 (23); VGH Kassel DVBl. 1960, 328 (329); BayVGH BayVerwBl. 1961, 90 (91).

nicht zugute komme und schließlich die Haftung des Schuldners für Dritte im Gegensatz zum Vertragsrecht (§ 278 BGB) in § 831 BGB stark eingeschränkt, nicht als Haftung für fremdes — so § 278 BGB —, sondern für eigenes — vermutetes — Verschulden des Geschäftsherrn ausgestaltet sei. Dieser letzte Unterschied zwischen Deliktshaftung und Haftung aus Forderungsverletzung werde durch Art. 34 GG für das Amtshaftungsrecht zwar weitgehend ausgeglichen, dagegen werde die Stellung des Geschädigten noch dadurch verschlechtert, daß der Amtshaftungsanspruch gemäß § 839 Abs. 1 Satz 2 BGB bei Fahrlässigkeit des Amtsträgers subsidär sei, ferner die schuldhafte Nichtabwendung des Schadens seitens des Geschädigten durch Einlegung eines Rechtsmittels im Gegensatz zur Regel des § 254 BGB stets zum vollen Verlust des Anspruchs führe, § 839 Abs. 3 BGB. Eine weitere Schlechterstellung des Geschädigten bei ausschließlicher Anwendung des Amtshaftungsrechts und Nichtanwendung des bürgerlichen Rechts der Forderungsverletzung ergebe sich daraus, daß der Anspruch aus § 839 BGB, Art. 34 GG niemals auf Naturalrestitution (§ 249 BGB) gehe, soweit diese in der Vornahme einer Amtshandlung bestehe.

B. Die grundsätzlichen Fragestellungen

Die Entscheidung, ob und unter welchen Voraussetzungen die Privatrechtsnormen über die Forderungsverletzung im öffentlichen Recht als Ergänzung der nach überkommener Lehre ausschließlich deliktischen Amtshaftung entsprechend anzuwenden sind, setzt eine Abgrenzung der (privatrechtlichen) Forderungsverletzung von der unerlaubten Handlung und eine Klärung des Begriffs des „Schuldverhältnisses" voraus. Daran schließt sich die Prüfung an, ob diese Unterscheidung beider Formen des Unrechts auch für das öffentliche Recht maßgeblich und das Schuldverhältnis mit seinen speziell für das Privatrecht festgelegten Voraussetzungen ein Institut der allgemeinen Rechtslehre, also auch Bestandteil des öffentlichen Rechts ist. Sollte das zu bejahen sein, so ist weiter zu klären, ob das spezielle öffentliche Haftungsrecht — insbesondere, aber keineswegs ausschließlich, das Amtshaftungsrecht — nur das deliktische Unrecht, nicht aber die Verletzung öffentlich-rechtlicher Schuldverhältnisse sanktioniert. Nur wenn das der Fall ist, also im öffentlichen Recht hinsichtlich der Unrechtssanktionen insoweit eine Lücke besteht, ist die sinngemäße Anwendung des bürgerlichen Rechts der Forderungsverletzung unter dem weiteren Gesichtspunkt einer Gleichheit der Interessenlagen bei privatrechtlichen und öffentlich-rechtlichen Schuldverhältnissen zu prüfen. Denn mit der positiven Beantwortung der begrifflich-dogmatischen Frage nach Anerkennung öffentlich-rechtlicher Schuldverhältnisse ist die Anwendbarkeit der für das bürgerlich-rechtliche Schuldverhältnis maßgeblichen Haftungsnormen noch nicht entschieden.

C. Der Gegensatz von Forderungsverletzung und Delikt im Privatrecht

Will man den Unterschied zwischen Forderungsverletzung und Delikt feststellen, dann ist die Erkenntnis wichtig, daß nicht nur die Forderungsverletzung bzw. das Vertragsunrecht, sondern auch die unerlaubte Handlung die Verletzung von *Rechtspflichten* voraussetzt. Rechtswidrigkeit ist in beiden Fällen Rechtspflichtwidrigkeit[3]. Dabei soll hier nur am Rande vermerkt werden, daß demgegenüber die überkommene[4] — heute heftig umstrittene[5] und in Teilbereichen ganz aufgegebene[6] — Zivilrechtsdogmatik im Recht der unerlaubten Handlung in erster Linie den *Eingriff* in ein subjektives Recht bzw. die Herbeiführung einer Rechtsgutsverletzung als Unrechtsmaßstab und als Objekt des Unrechtsurteils versteht.

Der Unterschied zwischen Delikt und Forderungsverletzung besteht in der Struktur der verletzten Rechtspflichten. Dabei ist nicht der Entstehungs*grund* der Rechtspflicht entscheidend: ob sie durch Rechtsgeschäft (Vertrag, einseitiges Versprechen) oder durch Gesetz begründet ist. Auch auf das kraft (Privat-)Rechtssatzes entstandene Schuldverhältnis finden die Vorschriften über die Forderungsverletzung, insbesondere die §§ 276, 278, 280 BGB Anwendung[7], wenngleich umgekehrt das Deliktsrecht stets auf einem Rechtssatz beruhende Pflichten voraussetzt. Der Unterschied besteht auch nicht im Gegenstand des geschuldeten Verhaltens: ob positives Tun oder Unterlassen[8]. Einerseits kann eine Vertragspflicht auch ein Unterlassen zum Gegenstand haben. Andererseits bestehen die dem Deliktsrecht zugrunde liegenden Rechtspflichten

---

[3] Dietz, Anspruchskonkurrenz, S. 11 f.; 73 f.; Horn, S. 56; Rupp, Grundfragen, S. 224 ff.; Münzberg, S. 55 ff.; Nipperdey, NJW 1967, 1985 ff. (1989, 1991 u. 1992); Lorenz, JZ 1961, 433 (434); vgl. auch Weyreuther, Gutachten, S. 82.
[4] Vgl. dazu die Nachweise bei Münzberg, S. 83 f., Fußn. 166.
[5] Münzberg, S. 55 ff.; Nipperdey, NJW 1967, 1989 ff.; Enneccerus-Nipperdey, 1. Halbbd. S. 433/4, 2. Halbbd. S. 1281; Rupp, Grundfragen, S. 224 ff.; siehe auch BGHZ — GZS — 24, 21.
[6] Soweit es um die Verletzung des allgemeinen Persönlichkeitsrechts und den Eingriff in das Recht am Gewerbebetrieb als sog. offene Deliktstatbestände geht, siehe Nipperdey, NJW 1967, 1988 mit Nachweisen in Fußnote 21.
[7] Siehe Dietz, S. 11 ff.; Eckert, DVBl. 1962, S. 15/16.
[8] Unrichtig Weyreuther, Gutachten, S. 79: „Die Vorenthaltung einer (geschuldeten) Leistung kann stets nur einen Anspruch auf positives Verhalten verletzen. Anders der Eingriff im engeren Sinne [also der deliktische]. Wenn ihm überhaupt ein Anspruch vorausgeht, dann notwendig ein Anspruch auf Unterlassen."

nicht nur aus Enthaltungs- und Nichtstörungs-, also Unterlassungspflichten, erwähnt seien beispielsweise die auf positives Tun gerichteten deliktischen Verkehrssicherungspflichten[9]. Deliktisches Unrecht kann nicht nur aus Enthaltungs- und Nichtstörungs-, also Unterlassungsdurch Nichterfüllung einer zu positivem Tun verpflichtenden Rechtspflicht begangen werden.

Die herrschende Zivilrechtslehre grenzt Forderungsverletzung und Delikt wie folgt gegeneinander ab: Das Deliktsrecht setzt *allgemeine* Pflichten voraus; unter widerrechtlichem Verhalten als einer unerlaubten Handlung ist der Verstoß gegen die allgemeine Nichtstörungspflicht als undifferenzierte Verpflichtung, sich aller Eingriffe in die Rechte anderer zu enthalten, zu verstehen. Die *allgemeinen* Pflichten binden gegenüber jedermann, sie sind absolut. Erst mit der Zuwiderhandlung entsteht zwischen Schädiger und Geschädigtem eine Rechtsbeziehung. Den Gegensatz dazu bilden die *besonderen*, die nur gegenüber einer bestimmten Person bestehenden, also relativen Rechtspflichten, die Gegenstand einer Forderungsverletzung sein können. Die Verletzung dieser Pflichten bewirkt nur eine Änderung vorhandener (Primär-)Ansprüche; sie *begründet* nicht erst eine Beziehung zwischen Schädiger und Geschädigtem, sondern *setzt sie voraus*. Die schon vorhandene Obligation erhält durch ihre Verletzung lediglich einen anderen Inhalt[10].

Diese Abgrenzung zwischen Forderungsverletzung und Delikt wird problematisch, wenn man im Anwendungsbereich der negatorischen und quasi-negatorischen Unterlassungsklage materiell-rechtliche Unterlassungsansprüche anerkennt[11], diese Klage also nicht nur — wie eine sehr verbreitete Auffassung für das Zivil- und das Zivilprozeßrecht annimmt[12] — als anspruchsunabhängige Form des Rechtsgüterschutzes auffaßt. Denn dann liegt der Einwand nahe, der Deliktsanspruch sei —

---

[9] Siehe auch Rupp, Grundfragen, S. 229 mit Anm. 404.
[10] Dietz, S. 73 f., 283 f. sowie S. 11 ff.; Esser, Schuldrecht (3. Aufl.), § 3 IV, Seite 14.
[11] H. Lehmann, Unterlassungspflicht, S. 107 ff.; ders., Allgemeiner Teil (13. Aufl.), § 19 III; Enneccerus-Lehmann, § 252 I 1; Enneccerus-Nipperdey, § 72 I 3 a; Erman-Hefermehl, § 1004 Anm. 3 b, 3 c, 6 u. 8; Staudinger-Berg, § 1004 Rdn. 4; Baur, JZ 1966, S. 382 f.
[12] H. Siber, S. 100 f.; Zeuner, S. 301 ff. mit weiteren Nachweisen auf S. 302, Fußn. 21; von Caemmerer, Festschrift DJT II, S. 49 ff.
Es wird ferner eine Mittelmeinung vertreten, die bei den „eigentlichen negatorischen Klagen" — wie beispielsweise aus § 1004 BGB — einen echten Unterlassungsanspruch anerkennt, in der quasi-negatorischen Unterlassungsklage dagegen einen eigenen Klagetyp ohne materiell-rechtlichen Anspruch sieht: Larenz, Schuldrecht, 6. Aufl., Bd. II, § 70 II u. NJW 1955, 263, in der 8. Aufl. seines Lehrbuchs scheint Larenz von dieser Meinung abzugehen und der Auffassung Sibers, von Caemmerers und Zeuners zu folgen, siehe S. 481/2 und Fußn. 1 auf S. 482; Esser, Schuldrecht, 2. Aufl., § 211, 4 und 3. Aufl., Bd. II, § 113 II, S. 474 f.

C. Gegensatz von Forderungsverletzung und Delikt im Privatrecht

nicht anders wie der Schadensersatzanspruch wegen Forderungsverletzung aus § 280 BGB — ein Ersatzanspruch wegen schuldhafter Nichterfüllung einer Verhaltenspflicht[13]. Beide Ansprüche seien Folgen von Anspruchsverletzungen. In beiden Fällen handele es sich um die Umwandlung bestehender Verhaltensansprüche, durch die — im Gegensatz zur überkommenen Abgrenzung von Forderungsverletzung und Delikt — eine Rechtsbeziehung zwischen Schädiger und Geschädigtem nicht erst begründet, sondern nur inhaltlich geändert werde, so daß die unerlaubte Handlung nichts anderes als die Verletzung eines — gesetzlichen — Schuldverhältnisses[14], der Deliktsanspruch also ein Unterfall des Anspruchs aus § 280 BGB sei[15].

Ohne auf die Frage der Existenz materiell-rechtlicher Unterlassungsansprüche des privaten wie des öffentlichen Rechts näher einzugehen, ist doch der Hinweis geboten, daß jedenfalls die oben getroffene Feststellung, deliktisches Unrecht sei Verletzung von Rechtspflichten, nicht zu der Annahme zwingt, dieser Rechtspflichtverletzung entspreche notwendigerweise eine Anspruchsverletzung[16]. Ein derartiger Schluß auf das Bestehen von Unterlassungsansprüchen ginge von der falschen Prämisse aus, daß Anspruch und Rechtspflicht als Korrelatbegriff stets einander entsprächen, weil der Rechtsanspruch nur die Kehrseite der Rechtspflicht sei[17]. Zwar ist die Rechtspflicht eine notwendige subjektive Folge der Rechtsnorm; es gibt keine Rechtsnorm als Verhaltensnorm, die nicht eine Rechtspflicht eines Normunterworfenen begründet. Dagegen braucht sie nicht notwendig einen Anspruch für ein anderes Rechtssubjekt zu begründen, der Anspruch ist vielmehr nur eine mögliche subjektive Beziehung der Rechtsnorm. Darüber hinaus zwingt die Annahme materiell-rechtlicher Unterlassungsansprüche im Bereich des negatorischen Rechtsschutzes keineswegs zur Aufgabe der Unterscheidung von Forderungsverletzung und Delikt[18] — genauer oder doch für die Grundfrage dieser Arbeit spezieller formuliert: sie zwingt nicht dazu, eine Übertragung dieser — für das Privatrecht durch das positive Recht ohnehin vorausgesetzten — Trennung beider Formen des Rechtspflichtverstoßes in das öffentliche Recht von vornherein auszuschließen. Zwar kann die Unterscheidung zwischen Forderungsverletzung und

---

[13] Siber, S. 101/2, der daraus die Folgerung zieht, daß es materiell-rechtliche Unterlassungsansprüche nicht geben könne. Siehe auch H. Lehmann, Unterlassungspflicht, S. 112/3; Zeuner, S. 306.
[14] Siehe Rupp, Grundfragen, S. 231 Fußn. 407.
[15] Siber, S. 101.
[16] Siehe aber Weyreuther, Gutachten, S. 82.
[17] Kelsen, Hauptprobleme, S. 312, 666 ff.; Somló, Grundlehre, S. 431, 444; Rupp, Grundfragen, S. 162 f.; Nawiasky, Rechtslehre, S. 122 ff.
[18] Ebenso Lehmann a.a.O., S. 112/3; Zeuner, S. 306; Weyreuther, Gutachten, S. 81 Fußn. 326 gegen Siber, 101/2.

Delikt dann nicht mehr einfach unter dem Gesichtspunkt der Verletzung bereits bestehender Rechtsbeziehungen getroffen werden. Der Unterschied kann also nicht mehr darin gesehen werden, daß ausschließlich der Schadensersatzanspruch wegen Forderungsverletzung die Änderung eines vorhandenen (Primär-)Anspruchs bedeute und im Gegensatz zum Deliktsanspruch eine Rechtsbeziehung zwischen Schädiger und Geschädigten nicht erst begründe, sondern schon voraussetze. Entscheidend ist dann vielmehr die Verschiedenartigkeit der verletzten Ansprüche, also der Gegensatz von Forderungsrecht und „dinglichem" Anspruch[19]. Das Forderungsrecht ist ein selbständiges Recht auf Leistung, das nicht von absoluten Rechten und den durch § 823 Abs. 1/2 BGB gleichgestellten Rechtsgütern sowie von deren Verletzung abhängig ist. Der Begriff der „Forderung" ist identisch mit dem des „Schuldverhältnisses"[20], das § 241 S. 1 BGB dahin umschreibt:

„Kraft des Schuldverhältnisses ist der Gläubiger berechtigt, von dem Schuldner eine Leistung zu fordern."

Demgegenüber ist der dingliche Anspruch ein aus absolutem Recht fließender und von ihm abhängiger Anspruch, der auf Herstellung und Erhaltung des dem absoluten Recht entsprechenden Zustands gerichtet ist und unmittelbar der Durchführung des absoluten Rechts dient[21]. Das Recht der Forderungsverletzung erfaßt nach Heinrich Lehmann[22] alle Ansprüche mit Ausnahme der aus absoluten Rechten und gesetzlich geschützten Rechtsgütern fließenden Unterlassungsansprüche, die ausschließlich von §§ 823 ff. BGB geregelt werden.

Dagegen kann der Unterschied von Forderungsverletzung und Delikt nicht darin gefunden werden, daß die negatorischen und quasi-negatorischen Unterlassungsansprüche, im Gegensatz zu den relativen Forderungsrechten, Ansprüche „gegen jedermann" seien[23] — ein Umstand, der, träfe er wirklich zu, zu Recht gerade gegen die Existenz derartiger Unterlassungsansprüche angeführt wird[24]. Aber dieses Kriterium erweist sich deshalb als unrichtig, weil der paradigmatische § 1004 BGB bestimmt, daß zur Entstehung des Unterlassungsanspruchs eine be-

---

[19] Unter dinglichem Anspruch wird hier der Einfachheit halber nicht nur der Anspruch aus einem dinglichen oder Sachenrecht, sondern allgemein der aus einem absoluten Recht erwachsene Anspruch verstanden, vgl. dazu Enneccerus-Nipperdey, § 223 I 2, S. 1370 mit Fußn. 2.
[20] Enneccerus-Nipperdey, § 222 II 2, S. 1365 mit Fußn. 15.
[21] Zur Unterscheidung von Forderungsrecht und dinglichem Anspruch: Enneccerus-Nipperdey, § 223 I 1 u. 2, S. 1370 f.
[22] a.a.O. S. 113; ebenso Zeuner, S. 306.
[23] H. Lehmann a.a.O., S. 113: „Die Nichterfüllung der gegen jedermann gerichteten Unterlassungsansprüche, die Verletzung der für jedermann geltenden Verbote sei Delikt".
[24] Siber, S. 100; Larenz, Schuldrecht (8. Aufl.) Bd. II, § 70 II, S. 481 u. NJW 1955, 263; Zeuner, S. 306; a. A. Weyreuther, Gutachten, S. 81/82.

stimmte Beeinträchtigung gehört. Der Unterlassungsanspruch entsteht also erst, wenn der gesetzliche Tatbestand in concreto erfüllt ist, also erst im Falle der Verletzung oder jedenfalls bei Bedrohung, d. h. konkreter Gefährdung[25] und damit in einem Zustand „gehöriger Konkretisierung"[26].

D. Die Trennung beider Unrechtsformen im öffentlichen Recht

I. Die Unterscheidung subjektiver öffentlicher Rechte in absolute und relative

Die Annahme, daß im öffentlichen Recht Forderungsverletzung und Delikt zu trennen, Forderungsverletzung und unerlaubte Handlung Institute nicht nur des privaten, sondern auch des öffentlichen Rechts seien, ließe sich nicht mit der in der Literatur teilweise aufgestellten These vereinbaren, daß es im öffentlichen Recht keine den *absoluten* Rechten und Rechtsgütern des Privatrechts entsprechende subjektive Rechte gebe. Begründet wird diese Auffassung mit dem Hinweis darauf, daß auch die Rechte des status negativus ausschließlich staatsgerichtet seien und nur die öffentliche Gewalt binden, während sich die absoluten Rechte des Privatrechts gegen jedermann richten; daß also selbst die öffentlichen Rechte des status negativus — unter Zugrundelegung der für das Privatrecht maßgeblichen Unterscheidung — *relative* Rechte seien[27].

Offensichtlich läßt sich diese These für den Grundrechtsbereich von vornherein dann nicht halten, wenn man eine Drittwirkung der Grundrechte annimmt[28]. Darüber hinaus scheint ihr entgegenzustehen, daß jedenfalls die in der Privatrechtsordnung geltenden absoluten Rechte und die ihnen in § 823 Abs. 1 BGB gleichgestellten Rechtsgüter nicht nur einer Privatperson, sondern auch einem Träger öffentlicher Gewalt Nichtstörungspflichten auferlegen, so daß diese absoluten Rechte und die dem § 823 Abs. 1 zugrunde liegenden Verbotsnormen nicht nur solche des Privatrechts, sondern auch des öffentlichen Rechts sind. Mindestens

---

[25] Zur Frage der Unterlassungsklage gegen den erstmals drohenden Eingriff: Münzberg, JZ 1967, S. 689 ff. mit weiteren Nachweisen.
[26] Weyreuther, Gutachten, S. 81; gegen dieses Argument ferner Baur, JZ 1966, 383.
[27] Rösslein, S. 72 ff.; Evers, JuS 1962, 87 (92); siehe auch Weyreuther, Gutachten, S. 75: „Der Anschein spricht jedenfalls mehr dafür, daß es sich bei diesen Rechten — in die zivilrechtliche Gliederungsweise eingestellt — gerade nicht um absolute, sondern um relative Rechte — handelt".
[28] Für eine unmittelbare Drittwirkung das BAG, siehe insbesondere E 1, 185 (193 f.). Zur Drittwirkung der Grundrechte siehe ferner Hesse, Grundzüge, S. 138 ff.; Ekkehart Stein, Lehrbuch, S. 223 ff.

im Schutzbereich des § 823 Abs. 1 BGB bestehen also offenbar absolute, d. h. jeden, auch die Träger öffentlicher Gewalt bindende und insoweit öffentliche subjektive Rechte und Rechtspositionen. Daß aus diesem Grunde die unerlaubte Handlung nach § 823 Abs. 1 BGB ein Institut der allgemeinen Rechtslehre ist, das dem privaten wie dem öffentlichen Recht angehört, hat das LG Darmstadt[29] mit den Worten ausgedrückt: „Unerlaubte Handlungen und die aus ihnen folgenden Schadensersatzansprüche des Verletzten haben aus sich selbst heraus weder einen bürgerlich-rechtlichen noch einen öffentlich-rechtlichen Charakter"[30].

Allerdings wird diese Argumentation mit § 823 Abs. 1 BGB zur Begründung *absoluter* öffentlicher Rechte brüchig, wenn man das im Bereich des Deliktsrechts auch heute noch vorherrschende, vor allem aber vom Gesetzgeber des BGB zugrunde gelegte, Rechtsgutdenken — das gemeinhin mit dem Schlagwort vom „Erfolgsunrecht" umschrieben wird — aufgibt. In dem Fall wird die *Rechtspflicht* zum ausschließlichen Gegenstand oder Maßstab des unter dieser Voraussetzung stets einer positiven Feststellung bedürfenden Unrechtsurteils[31], so daß jede unerlaubte Handlung charakterisiert ist durch den schuldhaften Verstoß gegen allgemeine Verhaltenspflichten[32]. Denn dann sind die absoluten Rechte und die ihnen in § 823 BGB gleichgestellten Rechtsgüter — mit den Worten Hans Heinrich Rupps[33] — nichts weiter als die „brennpunktartigen Bündelungen von normativen Rechtspflichten". Zwar hat dieses andersartige Verständnis des Deliktsunrechts im privatrechtlichen Bereich für die Rechtmäßigkeits- und Rechtswidrigkeitsbeurteilung bei den klassischen absoluten Rechten und Rechtsgütern wenig Bedeutung[34]. Das ändert sich aber bereits für das Zivilrecht bei den Unterlassungsdelikten und bei den sogenannten „offenen" Tatbeständen des Eingriffs in das allgemeine Persönlichkeitsrecht und in das Recht am Gewerbebetrieb[35]. In diesen Fällen hat eben „die Bündelung von Rechtspflichten noch nicht die Dichte und Intensität erreicht"[36], daß von einer schlechthin geschützten Rechtsposition als Ausgangspunkt ebenso absoluter Enthaltungspflichten die Rede sein könnte.

Besonders problematisch erscheint dann aber vor allem die Geltung der in § 823 BGB genannten Rechte und Rechtsgüter des Zivilrechts im

---

[29] NJW 1966, 739 (740).
[30] Dagegen gehen OLG München, MDR 1965, 988 f.; W. Jellinek, Verwaltungsrecht (3. Aufl.), S. 344 u. Giacometti, Allgemeine Lehren, S. 570/71 davon aus, daß ein Anspruch aus § 823 BGB im Rahmen öffentlich-rechtlicher Beziehungen *stets privatrechtlicher* Natur ist.
[31] Siehe oben die Anmerkungen 4—6.
[32] Nipperdey, NJW 1967, 1992.
[33] Grundfragen, S. 224—225.
[34] Vgl. Rupp, Grundfragen, S. 228/29.
[35] Siehe oben Anm. 6.
[36] Rupp, Grundfragen, S. 225.

D. Die Trennung beider Unrechtsformen im öffentlichen Recht

öffentlichen Recht und speziell im Verhältnis des einzelnen zur hoheitlichen Gewalt. Denn handelt es sich hier eigentlich nur um „gebündelte Rechtspflichten", und zwar solche des Privatrechts, dann wird der Einwand verständlich, den Rupp gegen die unbesehene Übernahme dieser Rechte und Rechtsgüter in das öffentliche Recht erhebt: „... in der ganz anderen Umwelt des öffentlichen Rechts lassen sich jene ... 'Rechtsgüter', 'Rechte' oder 'rechtlich geschützte Interessen' des Zivilrechts nur als 'erstarrte Rechtsblöcke' dynamischer Rechtsrelationen des Privatrechts begreifen, die, aus ihrem Wurzelgrund gerissen, in sich zusammenfallen."[37] Denn die Rechtmäßigkeit oder Rechtswidrigkeit hoheitlichen Verhaltens, deren positive Feststellung es nach dieser Lehre im gesamten Anwendungsbereich des § 823 Abs. 1 BGB bedarf, ist dann in der Tat ausschließlich von den durch die Normen des öffentlichen Rechts aufgestellten, eigenständigen Rechtspflichten der Träger öffentlicher Gewalt her zu bestimmen.

Doch braucht diese Frage hier nicht vertieft noch endgültig entschieden zu werden. Denn die Ausgangsthese: die Rechte des status negativus seien — da staatsgerichtet — ausschließlich den relativen, nicht den absoluten Rechten des Privatrechts vergleichbar, ist unrichtig. Nicht anders, wie den absoluten Rechten des Privatrechts die negative Pflicht aller mit dem Berechtigten eventuell in Berührung kommenden (Zivil-) Personen entspricht, diesen nicht in seinen Rechten zu stören[38], entspricht den Freiheitsrechten des status negativus eine generelle Unterlassungs- bzw. Nichtstörungspflicht eines *jeden* Hoheitsträgers als undifferenzierte Verpflichtung, sich aller (unzulässigen) Eingriffe in die Rechte des Gewaltunterworfenen zu enthalten. Diese Freiheitsrechte also, die als negatorische Rechte zur Abwehr staatlicher Eingriffe in Freiheit und Eigentum den negativen Status begründen, sind gerade das wichtigste Beispiel *absoluter* öffentlicher Rechte[39]. Ähnlich dem Privatrecht sind auch im öffentlichen Recht und (beispielsweise) speziell im Gewaltverhältnis die gegenüber jedem Hoheitsträger bestehenden (Freiheits-)Rechte des status negativus und die ihnen entsprechenden allgemeinen, allen oder einer gewissen Art von Rechtssubjekten gegenüber bestehenden Pflichten der Träger öffentlicher Gewalt zu trennen von den besonderen, gegenüber einem bestimmten Subjekt öffentlicher Verwaltung bestehenden, relativen Rechten und den ihnen korrespon-

---

[37] a.a.O. S. 232/3.
[38] Vgl. Enneccerus-Nipperdey, § 81 II; Esser, Schuldrecht (3. Aufl.), Bd. I, Seite 14.
[39] G. Jellinek, System, S. 99 ff.; Menger, Grundrechte III 2, S. 750; Simons, S. 57; vgl. auch Wilfried Müller, S. 55/56; Wolff, Verwaltungsrecht (6. Aufl.), § 43 III 4, S. 243; Bachof, Jellinek-Gedächtnisschrift, S. 293/4; Bettermann, Hirsch-Festschrift, S. 12, 18; Rupp, AöR 85 (1960) S. 320 und Grundfragen, S. 165.

dierenden Pflichten⁴⁰. Die weitere Frage, ob es im öffentlichen Recht auch absolute Rechte in dem Sinne gibt, daß sie nicht nur — wie die hier beispielhaft erwähnten Freiheitsrechte des status negativus — gegenüber jedem Hoheitsträger, sondern gegenüber jedermann einschließlich dem *privaten* Störer bestehen⁴¹, soll hier offen bleiben.

II. Die Einordnung der positiven Leistungsansprüche des status negativus in das Haftungsschema: Forderungsverletzung — unerlaubte Handlung

Im status negativus bestehen aber nicht nur allgemeine Unterlassungs- oder Nichtstörungspflichten der Träger öffentlicher Gewalt. Es bestehen hier auch besondere oder relative Leistungs-, insbesondere Handlungspflichten der Hoheitssubjekte und dementsprechend Leistungsansprüche der Gewaltunterworfenen⁴², beispielsweise auf Erteilung behördlicher Erlaubnisse. Hinsichtlich dieser Leistungsansprüche des negativen Status besteht in bezug auf eine Übertragung der für das Privatrecht grundlegenden Unterscheidung von Forderungsverletzung und Delikt ins öffentliche Recht eine besondere Problematik:

Wird die Unterscheidung in der Privatrechtslehre — wie dargelegt⁴³ — dahin vorgenommen, daß das Deliktsrecht allgemeine Pflichten voraussetzt und daß seine Rechtswidrigkeit Verletzung gegen jedermann bestehender Pflichten bedeutet; daß Forderungsverletzung dagegen Verletzung besonderer, relativer, also gegenüber bestimmten Rechtssubjekten bestehender Verhaltenspflichten voraussetzt, dann erscheint es zunächst nicht zweifelhaft, daß beispielsweise die rechtswidrige Versagung oder Verzögerung einer Erlaubnis gegenüber dem anspruchsberechtigten Bürger dem Bereich der Forderungsverletzung und nicht dem der unerlaubten Handlung zuzurechnen wäre. Anders hingegen, wenn ein Träger öffentlicher Gewalt eine aus den (Freiheits-)Rechten des negativen Status entspringende Unterlassungspflicht verletzt, wenn er rechtswidrig in das Freiheitsrecht eingreift. Dies entspricht dem rechtswidrigen Eingriff einer Zivilperson in das Eigentum oder in ein sonstiges absolutes Recht oder Rechtsgut einer anderen Privatperson, es

---

⁴⁰ Wolff a.a.O. § 40 II b, S. 215 u. § 43 III 4, S. 243 spricht von „transitiven" (= relativen) und „intransitiven" (= absoluten) Rechten und Pflichten. Siehe zur Unterscheidung absoluter und relativer Rechte im öffentlichen Recht auch Bachof a.a.O., S. 293/4; vgl. ferner Simons, S. 57; Wilfried Müller, S. 55/56; Menger, Grundrechte III/2, S. 750; Eckert, DVBl. 1962, S. 12.
⁴¹ Bejahend: Wolff a.a.O. § 43 III 4, S. 243; Evers, JuS 1962, 87 (92), der überhaupt nur für diesen Fall absolute öffentliche Rechte bejaht. Ablehnend: Wilfried Müller, S. 55/6.
⁴² Vgl. auch Thoma, HBDStR II, 618 Anm. 32.
⁴³ Siehe oben zu Anm. 10.

D. Die Trennung beider Unrechtsformen im öffentlichen Recht

handelt sich also um einen eindeutig deliktischen Unrechtstatbestand. Die Besonderheit der hier zu erörternden Fälle rechtswidriger Nichterfüllung positiver Leistungsansprüche des status negativus besteht aber darin, daß die rechtswidrige Erfüllungsverweigerung nicht nur Anspruchsverletzung ist. Sie bedeutet zugleich einen Eingriff in das dem absoluten Recht oder Rechtsgut des Privatrechts entsprechende Freiheitsrecht — insoweit nicht anders wie die Verletzung negatorischer oder quasi-negatorischer Unterlassungspflichten bzw. -ansprüche. In den Fällen „präventiven Verbots mit Erlaubnisvorbehalt"[44], in denen also der Erlaubnisvorbehalt der präventiven Verwaltungskontrolle dient und die Erlaubnis nur formelle Voraussetzung für eine materiell nicht rechtswidrige, sondern vom Gesetz generell gebilligte Tätigkeit ist[45], erweitert die beantragte Erlaubnis den Rechtskreis des Antragstellers gar nicht, sondern ihre widerrechtliche Versagung bedeutet umgekehrt eine konstitutive Verkürzung seines Rechtskreises[46]. Dem Antragsteller wird also nicht nur eine begehrte Rechtsposition vorenthalten, wie das bei den Tatbeständen (ausschließlicher) Forderungsverletzung durch Nichterfüllung und speziell auch bei Versagung einer Ausnahmebewilligung oder eines Dispenses von repressiven Verboten[47] der Fall ist[48], vielmehr liegt hier im Falle rechtswidriger Versagung oder Verzögerung der Erlaubniserteilung zugleich eine Verletzung eines Rechts des status negativus des Antragstellers vor[49].

Das läßt die Frage entstehen, ob — unter der Voraussetzung, daß entsprechend dem Zivilrecht ein eigenes Haftungssystem der Forderungsverletzung im Unterschied zur Deliktshaftung für das öffentliche Recht anzuerkennen wäre — dieser Tatbestand überhaupt eine andere haftungsrechtliche Regelung als die für den — ausschließlich — deliktischen Eingriff bestehende rechtfertigt.

1. Der Gegensatz von „dinglichen" Ansprüchen zu Forderungsrechten und die unterschiedliche Haftung im Falle ihrer Verletzung nach Privatrecht

Als entscheidender Gesichtspunkt zur Abgrenzung der Forderungsverletzung vom Delikt ist oben auf der Grundlage einer Existenz materiell-rechtlicher negatorischer und quasi-negatorischer Unterlassungs-

---

[44] Siehe BVerfGE 20, 150 (155); Wolff, Verwaltungsrecht (7. Aufl.), § 48 II a, Seite 320.
[45] Wolff a.a.O. § 48 II c 1, S. 321/2.
[46] Bender, DÖV 1968, 156 (160).
[47] Siehe Wolff a.a.O. § 48 II c, S. 322 f.
[48] Siehe auch Wolff a.a.O., S. 322: „Da die Versagung einer Ausnahmebewilligung oder eines Dispenses anders als die Versagung einer Erlaubnis im engeren Sinne keinen Eingriff bedeutet, ..."
[49] Bender, DÖV 1968, 156 (160).

ansprüche der Unterschied zwischen Forderungsrechten und dinglichen Ansprüchen herausgestellt worden: Der dingliche Anspruch entspricht dem Forderungsrecht darin, daß er in gleicher Weise eine bestimmte Person zu einem Verhalten — einem Tun oder Unterlassen — verpflichtet[50]. Es steht deshalb auch eigentlich nichts im Wege, ihn deshalb als Forderung zu bezeichnen. Nur muß man sich im klaren darüber sein, daß es sich um einen Anspruch handelt, der unmittelbar der Durchführung des absoluten Rechts dient und dessen Bestand sichern soll. Während der dingliche Anspruch auf Herstellung bzw. Erhaltung des dem absoluten Recht entsprechenden Zustands geht, ist die Forderung ein selbständiges, nicht von absoluten Rechten abhängiges Recht auf Leistung[51].

Dabei ist noch zu erwähnen, daß nicht alle Ansprüche, die aus der Verletzung eines dinglichen Rechts erwachsen, dingliche Ansprüche sind[52]. So ist der Schadensersatzanspruch wegen Verletzung des absoluten Rechts (§ 823 Abs. 1 BGB) sicher ein rein schuldrechtlicher.

Es ist jeweils zu prüfen, ob diese Verbindung und diese Abhängigkeit vom absoluten Recht die Anwendbarkeit der Vorschriften über Schuldverhältnisse auf dingliche Ansprüche gestattet[53]. Das ist hinsichtlich der Vorschriften über die Forderungsverletzung im Grundsatz zu verneinen[54]. Die schuldhafte Verletzung eines negatorischen oder quasi-negatorischen Unterlassungs- oder Beseitigungsanspruches führt nicht zu einem Schadensersatzanspruch wegen Forderungsverletzung. Wer rechtswidrig und schuldhaft in absolute Rechte oder Rechtsgüter eingreift und damit zugleich dingliche Unterlassungsansprüche verletzt oder wer sich schuldhaft die Beseitigung einer — möglicherweise schuldlos verursachten — Eigentumsstörung unmöglich macht oder sie schuldhaft verzögert, haftet dem Eigentümer auf Schadensersatz nicht nach den Vorschriften der §§ 280 ff. BGB, sondern nach § 823 Abs. 1 BGB. Die

---

[50] Siehe Planck, Recht der Schuldverhältnisse, Vorbem. II; Enneccerus-Nipperdey, § 223 I 2, S. 1371.
[51] Enneccerus-Nipperdey a. a. O. S. 1370/71; Planck a. a. O.
[52] Enneccerus-Nipperdey a. a. O.
[53] Siehe Planck a. a. O.; Baur, Sachenrecht, § 11 C I 3 a, S. 87; BGH NJW 1968, 788 (790) m. w. N.
[54] Vgl. BGH NJW 1968, 788 ff.: Auf die Verpflichtung des vormerkungswidrig eingetragenen Eigentümers eines Grundstücks, nach § 888 BGB der Eintragung des Vormerkungsberechtigten als Eigentümer zuzustimmen, sind die Verzugsvorschriften nicht anwendbar. Dazu kritisch Reinicke, ebenda. Siehe auch RGZ 115, 31 ff., wo eine Anwendung des § 281 BGB auf den Herausgabeanspruch aus § 985 BGB wegen der dinglichen Natur dieses Anspruchs verneint wurde: § 281 verlange ein fortdauerndes, abwandlungsfähiges Schuldverhältnis, das seiner Natur nach eine Änderung der Leistungspflicht zulasse und die Möglichkeit des Weiterbestehens der Verpflichtung in Form einer Schadensersatzpflicht in sich trage. Vgl. zur Kritik Deubner, MDR 1958, 197/8; Staudinger-Berg, § 985 Anm. 4.

D. Die Trennung beider Unrechtsformen im öffentlichen Recht

Anspruchsverletzung hat gegenüber dem gleichzeitig vorliegenden Eingriff in das absolute Recht selbst und dem damit begründeten Deliktstatbestand keine selbständige Bedeutung. Die Tatsache, daß die dinglichen Ansprüche ausschließlich der Sicherung der absoluten Rechte dienen — diese Abhängigkeit und Hilfsfunktion[55], die beispielsweise auch zur Folge hat, daß diese Ansprüche nicht durch Abtretung von dem dinglichen Recht gelöst werden können[56] — führt zur Unfähigkeit dieser Ansprüche, sich, wie bei der Forderungsverletzung, in einen (sekundären) Schadensersatzanspruch umzuwandeln. Für das Schadensersatzrecht ist allein der zugleich vorliegende Eingriff in das absolute Recht oder Rechtsgut (§ 823 Abs. 1 und 2 BGB) maßgeblich[57].

Diese Feststellung sieht sich sofort dem Einwand aus §§ 989 ff. BGB ausgesetzt: Die §§ 989, 990 BGB leiten den dinglichen Herausgabeanspruch des § 985 BGB in einen Schadensersatzanspruch über, wie §§ 280 ff. BGB den obligatorischen Herausgabeanspruch[58]. Außerdem setzt § 990 Abs. 2 BGB ausdrücklich voraus, daß die schuldrechtlichen Bestimmungen über den Verzug auch auf den dinglichen Herausgabeanspruch Anwendung finden. Die Annahme, daß es sich bei den §§ 989, 990 BGB um Schadensersatzansprüche wegen Forderungsverletzung, also um Ansprüche aus einem gesetzlichen Schuldverhältnis, nicht um deliktische handelt, haben Rechtsprechung und Lehre veranlaßt, die §§ 278, 282 BGB anzuwenden und die Verjährung des § 852 BGB sowie den Gerichtsstand des delicti commissi, § 32 ZPO, auszuschließen[59].

Es soll nicht bestritten werden, daß die §§ 989 ff. BGB nicht als Deliktstatbestände, sondern als ein Fall schuldhafter Forderungsverletzung konstruiert sind. Doch muß berücksichtigt werden, daß diese Vorschriften nach ihrem Sinn und Zweck auf eine Sonderregelung gegenüber dem allgemeinen Deliktsrecht hinauslaufen, insbesondere auf eine Begünstigung des gutgläubigen, d. h. des sein fehlendes Besitzrecht leicht fahrlässig nicht kennenden Eigenbesitzers[60], der nach allgemeinem Deliktsrecht für jede fahrlässige Eigentumsverletzung haften würde, obgleich er sich — im Gegensatz zum Fremdbesitzer — für befugt hielt,

---

[55] Der BGH, NJW 1968, 790, lehnt ebenfalls die Anwendung der Verzugsvorschriften auf den Zustimmungsanspruch aus § 888 BGB mit der Begründung ab, es handele sich nur um einen „unselbständigen Hilfsanspruch".
[56] Siehe Baur a. a. O. § 11 C I 3 a und § 18 C IV 2.
[57] Ebenso — beschränkt auf das Privatrecht — Weyreuther, Gutachten, S. 144.
[58] Deubner, MDR 1958, 197 f.; Staudinger-Berg, § 985 Anm. 4; Erman-Hefermehl, § 985 Anm. 1 a; Dietz, Anspruchskonkurrenz, S. 185.
[59] Siehe Palandt-Degenhart, Vorbem. 1 a) vor §§ 987 u. 989 Anm. 1 c).
[60] Damit ist nicht gesagt, daß die §§ 987 ff. BGB auf den unrechtmäßigen *Fremd*besitz keine Anwendung finden; siehe Palandt-Degenhart, Vorbem. 1 a) vor §§ 987 ff. BGB; Staudinger-Berg, § 992 Anm. 2 b); Westermann, § 31 III 2 b; Wolff-Raiser, § 85 Anm. 35, S. 335.

mit der Sache als Eigentümer zu verfahren[61]. In diesen Fällen tritt dann auch der Anspruch aus § 823 BGB im Wege der Gesetzeskonkurrenz hinter dem aus §§ 989, 990 BGB zurück[62], während sonst die Ansprüche aus Delikt und Forderungsverletzung idealiter konkurrieren. Daß die §§ 989 ff. BGB nach ihrem Sinn und Zweck Sondertatbestände zum allgemeinen Deliktsrecht begründen und nicht primär, wie das allgemeine Recht der Forderungsverletzung, wegen einer bereits *vor* der Schadenszufügung bestehenden Sonderverbindung eine gegenüber dem Deliktsrecht unabhängige und *erweiterte* Schuldnerhaftung begründen sollen, geht auch aus § 992 BGB hervor. Denn hier wird gerade für den schwersten Fall der (vom Gesetz als Forderungsverletzung konstruierten) Schädigung des Eigentümers auf das allgemeine Deliktsrecht verwiesen. Schließlich betreffen die §§ 989, 990 — ebenso wie § 823 Abs. 1 — nur den Eingriff in das Sacheigentum selbst und den daraus entstehenden Schaden. Sie erfassen aber nicht — wie das Recht der Forderungsverletzung — Schadensfälle aus positiver Forderungsverletzung, wie beispielsweise die durch die Art und Weise der Erfüllung bedingte Schädigung des Gläubigers/Eigentümers an seinem sonstigen Vermögensbestand.

Die §§ 989, 990 BGB — als Forderungsverletzung konstruiert, dem Sinn und Zweck nach Sonder-Deliktsrecht[63] — widerlegen danach nicht den allgemeinen Grundsatz von der Unfähigkeit negatorischer oder dinglicher Ansprüche, sich bei Verletzung in (sekundäre) Schadensersatzansprüche umzuwandeln, also den Grundsatz von der Ausschließlichkeit der §§ 823 ff. BGB und der Unanwendbarkeit des allgemeinen Rechts der Forderungsverletzung auf die Verletzung absoluter Rechte.

Damit ist aber gleichzeitig der Unterschied von Forderungsverletzung und Delikt auch für den Fall geklärt, daß man materiell-rechtliche Unterlassungsansprüche bejaht und damit in der Erfüllung eines Deliktstatbestandes zugleich eine Anspruchsverletzung sieht. Nicht weil der Unterlassungsanspruch ein Anspruch gegen jedermann ist — dieses Argument läßt sich leicht entkräften, wenn man den Anspruch erst im Falle der Verletzung oder der akuten Bedrohung, also nach Konkretisierung entstehen läßt[64] —, sondern weil der negatorische Unterlas-

---

[61] Aus diesem Grunde haftet nach einhelliger Meinung der unrechtmäßige Fremdbesitzer, der sein vermeintliches Besitzrecht überschreitet, (auch) unmittelbar nach § 823 BGB, er steht bei Exzeß nicht besser als der ebenfalls nach § 823 BGB haftende rechtmäßige Fremdbesitzer, der sein wirklich bestehendes Besitzrecht überschreitet: RGZ 157, 132 (135); BGH NJW 1951, 643; Wolff-Raiser, § 85 III 5b, S. 335/36; Johannsen in RGRK, § 992 Anm. 13; Palandt-Degenhart, Vorbem. 2 b) bb) vor § 987.
[62] Siehe dazu die eingehenden Ausführungen bei Lent, Gesetzeskonkurrenz, Bd. I, S. 270.
[63] Siehe auch Lent a. a. O., S. 270.
[64] Siehe oben zu Fußn. 26.

D. Die Trennung beider Unrechtsformen im öffentlichen Recht 31

sungsanspruch gegenüber dem gleichzeitig verletzten absoluten Recht, dessen Sicherung und Durchführung er ausschließlich dient, keine selbständige Bedeutung, keinen Eigenwert, sondern nur eine Hilfsfunktion hat, unterfällt seine Verletzung nicht dem Recht der Forderungsverletzung der §§ 280 ff. BGB.

2. Die Verletzung der negatorischen Ansprüche des öffentlichen Rechts

Die Übertragung dieser Grundsätze ins öffentliche Recht bedeutet: Gegenüber dem rechtswidrigen Eingriff eines Hoheitsträgers in ein Recht des status negativus des Gewaltunterworfenen — also dem deliktischen Unrechtstatbestand — hat die gleichzeitig vorliegende Verletzung des Unterlassungsanspruchs keine selbständige haftungsrechtliche Bedeutung. Auch die schuldhafte Verletzung des dem negatorischen bzw. quasi-negatorischen Beseitigungsanspruch des Privatrechts entsprechenden öffentlich-rechtlichen Folgenbeseitigungsanspruchs durch Nichterfüllung oder Verzögerung der Störungsbeseitigung vermag danach einen Schadensersatzanspruch nur in Hinsicht auf den Eingriff in das (absolute) Recht des status negativus zu begründen. Eine Haftung kann — sofern auch im öffentlichen Haftungsrecht Forderungsverletzung und unerlaubte Handlung zu trennen sein sollten — nur nach Maßgabe des öffentlichen Deliktsrechts bestehen.

Eine derartige Feststellung setzt sich fofort dem Einwand aus, daß das geltende öffentliche Schadensersatzrecht überhaupt keine deliktische (Eigen-)Haftung des Staates kenne: Die Amtshaftung sei nach weitaus herrschender Meinung[65] keine originäre oder unmittelbare Staatshaftung, sondern vom Staat übernommene, mittelbare Haftung für Beamtenunrecht, ein Fall gesetzlicher — privativer — Schuldübernahme. Auf der Grundlage eines derartigen Verständnisses der Amtshaftung muß es in der Tat zweifelhaft erscheinen, ob der für das Privatrecht aufgestellte Grundsatz von der Ausschließlichkeit der §§ 823 ff. BGB bei Verletzung dinglicher Rechte, von der Unbeachtlichkeit der Anspruchsverletzung gegenüber der Verletzung des absoluten Rechts selbst, ins öffentliche Recht übertragen werden kann[66]. Denn dann ist der rechtswidrige Eingriff in das (absolute) Freiheitsrecht des Bürgers nicht durch eine unmittelbare (Eigen-)Haftung des für die Unterlassungs- und Beseitigungsansprüche passivlegitimierten Hoheitsträgers sanktioniert. So begründet Weyreuther[67] den öffentlich-rechtlichen Folgenbeseitigungsanspruch gerade aus der Verletzung des

---
[65] Siehe dazu unten Kap. 3, A I.
[66] Das verneint Weyreuther, Gutachten, S. 144/5.
[67] Gutachten, S. 78 ff.

Unterlassungsanspruchs. Unter Hinweis auf das Verhältnis von obligatorischen Leistungsansprüchen und Ersatzansprüchen wegen Nichterfüllung sagt er dazu: „Auch hier vollzieht sich unter bestimmten Voraussetzungen — und insbesondere dann, wenn die Erfüllung des Ausgangsanspruchs unmöglich geworden ist — eine Umwandlung, bei der ... der nachfolgende Anspruch den wirtschaftlichen Wert des ihm vorangegangenen übernimmt und in nur äußerlich gewandelter Form aufrechterhält"[68]. Darüber hinaus bejaht Weyreuther bei Verletzung des negatorischen Folgenbeseitigungsanspruchs — d. h. bei Unmöglichkeit der Störungsbeseitigung — einen Geldersatzanspruch, den von ihm so genannten „Folgenersatzanspruch", wiederum unter dem Gesichtspunkt der Anspruchs = Forderungsverletzung und des dadurch bedingten „Anspruchswandels"[69], sowie unter Hinweis auf das Fehlen einer unmittelbaren Deliktshaftung des Hoheitsträgers[70].

Ohne in diesem Zusammenhang schon auf die Richtigkeit der von der herrschenden Meinung vertretenen Auffassung über die Rechtsnatur der Amtshaftung einzugehen[71], müssen gegen die namentlich von Weyreuther vertretene und dem Privatrecht widersprechende These, negatorische Ansprüche des öffentlichen Rechts verwandeln sich im Falle ihrer Verletzung in Schadensersatzansprüche, folgende Bedenken erhoben werden: Der Grundsatz von der Umwandlung des negatorischen Unterlassungsanspruchs in einen gegenüber dem Schadensersatzanspruch nach § 249 BGB „zweifach verkürzten"[72], aber doch eben als (Schadens-)Ersatzanspruch zu verstehenden Folgenbeseitigungsanspruch[73] läßt sich in dieser Beschränkung auf die Störungsbeseitigung unter Ausschluß des (vollen) Schadensersatzes allenfalls — mit der Begründung Weyreuthers — für den Fall fehlenden Verschuldens rechtfertigen[74]. Liegt Verschulden vor, dann besteht auf der Grundlage der angegebenen Begründung überhaupt keine Möglichkeit mehr, den (vollen) Schadensersatzanspruch als (sekundären) Anspruch wegen Nichterfüllung des (primären) Unterlassungsanspruchs auszuschließen. Oder anders ausgedrückt: Wird der Folgenbeseitigungsanspruch aus dem Gesichtspunkt der Forderungsverletzung (vgl. § 280 BGB) gerechtfertigt, dann ist seine — auch von Weyreuther nicht angezweifelte[75] —

---

[68] a. a. O., S. 86.
[69] Gutachten, S. 135 ff., insbesondere S. 143.
[70] a. a. O. S. 144/5.
[71] Zur Kritik siehe unten Kap. 3 A I u. B.
[72] Weyreuther, Gutachten, S. 20.
[73] So Weyreuther a. a. O. S. 62/63.
[74] Vgl. Weyreuther a. a. O., S. 87 Fußn. 355: „Nicht die Umwandlung ist das Besondere, sondern ihre Unabhängigkeit davon, ob die Verletzung schuldhaft geschah".
[75] Gutachten, S. 20/21, 101.

D. Die Trennung beider Unrechtsformen im öffentlichen Recht

Beschränkung auf die Störungsbeseitigung unter Ausschluß vollen Schadensersatzes allenfalls unter der Voraussetzung fehlenden Verschuldens gerechtfertigt. Die unausweichliche Annahme eines (vollen) Schadensersatzanspruchs wegen schuldhafter Nichterfüllung des negatorischen Unterlassungsanspruchs führt aber zu nichts anderem als zu einer unmittelbaren Deliktshaftung des Hoheitsträgers, dessen Existenz die herrschende Meinung im Bereich des Art. 34 GG/§ 839 BGB gerade leugnet. Über den Umweg der Anspruchsverletzung gelangt man zu einer Deliktshaftung! Es muß gefragt werden, ob nicht die Interpretation der Amtshaftung als einer unmittelbaren und damit (auch) Deliktshaftung des Staates der methodisch bessere Weg ist. Denn jedenfalls die Privatrechtsordnung geht von dem grundlegenden Unterschied von Forderungsverletzung und Delikt aus. Ihr sind Schadensersatzansprüche wegen Nichterfüllung negatorischer Unterlassungs- und Beseitigungsansprüche neben und außerhalb des Deliktsrechts unbekannt.

Doch braucht diese Frage hier nicht vertieft zu werden. Denn Weyreuthers These von der Umwandlung verletzter (negatorischer) Unterlassungs- und Beseitigungsansprüche ist nur eine Ersatz- oder Hilfskonstruktion für den Fall, daß es an einer unmittelbaren Deliktshaftung des Trägers öffentlicher Gewalt fehlt. Sie fällt folglich in sich zusammen, wenn man richtigerweise die Amtshaftung entgegen der herrschenden Meinung als unmittelbare Staatshaftung, als Eigenhaftung des Trägers öffentlicher Gewalt versteht.

3. Die Parallelen bei den positiven Leistungsansprüchen des status negativus zu den negatorischen Ansprüchen

Im Hinblick auf die Ausgangsfrage, ob die Verletzung von (positiven) Handlungsansprüchen im status negativus dem Bereich der Forderungsverletzung oder dem der unerlaubten Handlung zuzurechnen ist, sind aus den getroffenen Feststellungen über die haftungsrechtliche Behandlung dinglicher oder negatorischer Ansprüche folgende Schlußfolgerungen zu ziehen: Diese Leistungsansprüche, als deren Hauptbeispiel die Erteilung einer behördlichen Erlaubnis genannt wurde, entstehen nicht (erst) mit der rechtswidrigen Ablehnung des Antrags durch die Behörde, also mit der Verletzung der Erfüllungspflicht. Sie unterscheiden sich damit von den (negatorischen) Folgenbeseitigungsansprüchen, die als Reaktionsansprüche aus der Verletzung der Rechte des status negativus entstehen, und sie bestehen kraft Gesetzes schon vor und unabhängig von einer rechtswidrigen Erfüllungsverweigerung der verpflichteten Behörde[76]. Der Grundsatz von der Unfähigkeit negatorischer Ansprüche,

---

[76] Siehe dazu im einzelnen Rupp, Grundfragen, S. 262 f.; sowie Hoffmann, DVBl. 1967, 668; Rösslein, S. 85/86.

3 Papier

sich bei Verletzung in einen selbständigen — d. h. neben dem Deliktsanspruch stehenden — Schadensersatzanspruch wegen Nichterfüllung entsprechend dem Forderungsrecht umzuwandeln, kann also nicht unmittelbar herangezogen werden. Aber genauso wie die negatorischen Unterlassungs- und Beseitigungsansprüche dienen auch diese Ansprüche unmittelbar der Sicherung der (Freiheits-)Rechte des status negativus und der Herstellung des dem absoluten Recht entsprechenden Zustands. Jede rechtswidrige Anspruchsverletzung durch Nichterfüllung oder Verzögerung ist, ebenso wie die Verletzung des negatorischen Unterlassungsanspruchs, zugleich ein rechtswidriger Eingriff in den status negativus. Nicht der — unterschiedliche — Entstehungstatbestand ist hier entscheidend, sondern die Gleichheit der (Hilfs-)Funktion in Hinsicht auf das dem absoluten Privatrecht entsprechende Freiheitsrecht. Diese funktionelle Gleichheit mit den Unterlassungs- und Beseitigungsansprüchen führt zur (haftungsrechtlichen) Unselbständigkeit der Erfüllungsansprüche und damit zum Ausschluß der Umwandlung in Schadensersatzansprüche wegen Nichterfüllung. Die in der rechtswidrigen Nichterfüllung liegende Anspruchsverletzung tritt hinter dem gleichzeitig vorliegenden — deliktischen — Eingriff in das (absolute) Recht des status negativus zurück.

Sollten also die folgenden Untersuchungen ergeben, daß — entsprechend dem Privatrecht — auch im öffentlichen Recht zwischen Forderungsverletzung und Delikt zu scheiden ist und in beiden Fällen unterschiedliche Rechtsfolgen eintreten, dann ist die Verletzung eines Anspruchs auf „Freigabe" eines bestimmten Verhaltens nicht anders, wie alle übrigen rechtswidrigen Eingriffe in Freiheit und Eigentum des Bürgers, dem Recht der unerlaubten Handlung zuzurechnen.

E. Die Bedenken gegen eine unmittelbare Staatshaftung allgemein

Die Annahme einer Staatshaftung aus Forderungsverletzung widerspräche der These von der Unfähigkeit der Staatspersönlichkeit, Unrecht zu tun, insbesondere also — aber nicht ausschließlich — der Staatshaftungstheorie der Reinen Rechtslehre. Der Schadensersatzanspruch aus Forderungsverletzung stellt sich — wie oben dargelegt — im Gegensatz zum Deliktsanspruch nur als Änderung eines vorhandenen (primären) Erfüllungsanspruchs dar. Ist es richtig, daß die staatlichen Rechtspflichten, die allgemeinen wie die besonderen, die absoluten wie die relativen, nicht vom Staat verletzbar sind, sondern daß im Falle der Nicht-, Spät- oder Schlechterfüllung es stets nur der physische Organwalter ist, der dadurch seine Amtspflichten verletzt, dann ist eine Staatshaftung wegen Forderungsverletzung im öffentlichen Recht un-

E. Die Bedenken gegen eine unmittelbare Staatshaftung allgemein 35

denkbar. Öffentliche Rechte und Pflichten bestehen nur im Außenverhältnis zwischen Hoheitsträger und Gewaltunterworfenem bzw. einem anderen Hoheitsträger. Der Organwalter oder Amtsträger ist im Verhältnis zu dritten Personen des privaten wie des öffentlichen Rechts, also im Außenverhältnis, nicht Träger von Rechten und Pflichten, sondern nur deren Vollzieher[77]. Da nicht er der „Schuldner" öffentlich-rechtlicher Erfüllungsansprüche Dritter ist, kann auch er nicht aus (schuldhafter) Forderungsverletzung haften. Soweit also der Organwalter persönlich nach positivem Recht dem Bürger zum Schadensersatz verpflichtet ist, kann das nur eine *deliktische* Haftung sein.

Auf der Grundlage des Dogmas von der Unverletzlichkeit staatlicher Rechtspflichten, d. h. der Identität von staatlichem „Wollen" und „Sollen"[78] und damit der Unmöglichkeit von Staatsunrecht ist also eine Haftung des Staates nur in Form einer befreienden Haftungsübernahme für Organwalterunrecht, d. h. nur als sekundäre Deliktshaftung möglich oder genauer: nur als Haftung für die unerlaubte Handlung eines Dritten, des Amtsträgers.

I. Die persönliche Haftung des Amtsträgers nach § 839 BGB

Vor der Auseinandersetzung mit der Staatshaftungstheorie der Reinen Rechtslehre bedarf es in diesem Zusammenhang auch eines Eingehens auf die historischen und dogmatischen Grundlagen der Beamten-(Eigen-) Haftung des § 839 BGB. Sie hat ihren Ursprung in der Mandatstheorie, die das Beamtenverhältnis als einen privatrechtlichen Mandatskontrakt ansah mit der Folge, daß dem Staat nur das rechtmäßige Handeln des Amtsträgers zugerechnet wurde[79]. Für rechtswidriges und damit contra mandatum erfolgendes Amtshandeln haftete ausschließlich der Amtsträger nach einem allgemeinen oder besonderen Deliktstatbestand. Aber auch nach Überwindung der Theorie vom privatrechtlichen Mandatskontrakt, als das Beamtenverhältnis schon als öffentlich-rechtliches Dienstverhältnis begriffen wurde[80], galt der Satz: si excessit, privatus est[81]. Der amtspflichtwidrig handelnde Beamte sollte als „ohne Auftrag

---

[77] Rupp, Grundfragen, S. 34 ff.; Bartlsperger, NJW 1968, 1697 (1700, 1701).
[78] Kelsen, Hauptprobleme, S. 250.
[79] Vgl. dazu Gehre, S. 27 f.; Heidenhain, S. 15 ff. u. JZ 1968, 488 mit Nachweisen aus der damaligen Literatur. Ferner Bartlsperger, NJW 1968, 1698.
[80] Anfänge bereits bei Gönner, Der Staatsdienst; Rehm, Hirths Annalen 1884, S. 632 ff.; H. A. Zachariä, ZgesStW 19 (1863), S. 611 f.; Loening, Die Haftung des Staates, S. 50 f. Vgl. dazu Heidenhain, S. 17 f. u. JZ 1968, 488.
[81] Siehe dazu Henke, S. 49; Heidenhain, S. 26.

des Staates handelnd", in den „Privatstand"[82] tretend, „wie jeder andere Staatsbürger für (seine) individuelle Ungesetzlichkeit haften"[83].

Es liegt nun der doppelte Schluß nahe, daß einmal diese Mandatstheorie in § 839 BGB eine gesetzliche Festlegung erfahren hat[84] — zum anderen, daß sich unmittelbare Staatshaftung als Verbands- oder Organhaftung und Eigenhaftung des Beamten gegenseitig widersprechen und ausschließen[85]. Danach ließe sich eine Staatshaftung nur im Widerspruch zu der ratio der Beamtenhaftung rechtfertigen, weil das amtspflichtwidrige Handeln des Beamten entweder (nur) diesem persönlich oder aber dem Staat zugerechnet werden könne, so daß es hier nur ein „entweder-oder", kein „sowohl-als-auch" gebe.

Träfe dies zu, dann müßte in der Tat, da § 839 BGB die Eigenhaftung des Amtsträgers positiv-rechtlich verankert — die Haftungsübernahme durch Art. 34 GG würde daran nichts ändern[86] —, gefragt werden, ob nicht schon kraft positiven Rechts jede Staatshaftung als *unmittelbare* Haftung für Staatsunrecht und damit auch eine Staatshaftung wegen Forderungsverletzung ausgeschlossen ist. Es wäre mithin zu prüfen, ob nicht in der gesetzlichen Begründung einer Eigenhaftung des Beamten bzw. einer sie voraussetzenden und an sie anknüpfenden Amtshaftung[87] eine gesetzgeberische Entscheidung gegen jede unmittelbare Haftung für Staatsunrecht[88] zu sehen ist.

Aber die Prämisse, eine unmittelbare Staatshaftung könne nur in Widerspruch zu den Grundlagen der Beamten-Eigen-Haftung begründet werden, ist in Zweifel zu ziehen. Das amtspflichtwidrige Handeln des Beamten kann „entweder diesem persönlich oder dem Staat zugerechnet werden; beiden zugleich (ist) wenig folgerichtig"[89], wird in der Literatur argumentiert. Daß dieser Satz nicht richtig ist, ergibt sich schon daraus, daß nach geltendem öffentlichen Recht der amtspflichtwidrig erlassene und zugleich rechtswidrige Verwaltungsakt, der haftungsrechtlich dem Beamten persönlich zugerechnet wird (§ 839 BGB), zugleich ein wirksamer aber anfechtbarer *Staats*akt, kein *Privat*akt des Amtsträgers ist.

---

[82] Gönner a. a. O. S. 222.
[83] Lorenz von Stein, S. 369; vgl. auch von Sarwey, S. 303. Siehe ferner Gehre, S. 27 ff.; Heidenhain, S. 17 ff. u. JZ 1968, S. 488.
[84] Heidenhain, S. 18; Bartlsperger, NJW 1968, 1698.
[85] So insbesondere Heidenhain, S. 27 ff. (33) und JZ 1968, 489.
[86] Soweit man eben mit der herrschenden Meinung Art. 34 GG als einen Fall der Haftungsübernahme und nicht als Form der unmittelbaren Staatshaftung ansieht. Dazu unten Kap. 3 A I.
[87] Zur „Amtshaftung" als einer gegenüber der (unmittelbaren) „Staatshaftung" verschiedenen Form staatlicher Haftung: Heidenhain, S. 33 ff.; Weyreuther, Gutachten, S. 53; Bartlsperger, NJW 1968, 1701.
[88] Vgl. Weyreuther, Gutachten, S. 146.
[89] Heidenhain, S. 27; JZ 1968, 489.

E. Die Bedenken gegen eine unmittelbare Staatshaftung allgemein

Die Anfechtungsklage ist gegen den Staat zu richten, nicht gegen den Beamten. Selbst der nichtige Verwaltungsakt wird — wie § 43 Abs. 1 VwGO ergibt — dem Staat zugerechnet. Und schließlich ist es im Privatrecht keine unbekannte Erscheinung, daß ein Handeln haftungsrechtlich sowohl dem unmittelbar Handelnden als auch einem Dritten zugerechnet wird. Begeht das Organ eines privatrechtlichen Vereins ein Delikt, so haftet es selbst nach den §§ 823 ff. BGB, zugleich aber wird dem Verein — unter den Voraussetzungen des § 31 BGB — die unerlaubte Handlung als eigene zugerechnet. Stellt sich das schädigende Verhalten eines Erfüllungsgehilfen im Rahmen eines Schuldverhältnisses sowohl als Forderungsverletzung wie als Delikt dar, so wird das pflichtwidrige Verhalten sowohl dem Geschäftsherrn (§ 278 BGB) als auch dem Gehilfen persönlich (§ 823 BGB) haftungsrechtlich zugerechnet. Ebenso ist bei § 831 BGB eine Eigenhaftung des Gehilfen nicht ausgeschlossen.

Es kann also allenfalls gesagt werden, die Einführung einer Beamten-Eigen-Haftung für amtspflichtwidriges Verhalten in § 839 BGB schließe ein Verständnis des geltenden Amtshaftungsrechts als unmittelbare und originäre Staatshaftung aus[90]. Keinesfalls folgt daraus aber, daß mit der in § 839 BGB erfolgten haftungsrechtlichen Zurechnung der amtspflichtwidrigen Tätigkeit an den Beamten persönlich *jede* — auch die auf Rechtsanalogie zu §§ 276 ff. BGB gestützte — Form unmittelbarer Staatshaftung im Sinne einer Haftung für Staatsunrecht, also wegen Verletzung von Staats-, nicht von Organwalterpflichten, kraft Gesetzes ausgeschlossen ist[91].

II. Die Staatshaftungstheorie Kelsens

Die „ultra-vires"-Lehre, nach der eine rechtswidrige Amtshandlung nicht als fehlerhaftes Staatsverhalten, sondern lediglich als Privathandlung des Amtsträgers zu begreifen ist[92], hat in der Staatshaftungs-

---

[90] So mit Nachdruck Heidenhain, S. 39 ff.
[91] Auch der BGH (siehe insbes. BGHZ 32, 208) hat sich wegen der Amtshaftung nicht gehindert gesehen, über den — methodisch recht anfechtbaren — Weg des Art. 14 GG unter dem Gesichtspunkt des enteignungsgleichen Eingriffs weitgehend eine *unmittelbare* Staatshaftung zu entwickeln, siehe dazu unten Kap. 2 A. Ebenso, wenn auch mit dem Schwergewicht auf die Frage einer verschuldens-*unabhängigen* Haftung eines Trägers öffentlicher Gewalt neben der Amtshaftung: Weyreuther, Gutachten, S. 89/90; siehe auch Bettermann, JZ 1960, 337. A. A. Heidenhain, S. 175: „... kann die Staatshaftung... nur entweder anerkannt oder abgelehnt, aber nicht teilweise anerkannt und teilweise abgelehnt werden"; dazu im Widerspruch die Ausführungen Heidenhains auf S. 167 f.
[92] Siehe dazu Loening, S. 107; G. Jellinek, System, S. 243 ff.; Henke, S. 48 ff.; H. Krüger, Staatslehre, S. 335 ff. Vgl. auch Häfelin, S. 177 f. Anm. 80; Bartlsperger, NJW 1968, 1702/03.

theorie Kelsens ihre theoretisch schärfste Ausprägung erfahren[93]. Indem sie den Staat mit der Rechtsordnung identifiziert[94], hält sie die Staatspersönlichkeit für unfähig, Unrecht zu tun. Eine Zurechnung zum Staat könne nur nach Maßgabe einer Rechtsnorm erfolgen, der Staat könne nur innerhalb seiner Rechtspflichten handeln. Wollte man ein Unrecht der Staatsperson zurechnen, so würde übersehen, daß der Staat, dessen Wille das Recht ist, in keinem Fall gegen das Recht, das ist gegen seinen eigenen Willen, handeln könne. Der Wille des Staates in der Rechtsordnung und der Wille des Staates in der Anwendung des Rechts könnten niemals inhaltlich verschieden oder gar einander entgegengesetzt gedacht werden. Sonst käme man zur Spaltung des Staatswillens und damit zur Aufgabe einer einheitlichen Staatspersönlichkeit[95]. Nur dann und nur insoweit repräsentieren die Staatsorgane, durch die allein die juristische Person des Staates handelt, den Staat, als ihr psychologischer Wille mit dem in der Rechtsordnung ausgesprochenen Willen des Staates übereinstimme. Es sei niemals die Staatsperson, die im konkreten Fall ihre Rechtspflicht verletze, sondern stets der physische Organwalter, der in Verletzung seiner Amtspflicht, den Willen des Staates zu realisieren, diesen unausgeführt läßt oder gegen ihn handelt[96].

Ohne im einzelnen auf diese Lehre einzugehen[97], sollen hier nur einige Widersprüche in der Kelsenschen Rechtslehre aufgezeigt werden: Der Willensbegriff Kelsens ist eine rein normative Beziehung, er besagt nichts anderes als die normlogische Zurechnung[98]. Entschieden lehnt Kelsen es ab, den „Willen" psychologisch zu begreifen[99]. Unter Zugrundelegung seines „juristischen" Willensbegriffs hat eine Person alles das „gewollt", was ihr auf Grund einer Norm zugerechnet wird[100]. Gibt aber allein die Rechtsordnung Antwort auf die Frage, wann und was jemandem zuzurechnen ist, dann ist es nicht verständlich, weshalb es logisch unmöglich sein soll, dem Staat einen Unrechtstatbestand zu-

---

[93] Kelsen, Staatsunrecht, S. 7 ff., 16 ff., 31 ff., 40; Hauptprobleme, S. 245 f., 446 f., 525 f.: Staatsbegriff, S. 136, 233 f., 237; Staatslehre, S. 78 f., 263 ff. Vgl. dazu auch Häfelin, S. 177 ff.
[94] Kelsen, Hauptprobleme, Vorrede, S. XVI; Staatsbegriff, S. 86; Reine Rechtslehre, S. 117 ff.
[95] Kelsen, Hauptprobleme, S. 245, 248, 555, 658 f.; Staatsunrecht, S. 41. — Ein sich widersprechender Staatswille wäre absolut undenkbar: Souveränität, S. 138, 173; Staatsunrecht, S. 8 f., 16 f.; Hauptprobleme, S. 245 f., 248 f.
[96] Hauptprobleme, S. 246.
[97] Vgl. zur Kritik insbesondere E. v. Hippel, S. 17 ff.; Bartlsperger, NJW 1968, 1703.
[98] Hauptprobleme, S. 159 ff., 143.
[99] Hauptprobleme, S. 146.
[100] Hauptprobleme, S. 143.

E. Die Bedenken gegen eine unmittelbare Staatshaftung allgemein

zurechnen[101]. Beim „Willen des Staates" wird offenbar im Gegensatz zum Willen aller anderen Rechtssubjekte systemwidrig ein normlogisch indifferenter Staatswille zugrunde gelegt und nicht mehr auf die normativ begründete Zurechnung abgestellt[102].

Die dualistische Deutung des Staates als Personifikation der Rechtsordnung und als normunterworfenes Rechtssubjekt ist einerseits mit dem objektiven Normensystem Kelsens, mit der Annahme einer umfassenden vertikalen Stufenordnung des Rechts nicht vereinbar[103]. Andererseits — oder gerade deswegen — wird dieser Dualismus zwischen dem Staat als Rechtsordnung und als Pflichtsubjekt dadurch wieder eingeschränkt und im wesentlichen entschärft, daß die inhaltliche Identität von staatlichem Wollen und Sollen behauptet wird[104]. So bestehen lauter Rechtspflichten des Staates, die der Staat nicht zu verletzen vermag[105], obwohl Kelsen es zum Wesen jeder Norm zählte, daß die Möglichkeit der Normwidrigkeit besteht[106], jede Rechtsnorm sich seiner Meinung nach als Rechtspflicht darstellt[107] und in der Zurechnung eines Unrechtstatbestandes die Rechtspersönlichkeit in Erscheinung treten soll[108]. Gerade Kelsen sieht den „Fundamentalsatz aller Staatsrechtskonstruktion" in der Möglichkeit, die Staatsperson allen anderen Rechtspersonen gleichzusetzen, in der Einordnung der Staatspersönlichkeit in einen allgemeinen juristischen Personenbegriff, und gerade er stellt das „Grundpostulat" eines einheitlichen Personen- und Pflichtbegriffs auf[109].

Die Kelsensche These einer generellen Unmöglichkeit von Staatsunrecht erweist sich also als unhaltbar, so daß auch unter diesem Gesichtspunkt Bedenken gegen die Annahme einer Staatshaftung wegen Forderungsverletzung nicht bestehen.

---

[101] E. von Hippel, S. 17 ff. (18); Rupp, Grundfragen, S. 151 Anm. 135; Häfelin, S. 172 Anm. 42.
[102] Rupp a. a. O. — Dagegen betont Kelsen, Hauptprobleme, S. 186/87, daß der Begriff des Staatswillens das gleiche bedeutet wie der Wille aller anderen Rechtssubjekte.
[103] Rupp, Grundfragen, S. 150.
[104] Rupp a. a. O. S. 150/51 mit Anm. 135.
[105] Kelsen, Hauptprobleme, S. 245 ff., 446 f., 525 f., 659; Staatsunrecht, S. 7. Siehe zur Kritik Häfelin, S. 181/82 mit Anm. 121 und 122.
[106] Hauptprobleme, S. 26 ff.; General Theory, S. 413 f.
[107] Hauptprobleme, S. 311/12; General Theory, S. 58 f.; Staatslehre, S. 60.
[108] Staatsunrecht, S. 45.
[109] Hauptprobleme, S. 397 f., 531, 704 f.; Souveränität, S. 20; Staatsbegriff, S. 134; Staatsunrecht, S. 31; Staatslehre, S. 66; vgl. dazu auch Häfelin, S. 179/80.

F. Die traditionelle Anwendung des bürgerlichen Rechts der Forderungsverletzung in der Rechtsprechung zum öffentlichen Recht

In Rechtsprechung und Rechtslehre ist das „Schuldverhältnis" mit dem im Privatrecht geltenden Begriffsinhalt als ein — dem öffentlichen Recht gleichermaßen angehörendes — Institut der allgemeinen Rechtslehre keineswegs anerkannt. Das Recht der Forderungsverletzung wird weder von der Rechtsprechung noch von der Lehre auf alle öffentlich-rechtlichen Verhältnisse angewandt, in denen der Leistungspflicht — sei es eines Hoheitsträgers, sei es einer Zivilperson — ein Anspruch auf die Leistung entspricht, bei denen also mit einer durch Verwaltungsrechtssatz begründeten relativen Verpflichtung eine Berechtigung des Begünstigten korrespondiert.

Vielmehr werden die Schadensersatzvorschriften des allgemeinen Schuldrechts nach dem gegenwärtigen Stand von Rechtsprechung und Lehre nur auf folgende Rechtsverhältnisse des öffentlichen Rechts — entweder analog oder als Ausdruck eines allgemeinen Rechtsgedankens — unbestritten angewendet: auf die öffentlich-rechtliche Verwahrung, auf das Beamtenverhältnis oder spezieller: auf die Verletzung der beamtenrechtlichen Fürsorgepflicht des Dienstherrn (vgl. § 79 BGB), sowie auf bestimmte Anstaltsverhältnisse.

I. Die öffentlich-rechtliche Verwahrung

1. Die Entwicklung dieses Instituts in der Rechtsprechung

Das Rechtsinstitut der öffentlich-rechtlichen Verwahrung, bei der ein Träger öffentlicher Gewalt als solcher Sachen einer Privatperson in Verwahrung hat[110], ist von der Rechtsprechung aus einer rein zivilrechtlichen Betrachtungsweise heraus entwickelt worden[111]. Die Rechtsprechung ging ursprünglich von der Konstruktion eines „quasikontraktlichen"[112] privatrechtlichen Verhältnisses aus, das nicht auf einem — stillschweigend — geschlossenen Vertrag beruhte, sondern unmittelbar kraft Gesetzes aus der bloßen Tatsache der Inbesitznahme entstand und auf das die Vorschriften über den Verwahrungsvertrag analog Anwendung fanden.

---

[110] BGHZ 3, 162 ff.; 4, 192 ff.; LM Nr. 2 und 6 zu § 688 BGB; Blume, S. 21; siehe ferner Staudinger-Nipperdey, Vorbem. 44 ff. vor §§ 688 ff. BGB.
[111] RGZ 48, 255; 67, 335; 51, 219; 78, 325 (327 f.); 99, 283; 100, 219 (221); 108, 391 (393); Warn 8, Nr. 305.
[112] RGZ 67, 395 (340); 99, 283 (284); teilweise wurde aber auch die stillschweigende Vereinbarung eines privatrechtlichen Vertragsverhältnisses angenommen: RG JW 01, S. 191, Nr. 13; RGZ 51, 221.

F. Die traditionelle Anwendung des bürgerlichen Rechts 41

Obwohl in der Lehre[113] die öffentlich-rechtliche Natur jener Verwahrungsverhältnisse bereits betont wurde und der Preußische Kompetenzgerichtshof in seinem Urteil vom 7. Januar 1911[114] bereits ausgesprochen hatte, daß die Universitätsbehörde bei Empfangnahme und Aufbewahrung der bei der Immatrikulation eingereichten Zeugnisse nicht einen privatrechtlichen Vertrag schließe, sondern in Ausübung öffentlicher Gewalt handele, war die Rechtsprechung des Reichsgerichts noch schwankend. In der Entscheidung RGZ 84, 338 wird zwar die Verwahrungspflicht als öffentlich-rechtliche bezeichnet, andererseits verweist die Entscheidung ausdrücklich auf die früheren, der zivilrechtlichen Auffassung folgenden Urteile[115]. Erst in der Entscheidung Warn 1921 S. 1 Nr. 1 erklärt das Reichsgericht für die Verwahrung von Gegenständen in einem Strafverfahren, daß dieses Verhältnis nur dem öffentlichen Recht unterliege. Auf dieses Urteil folgten wieder mehrere Entscheidungen, in denen die alte zivilistische Auffassung vertreten wurde: RGZ 103, 173; Recht 1923, S. 51 Nr. 134; DJZ 1923 S. 368, 500.

Die endgültige Abkehr vollzog sich mit der Entscheidung vom 15. 12. 1925[116], in der das Reichsgericht unter Bezugnahme auf RGZ 108, 251 und das bereits erwähnte Urteil in Warn 1921 Nr. 1 erklärte, es sei in der Rechtsprechung des Gerichts anerkannt, daß die Verwahrung von Sachen Dritter durch den Staat — insbesondere die strafprozessuale Beschlagnahme — ein Rechtsverhältnis begründe, das den „auch im öffentlichen Recht geltenden Regeln des Verwahrungsvertrages (§§ 688 ff. BGB)" unterstehe. In der Entscheidung vom 15. 1. 1927[117] wird diese Ansicht bestätigt und die in den früheren Urteilen vertretene zivilrechtliche Auffassung mit der Begründung abgelehnt, sie sei noch von der älteren Rechtsauffassung beherrscht, die in größerem Maße, als es den jetzigen Rechtsanschauungen entspräche, Rechtsgebiete dem bürgerlichen Recht zuwies[118].

Der BGH[119] — ebenso die sonstige Rechtsprechung — hat sich in vollem Umfang dem Reichsgericht angeschlossen[120].

---

[113] Nachweise bei Schack, RVerwBl. 1935, S. 190, Fußnote 10.
[114] DJZ 1911, 1279.
[115] Zu dieser Entscheidung siehe Schack, RVerwBl. 1935, 190; Dt.Gem. Wirtsch.R. 1939, S. 18; Koch, S. 17.
[116] SeuffArch Bd. 80, 142.
[117] RGZ 115, 419 (421).
[118] Aus der weiteren Rechtsprechung des RG siehe: RGZ 138, 40 ff.; JW 1934, 2842 Nr. 2; JW 1936, 383 Nr. 9; RGZ 166, 218 ff.
[119] BGHZ 1, 369; 3, 162 ff.; 4, 192 ff.; LM Nr. 6 zu § 688 BGB.
[120] Dagegen hat es der BGH abgelehnt, die Vorschriften des BGB über die „unregelmäßige" Verwahrung, § 700 BGB, als Ausdruck eines allgemeinen Rechtsgedankens im öffentlichen Recht anzuwenden: BGH WPM 1966, 1016 (1018).

2. Die maßgeblichen Gründe für die Konstruktion eines öffentlich-rechtlichen Verwahrungsverhältnisses

Bei der Anerkennung des Instituts der öffentlich-rechtlichen Verwahrung geht es der Rechtsprechung in erster Linie nicht um die Anwendung der bürgerlich-rechtlichen Vorschriften über den Verwahrungsvertrag (§§ 688 ff. BGB). Ein wesentlicher Teil dieser Bestimmungen ist unbestritten auf die öffentlich-rechtlichen Verwahrungsverhältnisse überhaupt nicht anwendbar. So gilt § 695 BGB, wonach der Hinterleger vom Verwahrer jederzeit Rückgabe der Sachen verlangen kann, regelmäßig nicht[121]. Auch die Haftungsbestimmung des § 690 BGB findet anerkanntermaßen auf die öffentlich-rechtlichen Verwahrungsverhältnisse keine Anwendung[122]. Zwar ist die öffentlich-rechtliche Verwahrung regelmäßig unentgeltlich im Sinne des § 690 BGB. Aber der Grund für diese Haftungsbeschränkung ist nicht die Unentgeltlichkeit der Verwahrung an sich, sondern der Umstand, daß in der Regel der (private) unentgeltliche Verwahrer nur im Interesse des Hinterlegers verwahrt. In den Fällen der öffentlich-rechtlichen Verwahrung erfolgt die Verwahrung dagegen nicht im (ausschließlichen) Interesse des Berechtigten, sondern häufig im öffentlichen Interesse[123]. In erster Linie geht es der Rechtsprechung und Lehre mit der Anerkennung des Instituts der öffentlich-rechtlichen Verwahrung um die Anwendung des Rechts der Forderungsverletzung, §§ 276, 278[124], 280, 282 BGB[125], um in den Fällen der Zerstörung, Beschädigung oder sonstiger Unmöglichkeit der Herausgabe öffentlich verwahrter Sachen eine dem bürgerlichen Vertragsrecht entsprechende Haftung des Hoheitsträgers zu begründen[126].

II. Das öffentlich-rechtliche Treuhandverhältnis

In engem Zusammenhang mit der öffentlich-rechtlichen Verwahrung steht das von der Rechtsprechung entwickelte Institut der öffentlich-

---

[121] Schack, RVerwBl. 1935, 192 u. Laun-Festschrift, S. 292; Koch, S. 49/50.
[122] BGHZ 4, 194; Schack, RVerwBl. 1935, 192 u. Laun-Festschrift, S. 292; Staudinger-Nipperdey, Vorbem. 44 zu § 688; Simons, S. 151 f.; Koch, S. 49/50; von Arnswaldt, S. 473/74; vgl. auch Schwär, S. 101.
[123] So die Begründung der Rechtsprechung und Lehre; kritisch von Arnswaldt a. a. O.
[124] Siehe insbesondere RGZ 166, 223; BGHZ 1, 383; 3, 174; Schack, Laun-Festschrift, S. 292; RVerwBl. 1935, 192; Staudinger-Nipperdey, Vorbem. 45 vor § 688 mit weiteren Nachweisen.
[125] Vgl. speziell zur Anwendung des § 282 BGB: RGZ 120, 69; 137, 155; 166, 223; BGHZ 3, 174; 4, 195; LM Nr. 2 zu § 688 BGB; Schack, Laun-Festschrift, S. 292 Anm. 4; Staudinger-Nipperdey, a. a. O. Rdn. 46.
[126] Für eine ausschließliche Anwendung des Staatshaftungsrechts auf die Fälle der öffentlich-rechtlichen Verwahrung: von Arnswaldt a. a. O., S. 470 ff.; Schack, RVerwBl. 1935, 193 (diese Ansicht aber ist ausdrücklich aufgegeben in: Dt.Gem.Wirtsch R. 1939, S. 22 Anm. 32); Denecke, JR 1953, 40 ff.; Bettermann, DÖV 1954, 303 Fußn. 28.

rechtlichen Treuhand[127], das aber bislang nur für den beschränkten Fall anerkannt ist, daß der Hoheitsträger berechtigt oder auch verpflichtet ist, von ihm für eine Privatperson verwahrte Sachen unter bestimmten Voraussetzungen zu verwerten. Die schuldhafte Verletzung der Rechtspflicht, die Interessen des Eigentümers bei der Verwertung, regelmäßig bei der Veräußerung, wahrzunehmen, begründet nach der Rechtsprechung unter Anwendung der §§ 276, 278, 280, 282 BGB als Ausdruck allgemeiner Rechtsgedanken einen dem bürgerlichen Vertragsrecht entsprechenden Schadensersatzanspruch.

III. Die Verletzung der beamtenrechtlichen Fürsorgepflicht

Das Beamtenverhältnis ist neben der öffentlich-rechtlichen Verwahrung der Hauptfall sinngemäßer Anwendung des Rechts der Forderungsverletzung auf öffentlich-rechtliche Verhältnisse durch Rechtsprechung[128] und Lehre[129]. Das Reichsgericht ging — ähnlich wie bei der öffentlich-rechtlichen Verwahrung — zunächst von einer privatrechtlichen Betrachtung aus[130]. Es bezeichnete das Beamtenverhältnis zwar als öffentlich-rechtliches Verhältnis, betonte aber, dies schließe nicht aus, daß das Beamtenverhältnis auch privatrechtliche Wirkungen habe, die nach Analogie zum bürgerlich-rechtlichen Dienstvertragsrecht zu beurteilen seien[131]. So kam das Reichsgericht ursprünglich zu der Annahme, daß dem Dienstherrn analog § 618 Abs. 1 BGB privatrechtliche Fürsorgepflichten obliegen, bei deren schuldhafter Verletzung in entsprechender Anwendung des § 618 Abs. 3, § 278 BGB der Dienstherr nach Vertragsrecht hafte.

Seit der Entscheidung vom 12. 1. 1915[132] sah das Reichsgericht die beamtenrechtliche Fürsorgepflicht als rein öffentlich-rechtliche an und lehnte die analoge Anwendung des § 618 BGB als Norm des Privatrechts auf das öffentlich-rechtliche Beamtenverhältnis ab. Es entnahm aber der

---

[127] BGH NJW 1952, 658 mit zustimmender Anmerkung von Pagendarm in LM Nr. 4 zu § 688 BGB; BGH LM Nr. 6 zu § 688 BGB; Blume, S. 22 f.
[128] RGZ 92, 178 (179 f.); 97, 43 (44); 104, 58 (60); 107, 189 f.; 111, 22 f. u. 178 (182); 146, 369 (373); 155, 227 (232); 157, 145 (149); 158, 235 (236 f.). Aus der älteren Rechtsprechung des RG: RGZ 18, 173 (174); 19, 348 (349); 63, 430 (432); 71, 243 (247); 91, 21 ff.
BGHZ 7, 69 (72); 14, 122 ff.; 43, 178 (184 f.); a. A. BGHZ 29, 310 (312 f.).
BVerwGE 13, 17 ff.; 25, 138; 141 ff.; DVBl. 1963, 677 (678); BAGE 6, 300 (305); VGH Kassel DVBl. 1960, 328 (329); OVG Hamburg DVBl. 1960, 745 ff.; BayVGH BayVerwBl. 1961, 90 ff.
[129] Idel, NJW 55, 1300 ff.; Pentz, NJW 1960, 85 f.; Weimar, RiA 1960, 311 f.; Krause, ZBR 1960, 65 ff.; Schütz, DÖD 1958, 201 ff.; Schack, ZBR 1961, 132 u. Laun-Festschrift, S. 285/86; Simons, S. 79 ff.
[130] RGZ 18, 173 (174); 19, 348 (349); 63, 430 (432); 71, 243 (247); 91, 21 ff.
[131] So insbesondere RGZ 63, 430 (432).
[132] Warn 1915, Nr. 76.

gesetzlichen Regelung in den §§ 618, 278 BGB einen allgemeinen, im öffentlichen Recht gleichermaßen geltenden Rechtsgedanken[133]. Auch nach der gesetzlichen Verankerung der beamtenrechtlichen Fürsorgepflicht in § 36 des Deutschen Beamtengesetzes vom 20. 1. 1937 hielt das Reichsgericht an der sinngemäßen Anwendung des Rechts der Forderungsverletzung fest[134].

Dieser Rechtsprechung folgte zunächst auch der Bundesgerichtshof[135]. In seiner Entscheidung in BGHZ 29, 310[136] vertrat er dann aber die Ansicht, daß die Verletzung der in den Beamtengesetzen normierten Fürsorgepflicht des Dienstherrn keine den zivilrechtlichen Schadensersatzansprüchen aus schuldhafter Vertragsverletzung entsprechenden Ansprüche auslöse, sondern nur die Grundlage für einen Anspruch aus Amtspflichtverletzung gemäß § 839 BGB, Art. 34 GG bilde.

Diese im Widerspruch zur reichsgerichtlichen und zur verwaltungsgerichtlichen Rechtsprechung[137] sowie zur einhelligen Meinung des Schrifttums[138] stehende Rechtsansicht wurde in BGHZ 43, 178 wieder aufgegeben. Es entspricht damit heute allgemeiner Ansicht, daß die schuldhafte[139] Verletzung der beamtenrechtlichen Fürsorgepflicht nach den allgemeinen Rechtsgrundsätzen, die in den §§ 280, 276, 278, 618 Abs. 3 BGB einen positiv-rechtlichen Ausdruck fänden, aber über das Privatrecht hinaus auch im öffentlichen Recht Geltung haben, zu einer — neben der Amtshaftung bestehenden — (unmittelbaren) Schadensersatzpflicht des Dienstherrn führe, die im Verwaltungsrechtsweg geltend zu machen sei, § 40 II S. 2 VwGO, § 126 I BRRG.

IV. Die Haftung im Rahmen öffentlich-rechtlicher Anstaltsverhältnisse

Das Reichsgericht wandte ferner bei bestimmten öffentlich-rechtlichen Anstaltsverhältnissen vertragliches Schuldrecht sinngemäß an, und zwar ohne daß das Anstaltsverhältnis auf einem öffentlich-rechtlichen *Vertrag* beruhte[140]. So wurde das Recht der Forderungsverletzung — ein-

---

[133] RG LZ 1916 Sp. 1102 Nr. 18; 1917 Sp. 740 Nr. 4; RGZ 92, 178 (179 f.); 97, 43 (44); 104, 58 (60); 107, 189 f.; 111, 22 f. u. 178 (182); 155, 227 (232); siehe ferner Blume, S. 24 ff. mit weiteren Nachweisen.
[134] RGZ 157, 145 (149); 158, 235 (236 f.).
[135] BGHZ 7, 69 (72); 14, 122 ff.
[136] S. 312 f.
[137] Siehe Anm. 128.
[138] Siehe Anm. 129.
[139] Das Erfordernis des Verschuldens wird abgelehnt von Idel, NJW 1955, 1301 sowie von Schack, ZBR 1961, 225 (230). Gegen diese Ansicht insbesondere Schütz, DÖD 1958, 201 (205).
[140] Siehe dazu Vogel, JZ 1960, 419.

F. Die traditionelle Anwendung des bürgerlichen Rechts

schließlich des § 278 BGB — im Rahmen eines öffentlich-rechtlichen Benutzungsverhältnisses des Abnehmers zum städtischen Wasserwerk[141], des Patienten zum städtischen Krankenhaus[142], ferner auf das Rechtsverhältnis des Versicherten zum Sozialversicherungsträger[143], des zwangsweise untergebrachten Geisteskranken zur Anstalt[144] sowie des im Staatsdienst stehenden Lehrers zu der die Schule unterhaltenden Gemeinde[145] angewandt[146]. Ausdrücklich abgelehnt wurde die entsprechende Anwendung des bürgerlichen Schuldrechts auf das Verhältnis des Schülers zur öffentlichen Schule[147] und des Strafgefangenen zur Anstalt[148].

Die heutige Judikatur setzt diese Rechtsprechung fort[149]. Darüber hinaus bezeichnet der Bundesgerichtshof auch das *Schul*verhältnis als ein „einem Schuldverhältnis ähnliches öffentlich-rechtliches Rechtsverhältnis"[150]. Andererseits hat er daraus bislang keine Haftung des Schulträgers aus Forderungsverletzung gefolgert[151], sondern nur die Anwendung des § 278 BGB im Rahmen des § 254 Abs. 1 in Verbindung mit Abs. 2 Satz 2 BGB hinsichtlich der Anrechnung einer Schadensmitverursachung durch den gesetzlichen Vertreter des geschädigten Schülers bejaht[152].

Der Bundesgerichtshof hat in der Entscheidung vom 9. Juli 1956[153] — die bisherige Rechtsprechung zusammenfassend — die Voraussetzungen der sinngemäßen Anwendung des Rechts der Forderungsverletzung auf öffentlich-rechtliche Verhältnisse als Ausdruck allgemeiner Rechtsgedanken wie folgt umrissen: Es müsse ein „besonders enges Verhältnis des einzelnen zum Staat oder zur Verwaltung" gegeben sein. Das Handeln des Staates im Rahmen dieser Rechtsverhältnisse müsse „Ausfluß

---

[141] RGZ 99, 96 (101); 152, 129 (131/32).
[142] RGZ 112, 290 (293).
[143] RGZ 131, 67 (73/74); 131, 278 (279); vgl. aber RGZ 74, 163 (165 ff.); 59, 197 (200); 165, 91 (103/4); RG JW 1915, 916 Nr. 4.
[144] RG DR 1943, 854, Nr. 6.
[145] RGZ 102, 6 (7/8).
[146] Siehe ferner RGZ 130, 97 (98/99); 113, 293 (296); 118, 41 (43/44); 120, 162 (163); 65, 113 (116/17); 98, 341 f.; 161, 174 (180 f.); KG JW 1933, S. 1389 Nr. 5; OLG Kiel Seuff Arch Bd. 77, S. 135 (137).
[147] RGZ 135, 12 f.; anders im Falle der öffentlichen „Spielschule": KG JW 1933, 1389 Nr. 5.
[148] RGZ 78, 325 ff.
[149] BGHZ 17, 191 (192/93); BGH VwRspr. Bd. 16, 89 (90), Nr. 27; BGHZ 4, 138 (149 ff.) mit der im Ergebnis zustimmenden Anmerkung von Bachof in DÖV 1952, 310 f.; BGH VersR 1960, 475 (476); 1961, 225 f.; OLG Schleswig, JR 1950, 24; HansOLG MDR 1961, 938 (939); weitergehend: HansOLG MDR 1955, 111.
[150] BGH NJW 1964, 1670 f.
[151] Dies wird noch ausdrücklich abgelehnt in BGH NJW 1963, 1828 f.
[152] BGH NJW 1964, a. a. O.
[153] BGHZ 21, 214 (218 ff.).

seiner fürsorgerischen Tätigkeit in Bezug auf den einzelnen" sein. Schließlich sei Voraussetzung, daß „mangels ausdrücklicher gesetzlicher Regelung ein Bedürfnis nach einer sinngemäßen Anwendung des Schuldrechts" bestehe, „um zu gerechten und billigen Ergebnissen" zu gelangen.

V. Zur generellen Anerkennung der Forderungsverletzung als Institut des öffentlichen Rechts in der Rechtsprechung

Von einer allgemeinen Anerkennung einer vom Amtshaftungsrecht unabhängigen Haftung aus öffentlich-rechtlicher Forderungsverletzung unter entsprechender Anwendung des privatrechtlichen Schuldrechts durch die Rechtsprechung kann also nach dieser Übersicht sicherlich nicht die Rede sein. Wenn das Bundesverwaltungsgericht dennoch in seiner Entscheidung vom 20. 3. 1963[154] feststellt,

„... daß nach allgemeinen Grundsätzen der deutschen Rechtsordnung jede rechtswidrige und schuldhafte Vereitelung eines — sei es im bürgerlichen, sei es im öffentlichen Recht begründeten — Erfüllungsanspruchs unabhängig von einem auf Grund desselben Sachverhalts bestehenden Anspruch aus unerlaubter Handlung zum Schadensersatz verpflichtet",

so steht das in dieser Allgemeinheit nicht im Einklang mit der Rechtsprechung des Reichsgerichts und des Bundesgerichtshofs. Aber dieser — weit über den von der Rechtsprechung bisher anerkannten Anwendungsbereich der §§ 278, 280 ff. BGB hinausgehende, alle Fälle öffentlich-rechtlicher Anspruchsverletzung umfassende — Satz des Bundesverwaltungsgerichts wird nur für den ohnehin anerkannten Fall der Verletzung der beamtenrechtlichen Fürsorgepflicht aufgestellt. Auch das Bundesverwaltungsgericht hat aus dieser Feststellung keine weitergehenden Folgerungen in bezug auf eine Anwendung des bürgerlichen Rechts der Forderungsverletzung gezogen als das Reichsgericht und der Bundesgerichtshof.

G. Die Kritik an der Rechtsprechung des Reichsgerichts

Die Anerkennung einer dem Privatrecht entsprechenden und neben der Amtshaftung als öffentlich-rechtlicher Deliktshaftung bestehenden Schadensersatzpflicht wegen Forderungsverletzung ist in der Rechtsprechung zu den öffentlich-rechtlichen Anstaltsverhältnissen keines-

---

[154] DVBl. 1963, 677 (678) im Anschluß an BVerwGE 13, 17 (22/23). Ebenso OVG Koblenz DÖV 1965, 55 ff. = DVBl. 1964, 773 ff.

G. Kritik an der Rechtsprechung des Reichsgerichts

wegs gesichert: Ein Teil der in Frage kommenden Entscheidungen[155] trifft in der Form eines „obiter dictum" die Feststellung, daß „auch öffentlich-rechtliche Verhältnisse Rechte und Verbindlichkeiten erzeugen, die nach den Vorschriften des bürgerlichen Rechts zu beurteilen sind und deren Verletzung zum Ersatz des Schadens nach eben diesen Vorschriften verpflichtet"[156], — wobei selbstverständlich die *entsprechende* Anwendung der bürgerlich-rechtlichen Vorschriften gemeint ist. Aber gestützt wird der Schadensersatzanspruch wegen Forderungsverletzung auf die *unmittelbare* Anwendung der Privatrechtsnormen, weil das Rechtsverhältnis zwar „auch gewisse öffentlich-rechtliche Züge" aufweise, also nicht „rein privatrechtlich gestaltet" sei, „diese aber nicht überwiegen und den privatrechtlichen Gesamtcharakter des Verhältnisses nicht in Frage stellen"[157]. Bezeichnenderweise stützte das Reichsgericht in RGZ 152, 129 (132) den mit dem Vertragsanspruch konkurrierenden Deliktsanspruch nicht auf die — öffentlich-rechtliche — Haftungsnorm des § 839 BGB, Art. 131 WV, sondern auf §§ 823, 831 BGB[158].

Bejaht man für den Fall der öffentlich-rechtlichen Forderungsverletzung eine auf entsprechender Anwendung der §§ 276 ff. BGB beruhende Schadensersatzpflicht des Hoheitsträgers, dann erscheint die Annahme zwingend, daß dieser Anspruch *neben* dem Amtshaftungsanspruch besteht — nicht anders, wie im Privatrecht die Schadensersatzansprüche aus Vertrag und Delikt konkurrieren. Demgegenüber wandte das Reichsgericht, dem der Bundesgerichtshof folgt, bei Anstaltsverhältnissen das Schadensersatzrecht der Forderungsverletzung — auch dann, wenn das Anstaltsverhältnis ausschließlich als ein öffentlich-rechtliches bewertet wurde — mit den noch zu erwähnenden Ausnahmen nur in den Fällen an, in denen Amtshaftungsrecht jedenfalls nach Meinung der Rechtsprechung nicht zur Anwendung gelangen konnte. Ein Haftung des Hoheitsträgers für das Verschulden des Anstaltspersonals oder anderer Gehilfen wäre nur unter den Voraussetzungen des § 831 in Verbindung mit § 823 BGB in Frage gekommen. Es ging der Rechtsprechung in diesen Fällen also primär um die Anwendung des § 278 BGB als einer unbedingten, den Entlastungsbeweis nach § 831 Satz 2 BGB ausschließenden Zurechnungsnorm. Auf § 278

---

[155] Insbesondere RGZ 152, 129 ff. (Haftung der Gemeinde für Gesundheitsbeschädigungen durch das bleihaltige Wasser der von ihr betriebenen Wasserleitung); ebenso die entsprechende Fälle betreffenden Entscheidungen RGZ 99, 96 (101); BGHZ 17, 191 (192/93); BGH VerwRspr. Bd. 16, 89 (90).
[156] RGZ 152, 129 (132).
[157] RGZ 152, 129 (132); ebenso RGZ 99, 96 (101); BGH VerwRspr. Bd. 16, 89 (90).
[158] Auch in RGZ 131, 67 ff. wird die entsprechende Anwendung des § 278 BGB neben einer Haftung aus § 831 BGB und nicht aus § 839 BGB erörtert.

BGB wurde zurückgegriffen, um die aus der — vermeintlichen — Unanwendbarkeit der Amtshaftungsvorschriften und den Unzulänglichkeiten des (privaten) Deliktsrechts folgende Schlechterstellung der Gläubiger eines öffentlich-rechtlichen Verhältnisses auszugleichen.

Da sind einmal die Urteile, in denen mangels eines „Unterordnungsverhältnisses" zwischen Anstaltsträger und Anstaltsbenutzer die Amtshaftung abgelehnt wurde, insbesondere die Entscheidungen über fehlerhafte Krankenhausbehandlung[159]: Zwischen dem aus öffentlicher Fürsorge in einem städtischen Krankenhaus unentgeltlich aufgenommenen Patienten und dem Träger des Krankenhauses bestehe zwar — so argumentiert auch heute noch der Bundesgerichtshof — ausschließlich ein öffentlich-rechtliches Verhältnis, aus dem aber bei fehlerhafter Behandlung entsprechend § 278 BGB und nicht nach Amtshaftungsrecht gehaftet werde[160].

Zum anderen sind hier jene Entscheidungen zu erwähnen, bei denen es nicht um Schädigungen durch einen Amtsträger der in Anspruch genommenen Hoheitsperson, sondern um Schädigungen durch einen Dritten ging, dessen sich der beklagte Hoheitsträger zur Erfüllung seiner öffentlich-rechtlichen Pflicht bedient hatte[161]. Auch hier konnte Art. 131 WV nicht zur Anwendung gelangen. So wurde beispielsweise in RGZ 130,97 eine Haftung des Landkreises wegen mangelhafter Beaufsichtigung der Kinder durch einen Landwirt im Rahmen einer vom Kreis veranstalteten Landverschickung auf eine entsprechende Anwendung der §§ 276, 278 BGB gestützt.

Dementsprechend ergibt die Durchsicht der Rechtsprechung des Reichsgerichts und des Bundesgerichtshofs, daß Entscheidungen über die Haftung im Rahmen von Anstaltsverhältnissen, bei denen Amtshaftungsrecht für anwendbar gehalten wurde, das — vermeintlich — von Art. 131 WV bzw. Art. 34 GG vorausgesetzte „Unterordnungsverhältnis" also bestand, eine sinngemäße Anwendung des vertraglichen Schuldrechts entweder ausdrücklich ablehnen oder ganz unerörtert lassen. Als Beispiele seien hier die Entscheidungen zum

---

[159] BGHZ 4, 138 (149 ff.); VersR 1960, 475 (476); 1961, 225 (226); OLG Schleswig JR 1950, 24; a.A. BGHZ 38, 49. Von der Unanwendbarkeit der Amtshaftungsvorschriften und einer Haftung des Anstaltsträgers — sofern bürgerliches Vertragsrecht nicht entsprechend angewendet würde — ausschließlich nach §§ 831, 823 BGB geht auch RGZ 112, 290 ff. aus; vgl. ferner RGZ 131, 278 (279).
[160] Dieser Rechtsprechung zustimmend: Simons, S. 78 Fußn. 5; kritisch Bachof, DÖV 1952, 310/11.
[161] RGZ 130, 97 (98/99); 131, 67 (73 f.) im Gegensatz zu RGZ 165, 91 (103/04); OLG Schleswig JR 1950, 24; vgl. ferner RGZ 74, 163 (165 ff.); RG JW 1915, 916 Nr. 4; RGZ 59, 197 (200).

G. Kritik an der Rechtsprechung des Reichsgerichts

Strafgefangenen-[162] und zum Schulverhältnis[163] erwähnt[164]. Lediglich in dem in DR 1943, 854 entschiedenen Fall der zwangsweisen Unterbringung eines Geisteskranken in einer staatlichen Heil- und Pflegeanstalt hat das Reichsgericht bei schuldhafter Fürsorgepflichtverletzung eine Anspruchskonkurrenz von Amtshaftungsanspruch und Anspruch aus schuldhafter Forderungsverletzung ausdrücklich angenommen.

Bei öffentlich-rechtlicher Verwahrung[165] und bei Verletzung der beamtenrechtlichen Fürsorgepflicht[166] dagegen bejaht die Rechtsprechung eine stets *neben* der Amtshaftung bestehende Schadensersatzverpflichtung des Hoheitsträgers wegen Forderungsverletzung. Aber auch in diesen Fällen wurden die bürgerlich-rechtlichen Haftungsnormen ursprünglich nicht neben, sondern an Stelle einer — fehlenden — öffentlich-rechtlichen Staatshaftung angewandt. Die Haftung aus Forderungsverletzung wurde zunächst — wie dargelegt — auf die privatrechtliche Qualifikation dieser Rechtsverhältnisse gestützt. Einer der wesentlichsten Gründe aber, der die Rechtsprechung veranlaßte, diese Rechtsverhältnisse als privatrechtliche, als „quasi-kontraktliche", als „vertragsähnliche" bzw. als öffentlich-rechtliche Verhältnisse mit einer privatrechtlichen Haftungsfolge anzusehen[167], war der, eine Haftung des Hoheitsträgers überhaupt erst zu begründen[168] [169]. Die Haftung des Hoheitsträgers wegen Schädigungen in Ausübung öffentlicher Gewalt war ursprünglich eine dem Landesrecht vorbehaltene Ausnahme (Art. 77 EGBGB). Insbesondere in Preußen bestand bis zu dem am 1. 10. 1909 in Kraft getretenen Gesetz vom 1. 8. 1909 keine Staatshaftung. Eine Haftung des Gemeinwesens konnte also vor Einführung der Staatshaftung nur über die §§ 31, 89, 276, 278, 823, 831 BGB begründet werden.

---

[162] RGZ 78, 325 ff.; BGHZ 21, 214 (218 ff.); 25, 213 (238); BGH NJW 1962, 1053 (1054); a.A. HansOLG MDR 1955, 111.
[163] RGZ 135, 12 ff.; BGH NJW 1963, 1828 f.; siehe ferner BGH NJW 1964, 1670 f., wo ebenfalls ausschließlich Staatshaftungsrecht als Anspruchsgrundlage herangezogen, § 278 BGB nur im Rahmen des § 254 BGB entsprechend angewendet wird.
[164] Siehe ferner RGZ 165, 91 (103/4); RG JW 1913, 595 Nr. 7; RGZ 86, 117 (121); RG Recht 1924 Nr. 1331; RGZ 132, 257 (259); BGHZ 38, 49; HansOLG MDR 1961, 938 (939); vgl. zur Unanwendbarkeit des § 278 BGB im Zivilprozeßrecht: RGZ 96, 322 (324).
[165] Siehe oben F I.
[166] Siehe oben F III.
[167] Siehe die Formulierung in RGZ 63, 430 (432); vgl. auch von Arnswaldt, S. 467.
[168] von Arnswaldt, S. 468/69.
[169] Der zweite, damit eng zusammenhängende Gesichtspunkt war der, mittels der privatrechtlichen Konstruktion den Rechtsweg = Gerichtsweg zu eröffnen: So ausdrücklich RGZ 65, 113 (116/17).

Angesichts dieser Tatsache hat insbesondere von Arnswaldt[170] im Hinblick auf die öffentlich-rechtliche Verwahrung die Fortsetzung der bisherigen Rechtsprechung nach Einführung der Staatshaftung kritisiert. „Es ist im Staatshoheitsrecht selbst der Gedanke... des § 278 ... in bestimmt abgegrenzter Form Gesetz geworden, mithin für eine Anwendung des allgemeinen Rechtsgedankens aus § 278 BGB kein Raum mehr[171]." Das Reichsgericht hat diesen Einwand jedoch zurückgewiesen[172]. Als Art. 131 WV geschaffen wurde — so argumentiert es —, war bereits in ständiger Rechtsprechung die Haftung aus öffentlich-rechtlicher Verwahrung, wenn auch noch privatrechtlich begründet, anerkannt. Wenn diese Haftung hätte beseitigt und durch die dem Geschädigten weniger günstige Regelung in Art. 131 WV hätte ersetzt werden sollen, wäre ein Ausspruch hierüber in Art. 131 WV erforderlich gewesen.

Dieser Rechtsprechung liegt unausgesprochen derselbe Gedanke zugrunde, der für die Judikatur über die „Zivilprozeßsachen kraft Überlieferung"[173], die insbesondere auch für die öffentlich-rechtliche Verwahrung entwickelt worden ist, bestimmend war: Eine einmal geschaffene Rechtsordnung solle nicht dadurch ihre Geltung verlieren, daß die Rechtsanschauung, aus der sie erwachsen sei, sich im Laufe der Zeit gewandelt habe. Weder der Rechtsschutz noch — so kann man für den vorliegenden Fall ergänzen — die materiell-rechtliche Stellung des Bürgers könne dadurch verschlechtert werden, daß die Anschauung von der bürgerlich-rechtlichen Natur des zugrunde liegenden Rechtsverhältnisses aufgegeben werde. Eine Rechtseinrichtung müsse schon im Interesse der Rechtssicherheit über den „Wechsel stets wandelbarer Rechtsansichten hinaus" ihre Geltung behalten, bis sie durch geschriebene oder ungeschriebene Rechtsetzung aufgegeben oder abgeändert werde[174].

Doch dieser Grundsatz — angewendet auf die *materiell*rechtliche Frage der Haftung — steht in einem offenbaren Widerspruch zur sonstigen reichsgerichtlichen Rechtsprechung in vergleichbaren Fällen. Das markanteste Beispiel ist die Rechtsprechung zur Rechtsstellung des Gerichtsvollziehers und zur Haftung des Staates bzw. des Gerichtsvollziehers selbst für dessen Verschulden bei pflichtwidriger Ausführung der Zwangsvollstreckung: Seit dem Beschluß der Vereinigten Zivilsenate in RGZ 16, 396 ging man ursprünglich davon aus, daß die

---

[170] a.a.O. S. 472.
[171] Ebenso Denecke, JR 1953, 40 f.; Bettermann, DÖV 1954, 299 (303), Fußn. 28; Schack, RVerwBl. 1935, 193, der diese Ansicht aber in Dt.Gem.Wirtsch.R. 1939, 22 Anm. 32, wieder aufgegeben hat.
[172] RGZ 166, 218 (224/25).
[173] RGZ 92, 310 (313 ff.); weitere Nachweise bei Koehler, VwGO, S. 220 ff.
[174] BGHZ 1, 369 (373).

G. Kritik an der Rechtsprechung des Reichsgerichts

Rechtsbeziehungen zwischen Gerichtsvollzieher und Gläubiger privatrechtliche sind. Es wurde ein Mandatsvertrag, nach Inkrafttreten des BGB ein auf Geschäftsbesorgung gerichtetes Dienstverhältnis angenommen. Es bestand also Vertragshaftung. Nach der Einführung der Staatshaftung entschloß sich das Reichsgericht in dem Beschluß der Vereinigten Zivilsenate vom 2. Juni 1913[175] nicht nur zur Aufgabe der privatrechtlichen Betrachtungsweise, sondern sah in der Amtshaftung nunmehr auch die einzige Haftungsnorm für ein Verschulden des Gerichtsvollziehers bei Ausführung des Zwangsvollstreckungsauftrages. Der Satz in dem Beschluß der Vereinigten Zivilsenate:

„Darum bedurfte es ... eines klaren und bestimmten Ausspruchs des Gesetzes, wenn der Gerichtsvollzieher hinsichtlich seiner Haftung gegenüber dem Gläubiger anders behandelt werden sollte als andere Beamte ...[176]."

steht in krassem Gegensatz zur Begründung einer Fortgeltung der Vertragshaftung bei öffentlich-rechtlicher Verwahrung in E 166, 224:

„Wenn diese Haftung hätte beseitigt und durch die dem Geschädigten weniger günstige Regelung in Art. 131 WV hätte ersetzt werden sollen, wäre ein Ausspruch hierüber in der genannten Vorschrift erforderlich gewesen."

Naheliegend ist weiterhin der Vergleich zur Rechtsprechung hinsichtlich der Rechtsstellung und Haftung des Notars. Das Reichsgericht bejahte zunächst das Bestehen eines privatrechtlichen (Dienst-) Vertrages zwischen dem Notar und dem Beurkundungsbeteiligten, der die dem Notar schon amtlich obliegende Tätigkeit als Vertragspflicht umfasse[177]. Zumindest wurde es als Regel bezeichnet[178], daß der die Amtstätigkeit des Notars Anrufende mit diesem zugleich über die Leistung der Beurkundungstätigkeit einen bürgerlichrechtlichen Dienstvertrag abschließe. Erst später — namentlich unter der Einwirkung des erwähnten Beschlusses der Vereinigten Zivilsenate zur Rechtsstellung der Gerichtsvollzieher — ging das Reichsgericht dazu über, die Rechtsbeziehungen zwischen Notar und Beteiligten, soweit es um Amtsgeschäfte des Notars ging, ausschließlich als öffentlichrechtlich zu werten[179]. Dazu kommt eine weitere Entwicklung: Das Reichsgericht sah ursprünglich nur die öffentliche Beurkundung und Beglaubigung als Amtstätigkeit des Notars an[180]. Jede andere Tätigkeit war danach privat-

---

[175] RGZ 82, 85 ff.
[176] S. 93.
[177] RGZ 49, 26; siehe auch RG JW 1906, 714 Nr. 12; Daimer, S. 369 mit weiteren Nachweisen.
[178] RG JW 1913, 490 Nr. 12.
[179] RGZ 85, 409 (413); 95, 214 (217); DNotZ 1932, 249 (251/2); 1937, 259; Daimer, S. 369; Staudinger-Nipperdey-Mohnen-Neumann, Vorbem. 174 vor §§ 611 ff. BGB; Seybold-Hornig-Lemmens, § 25 RNotO Anm. I 1 a.
[180] RGZ 49, 269 (273); vgl. Buhl, S. 255.

rechtlich geschuldet. Aber auch in dieser Hinsicht wurde die privatrechtliche Betrachtungsweise schon vom Reichsgericht weitgehend aufgegeben, indem schließlich die gesamte mit einer Beurkundung oder Beglaubigung zusammenhängende Tätigkeit als Amtstätigkeit des Notars angesehen wurde[181]. Seit der Reichsnotarordnung schließlich ist jede Tätigkeit als Notar auch Amtstätigkeit, so daß nur noch die Frage besteht, ob überhaupt eine notarielle Tätigkeit vorliegt[182]. Aber auch hier ist die Rechtsprechung nie auf den Gedanken gekommen, die bisherige Vertragshaftung neben der nunmehr eingreifenden Amtshaftung des § 839 BGB, später des § 21 RNotO, heute des § 19 BNotO fortbestehen zu lassen. Vielmehr ist nach ständiger und ausdrücklicher Rechtsprechung sowie einhelliger Meinung der Lehre die Haftung des Notars in § 21 RNotO bzw. § 19 BNotO a b s c h l i e ß e n d geregelt[183].

H. Die Rechtsprechung des Bundesgerichtshofs seit BGHZ 21, 214

Von der Beschränkung der Forderungsverletzung auf ganz bestimmte, einzelne wenige Rechtsverhältnisse des öffentlichen Rechts scheint der Bundesgerichtshof abzugehen, indem er seit der Entscheidung in BGHZ 21, 214 ff. die „sinngemäße Anwendung des vertraglichen Schuldrechts als Ausdruck allgemeiner Rechtsgedanken auf öffentlichrechtliche Verhältnisse"[184] im Grundsatz generell anerkennt. Als Voraussetzung bezeichnet er das Bestehen eines „besonders engen Verhältnisses des einzelnen zum Staat oder zur Staatsverwaltung", in dem das staatliche Handeln „Ausfluß seiner fürsorgerischen Tätigkeit in Bezug auf den einzelnen" ist. Diese Voraussetzungen sind nach dem Bundesgerichtshof nicht erfüllt, „wenn die Beziehungen zwischen der öffentlichen Hand und dem Gewaltunterworfenen ihren Grund und Zweck nicht in der Fürsorge für den Gewaltunterworfenen haben, die Fürsorge vielmehr nur eine Nebenpflicht ... darstellt"[185].

Die vom Bundesgerichtshof herausgearbeiteten Kriterien eines öffentlich-rechtlichen Schuldverhältnisses, diese von ihm aufgestellten Voraussetzungen einer entsprechenden Anwendung des bürgerlichen Rechts der Forderungsverletzung, sind in jeder Beziehung unzutreffend.

---

[181] Nachweise bei Seybold-Hornig-Lemmens, § 21 Anm. A I 2.
[182] Seybold-Hornig, § 19 BNotO Rdn. 1; Seybold-Hornig-Lemmens, a.a.O. Anm. A I 3; Daimer, S. 373; Römer, S. 16.
[183] BGH VersR 1960, 231 ff. = MDR 1960, 382 f.; LG Hamburg DNotZ 1950, 130; LG Göttingen DNotZ 1951, 341 (343); LG München DNotZ 1955, 101; Seybold-Hornig, § 19 Rdn. 3; Staudinger-Nipperdey, Rdn. 174 vor §§ 611 ff. BGB; Daimer, § 31 Rdn. 16.
[184] S. 218.
[185] BGHZ 21, 214 (218 ff.); BGH NJW 1963, 1828.

I. Die Fürsorgepflichtverletzung

Nicht die Verletzung einer Leistungspflicht schlechthin, sondern nur eines ganz bestimmten Inhalts: Schutz und Fürsorge gegenüber dem einzelnen, soll nach dem Bundesgerichtshof eine Schadensersatzpflicht aus Forderungsverletzung begründen. Forderungsverletzung und Delikt unterscheiden sich im Privatrecht — wie wiederholt dargelegt — danach, ob die verletzte Rechtspflicht eine allgemeine oder besondere, eine gegenüber jedermann und nicht als besonderes Rechtsverhältnis zu denkende oder eine gegenüber nur einer ganz bestimmten Person bestehende, eine absolute oder relative ist. Der Inhalt der Rechtspflicht ist selbstverständlich ganz unmaßgeblich. Das kann, gilt das Recht der Forderungsverletzung — wovon der Bundesgerichtshof ja ausdrücklich ausgeht —[186] als Ausdruck eines allgemeinen Rechtsgedankens, im öffentlichen Recht nicht anders sein. Es ist völlig unverständlich, weshalb sich hier Forderungsverletzung und unerlaubte Handlung nach dem (inhaltlichen) Kriterium der Fürsorgepflichtverletzung im Gegensatz zu allen sonstigen Pflichtverletzungen unterscheiden sollen.

II. Die Fürsorgepflicht als Hauptpflicht

Der Bundesgerichtshof grenzt die Anwendung vertraglichen Schuldrechts aber noch weiter ein: Nicht *jede* Fürsorgepflichtverletzung begründe einen Schadensersatzanspruch entsprechend dem bürgerlichen Vertragsrecht, die verletzte Fürsorgepflicht müsse darüber hinaus *Haupt*pflicht, sie dürfe nicht nur „eine *Neben*pflicht als Folge eines anderen zwischen der öffentlichen Hand und dem Gewaltunterworfenen bestehenden Rechtsverhältnisses" sein[187].

Mit dieser Unterscheidung von Haupt- und Nebenpflichten setzt sich der Bundesgerichtshof in Widerspruch zur eigenen und zur reichsgerichtlichen Rechtsprechung. Denn gerade in den Fällen öffentlich-rechtlicher Anstaltsverhältnisse, bei denen die Schadensersatznormen des allgemeinen Schuldrechts angewandt wurden, ging es überwiegend gerade um die Verletzung von *Neben*pflichten. Als markantestes Beispiel seien hier die in der Rechtsprechung häufig entschiedenen Fälle der Gesundheits- oder Eigentumsbeschädigung infolge Lieferung mangelhaften Wassers durch die gemeindliche Anstalt[188] angeführt. Man kann hier entweder — was dogmatisch wohl

---
[186] BGHZ 21, 214 (218); NJW 1963, 1828.
[187] BGH NJW 1963, 1828.
[188] RGZ 99, 96 ff.; 152, 129 ff.; BGHZ 17, 191 ff.; BGH VerwRspr. Bd. 16, 89 f., Nr. 27.

allein richtig ist — sagen, die (öffentlich-rechtliche) Hauptleistungspflicht (Lieferung von Wasser) sei durch Schlechterfüllung[189] verletzt. Dann aber liegt keine Fürsorgepflichtverletzung im Sinne von BGHZ 21, 214 vor. Oder man sagt, die Hauptleistungspflicht sei voll erfüllt, verletzt sei aber eine zugleich bestehende Sorgfalts- oder Schutzpflicht des Anstaltsträgers gegenüber dem Abnehmer. Dann kann man zwar von Fürsorgepflichtverletzung im Sinne des Bundesgerichtshofs sprechen, aber diese Fürsorgepflicht ist mit Sicherheit eine — zur Hauptleistungspflicht hinzutretende — (unselbständige) *Neben*pflicht.

Ferner ist in Fällen, in denen Rechtsprechung und Lehre Schadensersatzansprüche aus öffentlich-rechtlicher Verwahrung anerkennen, die Verwahrungs-, Obhuts- und Rückgabepflicht häufig nur Nebenpflicht im Rahmen eines anderen, umfassenderen öffentlich-rechtlichen Rechtsverhältnisses[190]. Beispielhaft ist hier die Verwahrung von *Sachen* Strafgefangener während des Strafvollzuges[191]. Es ist unverständlich, weshalb sich die Obhutspflicht des Anstaltsträgers bezüglich der *Sachen* des Strafgefangenen von der Fürsorgepflicht bezüglich der *Person* des Häftlings dadurch unterscheiden soll, daß die erste Haupt-, die zweite — wie der Bundesgerichtshof ausdrücklich betont[192] — Nebenpflicht des Strafgefangenenverhältnisses ist.

Abgesehen davon, daß die seit BGHZ 21, 214 getroffene Unterscheidung von Haupt- und Nebenpflichten der bisherigen Rechtsprechung also weitgehend widerspricht, ist diese Differenzierung für die Anwendbarkeit des Rechts der Forderungsverletzung im Ansatz verfehlt[193]: So wenig der Inhalt der Rechtspflicht maßgeblich dafür ist, ob im Falle der Verletzung dieser Rechtspflicht Delikts- oder Vertragsrecht Anwendung findet, so wenig entscheidet der Charakter als Haupt- oder Nebenpflicht. Maßgebend kann allein die Relativität der Rechtspflicht sein, der Umstand also, daß bereits vor der Schädigung eine konkrete Rechtsbeziehung zwischen Schädiger und Geschädigtem bestand.

Neben der Schlechterfüllung einer Hauptleistungspflicht ist die Verletzung relativer Nebenpflichten ein Hauptanwendungsfall *privatrechtlicher* positiver Forderungsverletzung[194], so daß im bürgerlichen Recht

---
[189] Die Schlechtleistung oder Schlechterfüllung stellt im Privatrecht neben der Verletzung von der Hauptleistungspflicht zu trennenden Sorgfalt= Nebenpflicht den Hauptfall der positiven Vertragsverletzung dar. Vgl. zur Unterscheidung und Abgrenzung beider Fallgestaltungen der positiven Vertragsverletzung: Esser, Schuldrecht I (3. Aufl.), S. 383 ff.
[190] Siehe dazu Blume, S. 18 ff. mit Nachweisen.
[191] Siehe insbesondere RGZ 78, 325 (327).
[192] BGHZ 21, 214 (218 ff.); siehe auch BGH NJW 1963, 1828.
[193] Dagegen auch Simons, S. 83.
[194] Siehe oben Anm. 189.

die vertragliche Schadensersatzpflicht ganz unabhängig ist von der Qualifizierung der verletzten Rechtspflicht als Haupt- oder Nebenpflicht[195].

III. Das „besonders enge Verhältnis des einzelnen zum Staat oder zur Staatsverwaltung"

Dagegen scheint der Bundesgerichtshof mit dem Kriterium des „besonders engen Verhältnisses zum Staat" den entscheidenden Gesichtspunkt für die Anwendung des bürgerlichen Rechts der Forderungsverletzung angesprochen zu haben. Seine Formulierung scheint auf das Erfordernis einer rechtlichen Sonderverbindung, d. h. auf eine besondere = relative Rechtsbeziehung zwischen Staat und Bürger als Merkmal eines „Schuldverhältnisses" im Sinne des § 241 BGB hinzuweisen. Andererseits macht die Verknüpfung mit dem Erfordernis der „Fürsorgepflichtverletzung" deutlich, daß der Bundesgerichtshof der Sache nach ein Schuldverhältnis im Sinne des § 241 BGB, also die Entsprechung von Leistungspflicht und Forderungsrecht, gerade nicht genügen läßt. Er verlangt vielmehr einen *gesteigerten* Intensitätsgrad der Sonderverbindung, eine verstärkte Abhängigkeit des einzelnen vom Staat mit der Folge besonderer Fürsorge- oder Schutzpflichten des Hoheitsträgers.

Das allein in dieser Weise zu verstehende Merkmal des „besonders engen Verhältnisses" ist zwar maßgeblich dafür, *ob* und in welchem Umfang öffentlich-rechtliche Fürsorge-, Schutz- oder Sorgfaltspflichten bestehen. Auch im Zivilrecht ist anerkannt, daß das Bestehen und der Umfang der aus § 242 BGB abzuleitenden „weiteren Verhaltenspflichten" innerhalb eines Schuldverhältnisses abhängig sind von dem Intensitätsgrad der schuldrechtlichen Sonderverbindung[196]. So kann ein „besonders enges Verhältnis" des einzelnen zum Träger öffentlicher Gewalt besondere Fürsorge-, Sorgfalts- oder Schutzpflichten des Hoheitsträgers, aber auch Sorgfaltspflichten des Gewaltunterworfenen[197] begründen. Die ganz andere Frage aber, welche Rechtsfolge bei Verletzung derartiger Rechtspflichten eintritt, ob ausschließlich Amtshaftungsrecht oder (auch) das Recht der Forderungsverletzung eingreift, ist damit nicht beantwortet. Das Kriterium des besonders engen Verhältnisses ist für diese Entscheidung auch ganz

---
[195] Bedeutung hat dieser Unterschied nur im Rahmen gegenseitiger Verträge für die Anwendung des § 326 BGB: § 326 setzt voraus, daß der Schuldner mit einer *Haupt*leistungspflicht im Verzuge ist, s. Palandt-Heinrichs, § 326 Anm. 3 b.
[196] Larenz, Schuldrecht Bd. 1 (7. Aufl.), S. 7.
[197] Vgl. RGZ 98, 341 f.: Haftung eines Fernsprechteilnehmers gegenüber der Post.

ungeeignet. Es fehlt in der Rechtsprechung der Nachweis, warum nur die aus einem besonders engen Verhältnis des einzelnen zum Staat oder zur Staatsverwaltung entspringenden Fürsorgepflichten bzw. die entsprechenden Ansprüche im Gegensatz zu allen sonstigen Forderungsrechten des öffentlichen Rechts dem sinngemäß anzuwendenden Haftungsrecht des allgemeinen Schuldrechts unterfallen sollen.

Sollte die Forderung des Bundesgerichtshofs nach einem besonders engen Verhältnis des einzelnen zum Staat bedeuten, daß die Forderungsverletzung ein *besonderes Gewalt*verhältnis voraussetze[198], dann stünde dieser Satz in offenbarem Widerspruch zur überlieferten Rechtsprechung und Lehre über die Haftung im Rahmen von Anstaltsverhältnissen. Es ist bereits zweifelhaft, kann aber hier offen bleiben, ob man mit der herrschenden Meinung[199] die Anstaltsverhältnisse, soweit es um die Benutzung der „offenen"[200], der „nutzbaren"[201] öffentlichen Anstalten, insbesondere also der öffentlichen Verkehrs- und Versorgungseinrichtungen geht, noch als besondere Gewaltverhältnisse ansehen kann[202]. Denn fest steht jedenfalls, daß gerade nicht das Bestehen eines besonderen *Gewalt*verhältnisses Rechtsprechung und Lehre veranlaßte, das vertragliche Schuldrecht auf öffentlich-rechtliche Anstaltsverhältnisse anzuwenden, sondern umgekehrt die Ähnlichkeit dieser Rechtsverhältnisse mit bürgerlich-rechtlichen Beziehungen, das Vorliegen eindeutiger Parallelen zum privatrechtlichen Vertragsverhältnis[203]; wobei entscheidendes Gewicht auf die für den Anstaltsherrn bestehende[204] Alternative zwischen öffentlich-rechtlicher und privatrechtlicher Gestaltung des Benutzungsverhältnisses, auf die Austauschbarkeit der Rechtsformen, gelegt wurde[205]. Gerade nicht auf eine gesteigerte Abhängigkeit des Gewaltunterworfenen, nicht auf ein — besonderes — *Gewalt*verhältnis, sondern auf die durch die Ähnlichkeit mit entsprechenden privatrechtlichen Benutzungsverhältnissen zutage tretende Koordination und auf das Fehlen eines Subjektions-

---

[198] So offenbar Wolff, Verwaltungsrecht Bd. II, § 99 IV d, S. 325/26.
[199] Vgl. H. Krüger, VVDStRL 15, 110; Forsthoff, Verwaltungsrecht, S. 123 f.
[200] Wolff, Verwaltungsrecht Bd. I, § 32 IV 4, S. 185.
[201] Rüfner, S. 292.
[202] Dagegen Wolff a.a.O. § 32 IV 4, S. 185 u. Bd. II, § 99 IV b 2, S. 322; Ipsen, AöR Bd. 89 (1964), S. 358/59; Weber, VVDStRL 15, 186/87, die in diesen Fällen von „schlichten Anstaltsbenutzungsverhältnissen" sprechen, die nicht dem Begriff des besonderen Gewaltverhältnisses unterfallen. Siehe ferner Rüfner, S. 311 ff.; Jecht, S. 108 ff.
[203] Siehe insbesondere RGZ 135, 12 f.; 99, 96 (101); 152, 129 (132); 113, 293 (296); KG JW 1933, 1389 Nr. 5; BGH VerwRspr. Bd. 16, S. 89 f.; HansOLG MDR 1961, 939; A. Mayer, S. 7; Schack, Laun-Festschrift, 230/81; Rüfner, S. 297/98; Blume, S. 132 ff. m. w. Nachw.
[204] Forsthoff, Verwaltungsrecht, S. 379/80; Wolff, Verwaltungsrecht II, § 99 V a, S. 326 f.; Blume, S. 133; a.A. Eyermann-Fröhler, § 40 Rdn. 52.
[205] KG JW 1933, 1389 Nr. 5; Forsthoff a.a.O., S. 393; Blume, S. 133; Rüfner, S. 297 f.

verhältnisses wird abgestellt. Und dort, wo man ein Subjektionsverhältnis bejahte, wo es an der dem Privatrechtsverhältnis entsprechenden Koordination fehlte, wie beim Strafgefangenen-[206] und Schuldverhältnis[207], ist die sinngemäße Anwendung des vertraglichen Schuldrechts gerade ausdrücklich abgelehnt worden[208].

IV. Die teilweise Anerkennung des Schuldverhältnisses als öffentlich-rechtliches Schuldverhältnis

Der Bundesgerichtshof[209] lehnt im Anschluß an die Rechtsprechung des Reichsgerichts[210] eine Haftung des Schulträgers aus Forderungsverletzung ab. Auf der anderen Seite bejaht er die Anrechnung des Mitverschuldens seitens des gesetzlichen Vertreters des Schülers bei der Schadensentstehung in entsprechender Anwendung des § 254 Abs. 1/2 Satz 2 in Verbindung mit § 278 BGB[211]. Das ist dann kein Widerspruch[212], wenn man mit einer in der Literatur[213] verbreiteten Meinung den Satz in § 254 Abs. 2 Satz 2 BGB: „Die Vorschrift des § 278 findet entsprechende Anwendung", dahin auslegt, daß sich der Geschädigte in den Fällen des § 254 BGB das Verschulden seiner Vertreter oder Gehilfen ebenso anrechnen lassen muß, wie das für die Haftung im Schuldverhältnis durch § 278 BGB bestimmt ist[211]. Man versteht dann die entsprechende Anwendung des § 278 BGB in der Weise, daß im Rahmen des § 254 BGB an die Stelle des „Schuldners" der „Geschädigte" und an die Stelle der „Erfüllung seiner Verbindlichkeit" die „Wahrung seines eigenen wohlverstandenen Interesses", die Erfüllung der „Verpflichtung gegen sich selbst" zu treten hat[215]. Denn dann fällt bei entsprechender Anwendung des § 278 im Rahmen des § 254 das Erfordernis eines bestehenden Schuldverhältnisses. Der Geschädigte hätte dann in allen Fällen — unabhängig vom Bestand eines Schuldverhältnisses — das Verschulden seines gesetzlichen Vertreters und der Personen, deren er sich zur Erfüllung der

---

[206] RGZ 78, 325 ff.; BGHZ 21, 214 ff.; 25, 231 (238); NJW 1962, 1053 (1054).
[207] RGZ 135, 12 f.; BGH NJW 1963, 1828 f.
[208] Siehe RG Recht 1924 Nr. 1331: „Die Veräußerung erfolgt also im öffentlichen Interesse und stellt sich — wie die Beschlagnahme selbst — als Ausübung öffentlicher Gewalt dar. Danach ist für die Anwendung des § 278 BGB kein Raum." RG JW 1913, 595 Nr. 7; RGZ 86, 117 (121); RGZ 165, 91 (103/04).
[209] NJW 1963, 1828 f.; DVBl. 1964, 584 f.
[210] RGZ 135, 12 f.
[211] NJW 1964, 1670 (1671).
[212] Darauf weist Menger, VerwArch Bd. 56 (1965) S. 91 f. mit Recht hin.
[213] Kleindienst, JZ 1957, 457 (458 ff., 461, 462) und NJW 1960, 2028 (2030); Gernhuber, AcP Bd. 152, 69 (72/73, 83); Lange, NJW 1953, 967 (968 ff.); Enneccerus-Lehmann, § 16 II 2.
[214] Enneccerus-Lehmann, § 16 II 2.
[215] Siehe insbesondere Kleindienst JZ 1957, 458; Gernhuber a.a.O. S. 72/73.

ihm durch § 254 BGB auferlegten „Verpflichtung gegen sich selbst" bedient, wie eigenes Verschulden gegen sich gelten zu lassen.

Anderer Ansicht ist aber gerade der Bundesgerichtshof[216], der der ständigen Rechtsprechung des Reichsgerichts folgt: Auch bei entsprechender Anwendung im Rahmen des § 254 BGB gelte § 278 BGB nur für „Schuldner", setze also ein bereits bestehendes Schuldverhältnis voraus. Dem Verletzten ist nach der Rechtsprechung das mitwirkende Verschulden seiner gesetzlichen Vertreter nur dann zuzurechnen, wenn die Schadensmitverursachung im Rahmen eines schon bestehenden Schuldverhältnisses oder eines einem Schuldverhältnis ähnlichen Verhältnisses erfolgt.

Unter Zugrundelegung dieser Rechtsprechung wird der Widerspruch in der Anwendung des § 278 BGB im Rahmen des öffentlich-rechtlichen Schulverhältnisses durch den Bundesgerichtshof offenbar[217]. Während bei der Frage der Haftung des Schulträgers ein öffentlich-rechtliches Schuldverhältnis zwischen Schüler und Anstaltsträger abgelehnt wird, liegt der Anwendung des § 278 im Rahmen des § 254 BGB die Annahme zugrunde, daß das Schulverhältnis ein öffentlich-rechtliches Schuldverhältnis oder — in der Terminologie des Bundesgerichtshofs[218] — eine dem (privatrechtlichen) „Schuldverhältnis ähnliche" Sonderverbindung des öffentlichen Rechts ist; denn anders läßt sich nach der eigenen ständigen Rechtsprechung des Bundesgerichtshofs die entsprechende Anwendung des § 278 BGB nicht rechtfertigen.

J. Die Begriffsbestimmung des öffentlich-rechtlichen Schuldverhältnisses in der Rechtslehre

Auch die Lehre geht, soweit sie die Haftung für Forderungsverletzung im öffentlichen Recht grundsätzlich anerkennt[219], von der Annahme aus, daß sich nicht alle Rechtsverhältnisse zwischen einem

---

[216] BGHZ 1, 248 (250 f.); 3, 49 ff.; 5, 378 (384); 9, 316 ff.; 24, 325 (327 f.); NJW 1964, 1670 (1671); NJW 1965. 962. Der Rechtsprechung folgen: Boehmer, MDR 1960, 265; 1961, 1; NJW 1961, 62; Mammey, NJW 1960, 753 ff.; Menger a.a.O. S. 91 f.; im Grundsatz zustimmend auch Esser, JZ 1952, 257.
[217] Ebenso Menger a.a.O. S. 92.
[218] NJW 1964, 1670 (1671).
[219] Gegen eine Anwendbarkeit und für ausschließliche Haftung nach Amtshaftungsrecht: von Arnswaldt, S. 459 ff., insbesondere S. 472; Denecke, JR 1953, 40 ff.; Bettermann, DÖV 1954, 299 (303), Fußn. 28; Zuleeg, Die Rechtsform der Subventionen, S. 76 ff.; BGHZ 29, 310 (312 f.).
Generell wurde die entsprechende Anwengung von Privatrechtsnormen im öffentlichen Recht abgelehnt von Otto Mayer, Verwaltungsrecht I (3. Aufl.), S. 117 f.; Hartmann, DJZ 1912, 1519 u. JW 1915, 120 ff. Vgl. zur Kritik Meier-Branecke, AöR Bd. 11, 233, 243/44.

Träger öffentlicher Gewalt und dem Gewaltunterworfenen, in denen sich Forderungsrechte und Leistungspflichten gegenüberstehen, unter den Begriff eines Schuldverhältnisses bringen lassen, wie er dem bürgerlichen Recht in den Abschnitten 1—6 des zweiten Buches des BGB zugrunde liegt. Es werden dabei unterschiedliche Eingrenzungen vorgenommen[220].

I. Die Voraussetzung der Vermögenswertigkeit der geschuldeten Leistung

Teilweise wird — ungeachtet weiterer Einschränkungen — die Vermögenswertigkeit der Leistung zur begrifflichen Voraussetzung des öffentlich-rechtlichen Schuldverhältnisses erhoben[221]. Dem kann aus folgendem Grunde nicht zugestimmt werden[222]: Ist der Ausgangspunkt der Lehre richtig, daß das in § 241 BGB definierte[223] oder doch in seinen wesentlichen Wirkungen umschriebene[224] „Schuldverhältnis" ein Institut der allgemeinen Rechtslehre ist, das dem Privat- wie dem öffentlichen Recht zugehört, dann kann diese Feststellung nicht dadurch eingeschränkt werden, daß man das Recht der Forderungsverletzung nur auf jene öffentlich-rechtlichen Ansprüche anwendet, die eine vermögenswerte Leistung betreffen. Denn eine derartige Beschränkung ist dem geltenden Privatrecht unbekannt[225]. Das BGB hat

---

[220] Anstatt von öffentlich-rechtlichen Schuldverhältnissen spricht Schwär, S. 3, von „öffentlich-rechtlichen Leistungsverhältnissen". Er versteht darunter Rechtsverhältnisse, die „eine beiderseitige Vermögensänderung (Leistungsaustausch) zum Gegenstand haben oder deren Zielsetzung primär auf eine Vermögensverschiebung zwischen Dritten und dem Bürger gerichtet ist" (S. 19). Damit wird nicht nur die Vermögenswertigkeit der geschuldeten Leistung gefordert — siehe dazu die folgenden kritischen Ausführungen unter I —, dem Begriff des öffentlich-rechtlichen „Leistungsverhältnisses" sollen auch „subordinationsrechtliche Rechtsbeziehungen" nicht unterfallen, die „lediglich Ausfluß der obrigkeitlich ordnenden Funktion und nicht etwa der sozialen Leistungsfunktion des Staates" seien (S. 18). Daß die Begriffe „pflegende" oder „fürsorgende" Verwaltung oder „schlichte Hoheitsverwaltung" im Gegensatz zur „obrigkeitlich ordnenden" Staatsfunktion zur Bestimmung und Abgrenzung des öffentlich-rechtlichen Schuldverhältnisses ungeeignet sind, wird unten unter IV dargelegt. Darüber hinaus konnte im Rahmen dieser Arbeit auf die erst nach Fertigstellung des Manuskriptes erschiene Dissertation von Schwär und die dort gegebene Begriffsbestimmung des öffentlich-rechtlichen Schuldverhältnisses nicht mehr im einzelnen eingegangen werden.
[221] Simons, S. 56, 59; Wolff, Verwaltungsrecht I, § 44 I, S. 278 im Anschluß an Art. 188 Abs. 1 EVRO; Friedrichs, ArchbürgR Bd. 42, 30 ff.; Schwär, S. 17, 21.
[222] Ebenso Eckert, DVBl. 1962, 11/12.
[223] Esser, Schuldrecht I (3. Aufl.), S. 12: „Legaldefinition des § 241".
[224] Palandt-Heinrichs, § 241 Anm. 1.
[225] Planck, Bd. 2, Recht der Schuldverhältnisse, Vorbem. III; Larenz, Schuldrecht I (7. Aufl.), S. 5; Enneccerus-Lehmann, § 1 IV 2, S. 6; Palandt-Heinrichs, Einleitung 2 vor § 241; RGZ 87, 289 (293); 102, 217 (222).

anerkanntermaßen den in der gemeinrechtlichen Theorie herrschenden Streit, ob zum Begriff des Schuldverhältnisses die Vermögenswertigkeit der Forderung gehört, dadurch in negativem Sinne entschieden, daß es das Erfordernis eines Vermögenswertes nicht aufstellt[226, 227].

II. Die Begriffsbestimmung bei Friedrichs

Die weiteste Begriffsbestimmung des öffentlich-rechtlichen Schuldverhältnisses findet sich bei Friedrichs[228]. Unter Zugrundelegung des § 241 BGB definiert er das öffentlich-rechtliche Schuldverhältnis als ein Rechtsverhältnis, in dem „ein Gläubiger von einem Schuldner aus einem Titel des öffentlichen Rechts ein Geben, ein Tun oder ein Unterlassen verlangen kann"[229]. Die besondere Weite dieses Begriffsbestimmung ergibt sich vor allem daraus, daß sie auch die Rechtsbeziehungen des einzelnen zur öffentlichen Gewalt im Rahmen der „obrigkeitlichen" Verwaltung erfaßt[230], was — wie noch darzulegen ist[231] — im Gegensatz zu letztlich allen in der Lehre vorgenommenen Definitionen des öffentlich-rechtlichen Schuldverhältnisses steht, die die Anwendung des Schuldrechts von vornherein auf den Bereich „schlicht hoheitlicher" Verwaltungstätigkeit zu begrenzen suchen[232]. Andererseits nimmt Friedrichs folgende, nicht näher begründete Einschränkung vor: Das Rechtsverhältnis müsse auf einem „besonderen" Titel beruhen, Pflichten, die — unmittelbar — auf „allgemeinen Gesetzen oder Verordnungen beruhen" sollen nicht dem Begriff des öffentlich-rechtlichen Schuldverhältnisses unterfallen[233]. Diese Einschränkung ist willkürlich. Sie findet auch im Privatrecht keine Parallele[234]. Es gibt im bürgerlichen Recht nicht nur Schuldverhältnisse kraft Rechtsgeschäfts (Vertrag, einseitige Verpflichtungserklärung),

---

[226] Planck a.a.O.
[227] Siehe auch Friedrichs a.a.O., S. 30 f.: „... so hat das zur Folge, daß auch die Streitfrage, ob es für das Schuldverhältnis wesentlich sei, daß es einen Vermögenswert für den Gläubiger darstelle... auch für die öffentlichen Schuldverhältnisse in gleicher Weise zu entscheiden ist."
[228] ArchbürgR Bd. 42, S. 28 ff.
[229] a.a.O. S. 30.
[230] Siehe S. 30: „Ansprüche auf ein Tun oder Unterlassen" — also öffentlich-rechtliche Schuldverhältnisse — „können durch polizeiliche Verfügung oder jeden anderen obrigkeitlichen Befehl begründet werden..."
[231] Siehe unten IV.
[232] Gegen Friedrichs insbesondere auch Simons, S. 45/6.
[233] a.a.O. S. 30/31. Ebenso soll nach Oertmann, BGB Bd. 2 (4. Aufl.), § 278 A 3 a, § 278 BGB keine Anwendung finden, wenn das öffentlich-rechtliche Verhältnis auf Gesetz beruht; siehe ferner Imboden, Der verwaltungsrechtliche Vertrag, S. 105/06; Simons, S. 51 u. 55.
[234] Ebenso Eckert a.a.O. S. 16; siehe auch Schwär, S. 21, 23/4.

J. Die Begriffsbestimmungen in der Lehre   61

sondern auch solche kraft Gesetzes, die durch Tatbestandsverwirklichung entstehen.

III. Das öffentlich-rechtliche Schuldverhältnis nach dem Entwurf einer Verwaltungsrechtsordnung für Württemberg (EVRO)

Eine andere Einschränkung gegenüber der zivilrechtlichen Begriffsbestimmung des Schuldverhältnisses enthält der EVRO in Art. 188 Abs. 2:

„Ausgenommen sind Verpflichtungen ,die dem einzelnen auf Grund Rechtsvorschrift oder Verwaltungsakt gegenüber der öffentlichen Gewalt obliegen[235]."

Dieser Bestimmung liegt — wie sich aus der Begründung des Entwurfs[236] ergibt — die Annahme zugrunde, daß ein Schuldverhältnis zwei „einander gleichgeordnete Parteien" voraussetze und daß es an einer „derartigen Gegenüberstellung von zwei gleichgeordneten Parteien" bei denjenigen öffentlich-rechtlichen Verhältnissen fehle, die „Verpflichtungen eines einzelnen gegenüber der öffentlichen Gewalt zum Gegenstand haben"[237].
Aber gerade auf der Grundlage der Ausgangsthese: ein öffentlich-rechtliches Schuldverhältnis setze Koordination der Parteien voraus, deren Richtigkeit zunächst unterstellt wird, erscheint die vom Entwurf in Art. 188 Abs. 2 vorgenommene Eingrenzung unzulänglich: An der Gleichordnung von Forderungsberechtigtem und Leistungsverpflichtetem kann es nicht nur dann fehlen, wenn der Staat oder ein sonstiger Träger öffentlicher Gewalt eine öffentlich-rechtliche Verpflichtung des Bürgers geltend macht oder durchsetzt, sondern auch dann, wenn er eine eigene Verpflichtung gegenüber dem Gewaltunterworfenen erfüllt oder die Erfüllung ablehnt. Subordinationsrechtlich können nicht nur Pflichten des Bürgers und die ihnen entsprechenden Rechte der öffentlichen Gewalt sein, sondern umgekehrt auch Ansprüche des Bürgers gegen den Staat. Von seinem eigenen Ausgangspunkt her hätte der Entwurf also alle öffentlichen Forderungsrechte im Subjektionsverhältnis ausnehmen müssen ohne Rücksicht darauf, ob der einzelne gegenüber dem Hoheitsträger verpflichtet oder berechtigt, Schuldner oder Gläubiger ist[238].
Darüber hinaus ist die Beschränkung des öffentlich-rechtlichen Schuldverhältnisses auf Koordinationsverhältnisse mit dem Hinweis

---
[235] Siehe dazu auch Simons, S. 45.
[236] S. 587.
[237] Ebenso Eckert a.a.O. S. 11.
[238] Vgl. zur Kritik auch Simons, S. 45/46.

auf das entsprechende Institut des Privatrechts verfehlt[239]. Denn auch im Privatrecht gibt es Rechtsverhältnisse, die auf der Über- und Unterordnung und der Ausübung einer Befehlsgewalt beruhen. In erster Linie sind hier die elterliche Gewalt und die Muntgewalt des Vormundes zu erwähnen. Eine (begrenzte) Direktionsgewalt hat aber auch der Arbeitgeber gegenüber dem Arbeitnehmer und mehr noch der Lehrherr gegenüber dem Lehrling[240]. Die arbeitsrechtlichen Subjektionsverhältnisse sind aber zugleich Schuldverhältnisse im Sinne des § 241 BGB. Bei den zuerst genannten handelt es sich zwar um familienrechtliche Verhältnisse, aber auch auf familienrechtliche Ansprüche findet grundsätzlich — ungeachtet einer rechtlichen Über- und Unterordnung der Parteien — das allgemeine Schuldrecht Anwendung, soweit nicht gerade familienrechtliche Sonderregelungen eingreifen oder andere Besonderheiten des Familienrechts dem entgegenstehen[241].

IV. Die Beschränkung auf schlichthoheitliche Verwaltungstätigkeit

Nach der überwiegenden Meinung in der Literatur[242] sollen die Normen des bürgerlichen Schuldrechts unanwendbar sein, wenn der Staat oder ein sonstiger Träger öffentlicher Gewalt „dem einzelnen hoheitlich gegenüber tritt", wenn ein öffentlich-rechtliches Verhältnis „mit rein obrigkeitlichem Charakter" vorliegt[243]. Friedrich Schack lehnt es ab, den Rechtsgedanken des § 278 BGB „auf alle Schuldverhältnisse des öffentlichen Rechts" anzuwenden[244]. Er betont, daß in Fällen, „in denen die betreffende Tätigkeit des Verwaltungsträgers in hoheitlichen Formen ausgeübt wird, § 278 BGB nicht herangezogen werden kann"[245]. Voraussetzung einer Heranziehung des Rechts der Forderungsverletzung soll die Ähnlichkeit des öffentlich-rechtlichen Verhältnisses mit und das Vorliegen eindeutiger Parallelen zu einem privatrechtlichen Vertragsverhältnis sein. Insbesondere aus der „Möglichkeit einer privatrechtlichen Regelung"[246], aus der — häufig bei Anstaltsnutzungsverhältnissen bestehenden — Alternative zwi-

---

[239] Gegen die generelle Herausnahme subordinationsrechtlicher Rechtsbeziehungen aus dem Begriff des öffentlich-rechtlichen Schuldverhältnisses auch Schwär, S. 18 ff., 21.
[240] Siehe insbesondere Boehmer, Grundlagen I, S. 165.
[241] Siehe Gernhuber, Familienrecht, S. 18.
[242] A. Mayer, S. 7; Schack, Laun-Festschrift, S. 281/82, 292/93; Blume, S. 131 ff. (134); Eckert a.a.O. S. 11; Rüfner, S. 297/98; Enneccerus-Lehmann, § 44 II 5, S. 197; Nastelski in RGRK, § 278 Anm. 62.
[243] Blume, S. 134.
[244] Laun-Festschrift, S. 293.
[245] a.a.O. S. 293, ebenso S. 281/82.
[246] Blume, S. 133; Forsthoff, Verwaltungsrecht, S. 379/80; HansOLG MDR 1961, 938 (939); KG JW 1933, 1389.

schen privatrechtlicher und öffentlich-rechtlicher Gestaltung des Rechtsverhältnisses wird auf Privatrechtsähnlichkeit und Koordination der Parteien und damit auf die Anwendbarkeit des Rechts der Forderungsverletzung geschlossen[247].

1. Begriffliche Klärung

Legt man die von Walter Jellinek[248] begründete und in Lehre und Rechtsprechung weitgehend übernommene[249] Aufteilung der Hoheitsverwaltung in obrigkeitliche und schlichte Hoheitsverwaltung zugrunde und setzt damit hoheitliche Verwaltung mit öffentlich-rechtlich handelnder Verwaltung gleich, dann besagt die in der Literatur wiederholt getroffene Feststellung einer Unanwendbarkeit des bürgerlichen Schuldrechts bei hoheitlicher Tätigkeit[250] folgendes: Auf öffentliche Rechtsverhältnisse findet bürgerliches Schuldrecht allenfalls dann Anwendung, wenn es sich um Koordinationsverhältnisse handelt[251]. Im Verhältnis Staat—Bürger kommt eine Anwendung nur bei „nichthoheitlicher", das heißt aber nach dieser Abgrenzung: privatrechtlicher Tätigkeit der Verwaltung in Betracht.

Daß eine derartige Beschränkung auf öffentlich-rechtliche Koordinationsverhältnisse von der herrschenden Lehre aber nicht gewollt und auch nicht durchgeführt ist, das ergibt sich schon daraus, daß sie die Anwendung der §§ 275 ff. BGB nahezu ausschließlich für allgemeine und besondere *Gewalt*verhältnisse, insbesondere für öffentlich-rechtliche Anstaltsverhältnisse erörtert[252]. Daraus wird deutlich, daß die genannten Autoren von einem auf „obrigkeitliche" Verwaltung beschränkten Begriff der Hoheitsverwaltung ausgehen. Nichthoheitliche Verwaltung wird also gleichgesetzt mit nicht-obrigkeitlicher Tätigkeit. Öffentliche Verwaltung in den Formen des öffentlichen Rechts, aber ohne Ausübung von Befehl und Zwang, wird mit der fiskalischen Tätigkeit unter dem Begriff nicht-hoheitlicher Verwaltung zusammengefaßt[253].

---

[247] Siehe Rüfner, S. 297/98.
[248] Verwaltungsrecht, S. 21 ff.
[249] Siehe Wolff, Verwaltungsrecht (7. Aufl.), Bd. I, § 23 III, S. 101.
[250] Siehe insbesondere Schack, Laun-Festschrift, S. 282, 293; A. Mayer, S. 7: „... öffentlich-rechtliche Verhältnisse, die rein hoheitsrechtlichen Charakter tragen"; Eckert, DVBl. 1962, S. 11: „.. in besonderem Maße hoheitlich geprägt". RGZ 132, 257 (259): „... als Ausfluß staatlicher, also hoheitsrechtlicher Fürsorgepflicht"; HansOLG MDR 1961, 938 (939): „... Mit der Kennzeichnung ... als polizeiliche Aufgabe entfällt aber jede Möglichkeit für eine sinngemäße Anwendung schuldrechtlicher Bestimmungen."
[251] Das ist der Ausgangspunkt des EVRO in Art. 188 II, siehe oben III.
[252] Vgl. insbesondere die Nachweise bei Blume.
[253] So insbesondere auch Mallmann, VVDStRL 19, 166 ff.; Rüfner, S. 133; vgl. auch Giacometti, S. 60/61.

Unter Verwendung der klassischen Terminologie läßt sich also die Auffassung der Lehre dahin umschreiben, daß die Anwendung des bürgerlichen Schuldrechts auf jene öffentlich-rechtlichen Subjektionsverhältnisse beschränkt sein solle, in denen der Staat schlicht-hoheitlich und nicht obrigkeitlich tätig werde[254].

2. Das Verhältnis zu den in BGHZ 21, 214 aufgestellten Voraussetzungen

Man darf nun nicht annehmen, daß diese in der Lehre aufgestellten Voraussetzungen einer Anwendung des Rechts der Forderungsverletzung mit den von der Rechtsprechung insbesondere in BGHZ 21, 214 herausgearbeiteten Kriterien unbedingt übereinstimmen. Die Rechtsprechung verlangt für die sinngemäße Anwendung des vertraglichen Schuldrechts, daß das betreffende Handeln des Staates „Ausfluß seiner fürsorgerischen Tätigkeit in bezug auf den einzelnen ist"[255]. Es besteht aber weder Identität noch ein logischer Zusammenhang von „pflegender" oder „fürsorgender" Verwaltung einerseits und „schlichter Hoheitsverwaltung" andererseits. Mit den ersten Begriffen werden bestimmte Verwaltungs*zwecke* oder Verwaltungs*ziele* bezeichnet, mit dem zweiten eine *Handlungsform*, die Mittel der Verwaltung[256]. Und der Gegensatz von pflegender oder fürsorgender Verwaltungstätigkeit ist nicht die obrigkeitliche Verwaltung, bei der nach der Lehre vertragliches Schuldrecht schlechthin unanwendbar sein soll.

Es besteht auch — wie bereits angedeutet — zwischen Zweck und Handlungsform der Verwaltung kein notwendiger Zusammenhang in der Weise, daß fürsorgende oder pflegende Verwaltungstätigkeit nur in den Formen schlicht-hoheitlicher, die Ordnungsverwaltung nur mit den Mitteln der obrigkeitlichen Verwaltung durchgeführt werden könne[257].

3. Kritik an der herrschenden Lehre

Die von der herrschenden Lehre aufgestellten Kriterien für die Anwendung des Rechts der Forderungsverletzung auf öffentlich-recht-

---

[254] So ausdrücklich Blume, S. 134.
[255] BGHZ 21, 214 (218 ff.); dem entsprechend BGH NJW 1963, 1828.
[256] Rüfner, S. 132 ff.; eine gewisse Vermengung zwischen Handlungsform und materiellen Verwaltungszielen bei W. Jellinek, Verwaltungsrecht (3. Aufl.), S. 21 ff.; dazu kritisch Mallmann, VVDStRL 19, 168 ff.; unrichtig auch Wolff, Verwaltungsrecht I (5. Aufl.), § 23 III b 2, S. 91: „Soweit die öffentliche Verwaltung zwar auf Grund öffentlichen Rechts, aber nicht obrigkeitlich tätig wird, spricht man von schlichter Hoheitsverwaltung . . . oder pflegender (fördernder) Verwaltung . . ."; richtig dagegen in der 7. Auflage, S. 101.
[257] Rüfner, S. 134 f.

J. Die Begriffsbestimmungen in der Lehre

liche Verhältnisse sind nicht überzeugend. Der Grund für die Eingrenzung des öffentlich-rechtlichen Schuldverhältnisses soll darin bestehen, daß (auch) das privatrechtliche Schuldverhältnis einander gleichgeordnete Parteien voraussetze. Das kann nur auf der Annahme beruhen, daß sich öffentliches und privates Recht durch die Stellung der am Rechtsverhältnis Beteiligten zueinander unterscheide, daß das Privatrecht Koordinationsrecht und daß begriffsmäßige Voraussetzung eines Privatrechtsverhältnisses die Gleichordnung der Parteien sei. Man geht also von der zur Abgrenzung des privaten vom öffentlichen Recht entwickelten Subjektionstheorie aus[258]. Doch das ist hier nicht einmal der Ansatzpunkt der Kritik[259]. Wichtiger ist die daran anschließende Feststellung der herrschenden Lehre, daß die dem privatrechtlichen Schuldverhältnis zugrunde liegende Koordination so wesentlich, so essentiell für die Anwendung des Rechts der Forderungsverletzung sei, daß dessen Heranziehung bei (öffentlich-rechtlichen) Subjektions- oder Subordinationsverhältnissen nicht in Frage komme. Diese These kann das Ergebnis der herrschenden Lehre, daß das Recht der Forderungsverletzung auf öffentlich-rechtliche Schuldverhältnisse (immerhin) insoweit Anwendung finde, als schlicht-*hoheitliche* Verwaltung ausgeübt werde, nicht nur nicht rechtfertigen, sondern es besteht auch ein offenbarer Widerspruch zwischen Begründung und Ergebnis: Wenn man sagt, daß ein Privatrechtsverhältnis Gleichordnung der Parteien voraussetze, dann kann der Gegensatz von Koordination in diesem Sinne doch nur folgender sein: Die eine Partei des Rechtsverhältnisses hat die *Fähigkeit* zur einseitig — potentiell — verbindlichen Regelung[260]. Entscheidend ist nicht der tatsächliche Gebrauch von Herrschaftsgewalt, von obrigkeitlicher Gewalt. Wesentlich für die *hoheitliche* Verwaltung und damit für das Bestehen eines Subjektionsverhältnisses ist allein, daß Staats = Hoheitsgewalt zur Anwendung gebracht werden *kann*[261]. Es besteht also ein Unterschied zwischen „obrigkeitlicher" und „schlicht-hoheitlicher" Verwaltung nicht unter dem Gesichtspunkt von Koordination und Subjektion — anderenfalls wäre die schlicht-hoheitliche Verwaltung nach der der ganzen Argumentation zugrunde liegenden Subjektionstheorie nicht mehr öffentlich-rechtliche, sondern privatrechtliche Tätigkeit der Verwaltung. Beide Handlungsformen der Verwaltung unterscheiden sich vielmehr durch „*aktuelle*" und „*potentielle*" Handhabung der Staatsgewalt[262].

---

[258] RGZ 167, 281 (284); BGHZ 14, 222 (226/7); DÖV 1958, 861 (862); DVBl. 1962, 102 (103); weitere Nachweise aus der Lehre bei Simons, S. 25 mit Fußn. 27. Zur Kritik: Wolff, AöR 76 (1950/51), S. 205 ff.; Stern, AöR 84 (1959), S. 316.
[259] Siehe jedoch oben III: Auch im Privatrecht gibt es Schuldverhältnisse subordinationsrechtlicher Natur.
[260] Simons, S. 25/26; Buchner, S. 52 f.; Schulze, S. 56.
[261] Giacometti, Allgemeine Lehren, S. 58 ff.
[262] Giacometti a.a.O. S. 60/61.

Berücksichtigt man dies, dann muß die Feststellung der herrschenden Lehre, das Recht der Forderungsverletzung gelte nur für Schuldverhältnisse zwischen gleichgeordneten Parteien, folgerichtig zur Verneinung seiner (entsprechenden) Anwendung auf öffentlich-rechtliche Schuldverhältnisse im allgemeinen oder besonderen *Gewalt*verhältnis schlechthin führen. Die dem Privatrechtsverhältnis (angeblich) zugrunde liegende bzw. vorausgesetzte Koordination der Parteien besteht zwischen Gewaltunterworfenem und öffentlichem Gewalthaber auch im Bereich schlicht-hoheitlicher Verwaltung nicht; die Bejahung einer „Privatrechtsähnlichkeit" dieser Verhältnisse unter dem Gesichtspunkt der Gleichordnung ist damit verfehlt[263].

Wenn demgegenüber die herrschende Lehre hinsichtlich der Anwendbarkeit des vertraglichen Schuldrechts und damit unter dem Gesichtspunkt von Koordination und Subjektion einen Unterschied zwischen „obrigkeitlicher" und „schlicht-hoheitlicher" Verwaltung behauptet, dann geht sie von einem ganz anderen Begriffsinhalt der „Koordination" und der „Subjektion" aus, der mit der dem Privatrechtsverhältnis (angeblich) zugrunde liegenden und deshalb für die „Privatrechtsähnlichkeit" des öffentlich-rechtlichen Verhältnisses allein als maßgeblich in Frage kommenden Gleichordnung nichts zu tun hat.

a) *Forderungsverhältnisse und Gewaltverhältnisse*

In der Literatur wird das Problem der „Privatrechtsähnlichkeit" öffentlich-rechtlicher Schuldverhältnisse teilweise durch die Gegenüberstellung von Forderungs- und Gewaltverhältnissen[264] zu lösen versucht. Insbesondere im Hinblick auf das Steuerschuldverhältnis entzündete sich ein dogmatischer Streit, bei dem sich die Lehre vom „steuerlichen Forderungsverhältnis"[265] und die vom „steuerlichen Gewaltverhältnis"[266] gegenüberstanden. Diese Auseinandersetzung hat ihren Grund darin, daß es der Lehre nicht gelungen ist, die Begriffsmerkmale, die den Unterschied von Forderungs- und Gewaltverhältnissen ausmachen sollen, übereinstimmend festzulegen[267]: Diejenigen Autoren, die das Steuerschuldverhältnis als Gewaltverhältnis ansahen,

---

[263] Siehe dagegen Kruse, Steuerrecht, Allg. Teil, S. 79 f.
[264] Vgl. zur Gegenüberstellung beider Begriffe: Nawiasky, Rechtslehre, S. 208 ff.; Löwenberg, S. 53.
[265] Nawiasky, VierteljSchrStFR 1928, S. 447 ff. u. VVDStRL 3, S. 124/25; Hensel, VVDStRL 3, S. 78 ff; Mirbt, FinArch Bd. 44 I (1927), S. 1 (9 ff.) u. VVDStRL 3, 120; Merk, S. 11; aus der neueren Literatur: Flume, S. 86 f.; Kruse a.a.O. S. 79 f.
[266] Bühler, VVDStRL 3, S. 106 f.; W. Jellinek a.a.O. S. 129 f.; Kaufmann a.a.O. S. 130 f.; Goetzler, VierteljSchrStFR 1928, 249 (255/56); Felix, S. 146.
[267] Ebenso Hensel, VVDStRL 3, 78.

J. Die Begriffsbestimmungen in der Lehre

legten entscheidendes Gewicht darauf, daß der forderungsberechtigte Hoheitsträger neben seiner Gläubigerstellung zugleich die Entscheidungsbefugnis und die Vollstreckungsmacht habe, wodurch er zur persona potentior werde. Die Lehre vom steuerlichen Forderungsverhältnis als eines gesetzlichen Schuldverhältnisses des öffentlichen Rechts sah demgegenüber in der Koinzidenz von Forderungsrecht = Gläubigerfunktion und Entscheidungs- und Vollstreckungsbefugnis nicht ein wesentliches Merkmal des öffentlich-rechtlichen Gewaltverhältnisses, weil das die Stellung der Parteien im Hinblick auf das Verfahren, nicht aber in materieller Beziehung betreffe[268]. Für entscheidend wurde vielmehr gehalten, daß Steuerschuld und Steueranspruch unmittelbar durch die Rechtsnorm bestimmt werden und durch Erfüllung des gesetzlichen Tatbestandes entstehen. Öffentlich-rechtliche Forderungsverhältnisse wurden von den Gewaltverhältnissen also dahin gegeneinander abgegrenzt, daß beim Forderungsverhältnis die Rechtspflicht und der mit ihr korrespondierende Rechtsanspruch unmittelbar durch Gesetz oder auf Grund eines Gesetzes durch Vereinbarung bestimmt seien, daß dagegen im Gewaltverhältnis der Hoheitsträger auf Grund eines Rechtssatzes einseitig Rechtspflichten des Gewaltunterworfenen durch Konkretisierung der in Rechtsnormen ausgesprochenen Pflichtigkeit begründen könne. Während im ersten Fall die Parteien gleichgeordnet seien, weil der Berechtigte vom Verpflichteten nur das fordern könne, was der bereits durch die Rechtsnorm oder die Vereinbarung inhaltlich bestimmten Rechtspflicht entspreche, bestehe im zweiten Fall eine Überlegenheit des Hoheitsträgers und eine Subjektion des einzelnen[269]. Das Rechtsverhältnis sei in diesem Falle deshalb ein Gewaltverhältnis, weil „umfassende, nicht genau begrenzte, sondern durch den Willen des Berechtigten näher zu bestimmende Beziehungen" vorlägen und weil es „dem Willen des einen Teils überlassen ist, das Maß der Verpflichtung des anderen nach eigenem Ermessen zu präzisieren"[270].

Die Überordnung der einen, die Subordination oder Subjekton der anderen Partei kann also im Rahmen öffentlich-rechtlicher Verhältnisse — das macht dieser dogmatische Streit um die Einordnung des Steuerschuldverhältnisse deutlich — auf zwei verschiedenen Gründen beruhen. Erstens darauf, daß der Gläubiger neben seinem materiellen Forderungsrecht zugleich das Recht der Selbsttitulierung und Selbstvollstreckung besitzt. Zweitens daß die eine Partei — also der Hoheitsträger — einseitig Rechtspflichten der anderen Partei ihr gegen-

---

[268] So insbesondere Nawiasky, VierteljSchrStFR 1928, S. 447—451.
[269] Nawiasky, Rechtslehre, S. 209; Löwenberg, S. 54/55.
[270] Nawiasky, Rechtslehre, S. 209.

5*

über durch Konkretisierung der in Rechtsnormen ausgesprochenen Pflichtigkeit[271] begründen kann.

Ein Subjektionsverhältnis mit diesem zweiten Inhalt kann niemals Kriterium für die Anwendung oder Nichtanwendung des Rechts der Forderungsverletzung auf öffentlich-rechtliche Verhältnisse sein. Ein Gewaltverhältnis ist unter Zugrundelegung dieser zweiten Abgrenzung zunächst deshalb kein Schuldverhältnis, weil es an der konkreten Rechtspflicht des Bürgers und an dem ihr entsprechenden Forderungsrecht des Gewalthabers fehlt. Es besteht auf Grund des Rechtsatzes zunächst nur eine „Pflichtigkeit" des Bürgers auf der einen, die rechtsatzmäßige Ermächtigung des Hoheitsträgers, durch einseitige Regelung die Rechtspflicht und damit das eigene Forderungsrecht erst zu begründen[272], auf der anderen Seite. Gewaltverhältnis und Schuldverhältnis sind danach also keine Gegensätze, vielmehr kann auf Grund oder im Rahmen eines Gewaltverhältnisses ein Forderungsrecht des Hoheitsträgers und damit ein öffentlich-rechtliches Schuldverhältnis — im engeren, dem § 241 BGB entsprechenden Sinne — entstehen. Das in dieser Weise begründete Forderungsrecht unterscheidet sich von dem unmittelbar durch Gesetz oder durch Vertrag begründeten nur dem Entstehungstatbestand nach. Der Entstehungsgrund eines Forderungsrechts ist aber — wie bereits ausgeführt[273] — im Privatrecht wie auch im öffentlichen Recht unmaßgeblich für die Anwendbarkeit der Schadensersatznormen des allgemeinen Schuldrechts. Entscheidend für das Bestehen eines öffentlich-rechtlichen Schuldverhältnisses ist jedenfalls nicht, ob die Rechtspflicht des Gewaltunterworfenen *durch* Gesetz oder *auf Grund* Gesetzes durch Verwaltungsakt begründet ist[274], sondern ob dieser öffentlich-rechtlichen Rechtspflicht ein subjektives öffentliches Recht des betreffenden Gewalthabers entspricht[275].

Als Zwischenergebnis ist festzustellen: Die in der Befugnis zu einseitiger Begründung von Rechtspflichten des Gewaltunterworfenen liegende Überordnung des Gewalthabers ist mit dem Erlaß des Gestaltungsaktes abgeschlossen, die Überordnung kann sich jetzt nur

---

[271] Dazu W. Jellinek, Verwaltungsrecht (3. Aufl.), S. 193.
[272] Vgl. Löwenberg, S. 54/55.
[273] Oben unter C.
[274] Umgekehrt will Friedrichs a.a.O. S. 30/31 gerade die unmittelbar durch Gesetz begründeten Forderungsrechte aus dem Begriff des öffentlich-rechtlichen Schuldverhältnisses ausklammern; zur Kritik siehe oben II.
[275] Die weiteren Fragen, ob der öffentlich-rechtlichen Pflicht des Bürgers stets ein subjektives Recht und speziell ein Forderungsrecht eines Hoheitsträgers entspricht und wann der Bürger einem Träger öffentlicher Gewalt aus Forderungsverletzung haftet, werden in dieser Arbeit offen gelassen. Siehe Einführung.

J. Die Begriffsbestimmungen in der Lehre   69

noch aus dem Recht des Hoheitsträgers zur Selbsttitulierung und Selbstvollstreckung ergeben.

b) Die Koinzidenz von Forderungsrecht = Gläubigerfunktion und Entscheidungs- und Vollstreckungsbefugnis als Kriterium der Über- und Unterordnung

Als einziger in Frage kommender Unterschied zwischen öffentlichrechtlicher und privatrechtlicher Forderung unter dem Gesichtspunkt von Koordination und Subjektion bleibt — wenn man das Gesamtrechtsverhältnis außer Betracht läßt und nur das Schuldverhältnis im engeren Sinne betrachtet — der Umstand, daß im Rahmen eines öffentlich-rechtlichen Schuldverhältnisses die eine Partei — der Hoheitsträger — das Recht der potentiell verbindlichen Entscheidung über die Forderung und, sofern der Hoheitsträger der Gläubiger ist, das Recht der Selbstvollstreckung nach Selbsttitulierung hat.

Dem scheint allerdings die Rechtsprechung des Bundesverwaltungsgerichts hinsichtlich der Zulässigkeit von Leistungsbescheiden zur Durchsetzung öffentlich-rechtlicher Ansprüche eines Hoheitsträgers gegenüber dem Gewaltunterworfenen zu widersprechen. Danach soll nicht jeder öffentlich-rechtliche Anspruch eines Hoheitsträgers einseitig durch Verwaltungsakt durchgesetzt werden können[276]. Der Erlaß eines Leistungsbescheides sei nur dann zulässig, wenn „die Verwaltung dem... in Anspruch Genommenen bezüglich des Anspruchs im Verhältnis hoheitlicher Überordnung gegenübersteht"[277]. Dabei sei ausschließlich entscheidend, „daß die Überordnung gerade auch in bezug auf den (Schadensersatz-)Anspruch bestehe, der durch den Verwaltungsakt geregelt werden solle"[278]; daß das Rechtsverhältnis als ganzes subordinationsrechtlich sei, soll allein nicht genügen. Die Subordination wurde bejaht für den Schadensersatzanspruch des Dienstherrn gegen den Beamten wegen Dienstpflichtverletzung[279] und des Bundes gegen den Soldaten nach § 24 SoldG[280], verneint bei An-

---

[276] Siehe insbes. BVerwGE 21, 270 ff. und das dort auszugsweise wiedergegebene Urteil vom 15. 10. 1964 — VIII C 65.14 —; BVerwG NJW 1967, 1049 (1050); NJW 1967, 2423 (2424); vgl. auch BVerwGE 18, 283; 19, 243.
[277] BVerwG NJW 1967, 1050 unter Hinweis auf BVerwGE 21, 270 u. auf das dort auszugsweise wiedergegebene Urteil vom 15. 10. 1964.
[278] BVerwG NJW 1967, 1050.
[279] In BVerwGE 19, 243 (245 f.) ist der Erlaß eines Leistungsbescheides für zulässig erachtet worden, eine ausdrückliche Stellungnahme zur subordinationsrechtlichen Natur des Schadensersatzanspruchs findet sich erst in BVerwG NJW 1967, 1050.
[280] BVerwGE 21, 270 (273); NJW 1967, 2423 (2424); siehe auch schon BVerwGE 18, 283 ff. = NJW 1964, 2030 mit abl. Anmerkung von Henrichs, NJW 1964, 2366 ff.

sprüchen des Landes gegen den Landrat auf Ersatz des Schadens, den jener als Organ des Staates diesem zugefügt hatte[281].

Nach der hier vertretenen Auffassung folgt die Subjektion im Rahmen eines öffentlich-rechtlichen Schuldverhältnisses im engeren Sinne allein daraus oder besteht allein darin, daß der Hoheitsträger gegenüber dem Gewaltunterworfenen potentiell verbindlich über den von ihm oder gegen ihn erhobenen Anspruch entscheiden kann. Das Bundesverwaltungsgericht argumentiert umgekehrt: die Subordination soll Voraussetzung, nicht Folge der Befugnis zur Selbsttitulierung und Selbstvollstreckung sein.

Nach der Ansicht des Bundesverwaltungsgerichts gibt es öffentlich-rechtliche Ansprüche zwischen Hoheitsträger und Gewaltunterworfenem, bezüglich deren Gläubiger und Schuldner im Verhältnis der Koordination stehen, und solche, die subordinationsrechtlicher Natur sind, und zwar ohne Rücksicht auf die Natur des Gesamtrechtsverhältnisses[282]. Wäre das richtig, dann läge es nahe, mit dem Bundesverwaltungsgericht festzustellen, ob sich Gläubiger und Schuldner bezüglich des streitigen Anspruchs in einem Verhältnis der Koordination oder der Subjektion befinden, und danach eben nicht nur die Frage der Zulässigkeit von Leistungsbescheiden zur Durchsetzung des Erfüllungsanspruchs, sondern auch die Frage nach der Anwendbarkeit des allgemeinen Schuldrechts im Falle der Forderungsverletzung zu beantworten.

Aber der Ausgangspunkt des Bundesverwaltungsgerichts ist verfehlt, weil Voraussetzung und Folge verkannt werden. Denn es ist unverständlich, wie sich die Stellung eines Hoheitsträgers als Gläubiger einer gegen den Bürger gerichteten öffentlich-rechtlichen Forderung von der eines privaten Gläubigers durch etwas anderes unterscheiden soll als durch das Recht des Hoheitsträgers zur Selbsttitulierung und Selbstvollstreckung. Nur wenn und nur soweit dieses Recht besteht, hat der Gläubiger einer öffentlich-rechtlichen Forderung eine — im Verhältnis zum privaten Gläubiger — übergeordnete Rechtsstellung gegenüber seinem Schuldner. Das Bundesverwaltungsgericht kann denn auch die Frage nach der Über- oder Unterordnung — unabhängig von dem Recht zur Selbsttitulierung und Selbstvollstreckung, für das seiner Ansicht nach die Subjektion ja umgekehrt Zulässigkeitsvoraussetzung sein soll — nicht hinsichtlich des einzelnen Anspruchs entscheiden, sondern muß — entgegen seinem eigenen Ausgangspunkt — letztlich auf das Rechtsverhältnis als ganzes abstellen: „Was aber für die Zurechnung auch von ... Ansprüchen der

---
[281] BVerwG NJW 1967, 1049 (1050 ff.).
[282] So insbesondere NJW 1967, 1050.

J. Die Begriffsbestimmungen in der Lehre 71

hier streitigen Art zu den subordinationsrechtlichen Beziehungen angeführt werden könnte, ist ... die ganz besondere Ausgestaltung der Rechtsbeziehungen zwischen Dienstherren und Beamten/Soldaten." Es „tendiert das Moment der Überordnung, das für den Kernbereich dieser Rechtsbeziehungen ohnehin prägend ist, zum Allumfassen"[283].

c) Das bürgerliche Recht der Forderungsverletzung als Ausdruck eines allgemeinen, jedoch auf Koordinationsverhältnisse beschränkten Rechtsgedankens

Nachdem geklärt ist, worin sich öffentlich-rechtliche und privatrechtliche Schuldverhältnisse unter dem Gesichtspunkt von Koordination und Subjektion überhaupt unterscheiden können, ist die Feststellung der herrschenden Lehre, Subjektion oder Subordination in öffentlich-rechtlichen Schuldverhältnissen schließe die Anwendung des im Grundsatz (auch) für öffentlich-rechtliche Schuldverhältnisse geltenden Rechts der Forderungsverletzung aus, zu überprüfen.

Diese Annahme ist mit Sicherheit dann unrichtig, wenn man dem eigenen Ausgangspunkt dieser herrschenden Lehre folgt, daß die Schadensersatznormen des allgemeinen Schuldrechts nicht *analog*, sondern als Ausdruck *allgemeiner Rechtsgedanken* im öffentlichen Recht anwendbar sind.

Ist es richtig, daß die das Recht der Forderungsverletzung regelnden §§ 275, 276, 278, 280 ff., 323 ff. BGB Ausdruck allgemeiner, dem privaten wie dem öffentlichen Recht angehörender Grundsätze der deutschen Rechtsordnung sind, dann gelten diese Rechtsnormen unter der Voraussetzung schuldhafter Verletzung öffentlich-rechtlicher Forderungen einschränkungslos und unabhängig von einer dem privatrechtlichen Schuldverhältnis entsprechenden Koordination der Parteien. Daß ein gesetzlich nicht geregelter Fall dem durch eine Rechtsnorm geregelten in allen ausschlaggebenden Beziehungen gleicht oder ähnlich ist, das ist Voraussetzung *analoger* Anwendung. Dagegen dient die Methode der Anwendung eines allgemeinen Rechtsgedankens der Entscheidung eines — verglichen mit der positivrechtlichen Regelung, der der Rechtsgedanke entnommen ist — im wesentlichen abweichenden Falles[284]. Denn anderenfalls ist die betreffende Vorschrift (schon) analog anzuwenden. Bestehende Normen sind anzuwenden — sei es

---

[283] NJW 1967, 1050. Entsprechend BVerwG NJW 1967, 2424: „Diese allgemeinen Rechtsbeziehungen umspannen das gesamte Wehrdienstverhältnis und haben die Kraft, auch alle übrigen Rechtsbeziehungen hoheitlich zu prägen, die aus dem Wehrdienst kommen ..."
[284] Schüle a.a.O. S. 408; Bergmann, S. 45/46; Schack, Laun-Festschrift, S. 284, 293; Koch, S. 48/49.

unmittelbar, sei es analog —, sie dürfen nicht übergangen werden und an ihrer Stelle die zugrunde liegenden Rechtsgedanken als Normen angewandt werden[285].

Damit soll nicht gesagt werden, daß die Verschiedenheit oder Gleichheit der Interessenlage bei der Anwendung einer Norm als Ausdruck eines allgemeinen Rechtsgedankens unerheblich ist. Aber in der Qualifikation einer Norm als Ausdruck eines allgemeinen Rechtsgedankens ist bereits die Feststellung enthalten, daß diese Norm in einem erheblichen Umfange verallgemeinerungsfähig und die ihr zugrunde liegende Interessenlage nicht speziell auf privatrechtliche Verhältnisse beschränkt ist. Es ist daher ein Widerspruch, den in einer bestimmten Privatrechtsnorm enthaltenen Rechtsgedanken als über das Privatrecht hinaus allgemeingültig zu bezeichnen und anschließend dennoch seine Geltung von einer ganz besonderen „Privatrechtsähnlichkeit" der konkreten öffentlich-rechtlichen Beziehung abhängig zu machen.

Aus der Annahme, daß in einem Privatrechtssatz ein Rechtsgrundsatz zum Ausdruck gelangt sei, der sowohl dem privaten wie dem öffentlichen Recht angehöre, folgt also zwingend, daß die Anwendung dieses Rechtsgrundsatzes — insoweit als Bestandteil des öffentlichen Rechts — unabhängig ist von der spezifisch privatrechtlichen Interessenlage[286]. Und die Frage nach der „Privatrechtsähnlichkeit" eines öffentlich-rechtlichen Schuldverhältnisses, nach der Vergleichbarkeit mit bürgerlich-rechtlichen Interessenlagen ist überhaupt nur dann erforderlich und zulässig, wenn es um die *analoge* Anwendung des bürgerlichen Rechts auf öffentlich-rechtliche Verhältnisse geht.

α) Die Unterscheidung zwischen Analogie und Anwendung eines allgemeinen Rechtsgedankens

Die Unterscheidung zwischen Analogie und der Heranziehung einer (Privatrechts-)Norm als Ausdruck eines allgemeinen — ‚auch im öffentlichen Recht geltenden — Rechtsgedankens geht zurück auf die reichsgerichtliche Rechtsprechung namentlich zur Anwendbarkeit des bürgerlich-rechtlichen Dienstvertragsrechts, speziell des § 618 BGB, auf das öffentlich-rechtliche Beamtenverhältnis. Sprach das Reichsgericht ursprünglich in ständiger Rechtsprechung davon, daß das öffentlich-rechtliche Beamtenverhältnis „privatrechtliche Wirkungen hervorbringt ..., welche ... nach Analogie des Dienstvertrages" zu

---
[285] Schack, Laun-Festschrift, S. 283/84.
[286] Siehe auch Bergmann, S. 123; Schack, Laun-Festschrift, S. 292/93 in bezug auf § 278 BGB.

J. Die Begriffsbestimmungen in der Lehre

beurteilen seien[287], so wählte es in seiner späteren Rechtsprechung die andere Methode der Lückenausfüllung. Es betonte grundlegend in RGZ 97, 43 (44), die Anwendung des § 618 BGB erfolge nicht in dem Sinne, „als ob es sich um entsprechende, analoge Anwendung des privatrechtlichen § 618 BGB auf das öffentlich-rechtliche Beamtenverhältnis handelt". § 618 BGB sei nur „ein auf anderem Rechtsgebiete gefundener Beleg für das Vorhandensein und die Notwendigkeit des allgemeinen Rechtsgedankens, den der Richter selbstschöpferisch in das öffentliche Recht einführt und nach dessen inneren Eigenarten und Erfordernissen, also unabhängig vom Inhalt des § 618, entwickelt, begrenzt und anwendet"[288].

Der Wechsel in der Methode der Heranziehung privatrechtlicher Normen auf das Beamtenverhältnis in der Rechtsprechung des Reichsgerichts fällt also zusammen mit dem Übergang zur ausschließlich öffentlich-rechtlichen Qualifizierung des Beamtenverhältnisses[289]. Zwar anerkannte das Reichsgericht auch schon zu der Zeit, als es die Normen des Privatrechts analog anwandte, daß das Beamtenverhältnis öffentlich-rechtlicher Natur sei. Diese Feststellung hinderte das Reichsgericht aber nicht anzunehmen, „daß das Beamtenverhältnis nicht nur für den Beamten, sondern auch für den Staat privatrechtliche Wirkungen hervorbringt (insoweit also quasikontraktlicher Natur ist), welche ... nach Analogie des Dienstvertrages zu beurteilen sind"[290]. Als sich die Erkenntnis durchsetzte, daß „alle dem Beamtenverhältnis als einer öffentlich-rechtlichen Einrichtung entspringenden Ansprüche und gerade auch die aus der Verletzung von Schuldpflichten erwachsenen Schadenersatzansprüche dem öffentlichen Recht angehören"[291], gab das Reichsgericht die Möglichkeit einer analogen Anwendung insbesondere des § 618 BGB auf. Es wandte nunmehr den in § 618 BGB zum Ausdruck gelangten, seiner Meinung nach aber in gleicher Weise im öffentlichen Recht geltenden Rechtsgedanken als Teil des öffentlichen Rechts an.

Weniger eindeutig ist die reichsgerichtliche Rechtsprechung zur öffentlich-rechtlichen Verwahrung. Daß das Reichsgericht, solange es die Verwahrungsverhältnisse als privatrechtliche, quasi-kontraktliche Rechtsverhältnisse ansah, die bürgerlich-rechtlichen Vorschriften *analog* anwandte, ist selbstverständlich. Aber in RGZ 84, 338 (339) quali-

---

[287] RGZ 63, 430 (432); 71, 243 (247); sowie RGZ 18, 173 (174); 19, 348 (349); siehe auch RGZ 83, 429 (433).
[288] So auch schon RGZ 92, 178 (179/80). Weitere Rechtsprechung zum Beamtenrecht in dieser Frage: RGZ 95, 144 (146); 104, 58 (60); 107, 189 (189/90); 110, 293 (294); 111, 22; 141, 385 (388 ff.); 155, 227 (232); 157, 145 (149); 158, 235 (236 f.).
[289] Idel, NJW 1955, 1300.
[290] RGZ 63, 430 (432).
[291] RGZ 92, 178 (179).

fizierte das Gericht die Verwahrungspflicht der Behörde bereits als öffentlich-rechtliche, auf die es jedoch die Vorschriften des bürgerlichen Rechts *entsprechend* anwandte. Auch in den Entscheidungen RGZ 115, 419 und in HRR 1929 Nr. 492 ist von entsprechender Anwendung der bürgerlich-rechtlichen Vorschriften die Rede, während in der Entscheidung Warn 1921 Nr. 1 unter Hinweis auf die neuere Rechtsprechung zur Verletzung der beamtenrechtlichen Fürsorgepflicht eindeutig ausgesprochen ist, daß nicht bürgerlich-rechtliche Normen entsprechend angewendet werden, vielmehr der in ihnen zur Anwendung gebrachte allgemeine Rechtsgedanke als Teil des öffentlichen Rechts herangezogen wird.

Am unergiebigsten in dieser Frage ist die reichsgerichtliche Judikatur zur Anwendung des § 278 BGB bei öffentlich-rechtlicher Anstaltsnutzung. Während in den Entscheidungen RGZ 98, 341 und 112, 290 klar ausgesprochen ist, daß der in § 278 BGB für das Privatrecht zum Ausdruck gelangte, aber allgemein — auch im öffentlichen Recht — geltende Rechtsgedanke angewendet wird, lassen die anderen Entscheidungen in dieser Frage keine Stellungnahme erkennen[292].

Die heutige Rechtsprechung folgt der späteren reichsgerichtlichen Judikatur zu § 618 BGB: Der Bundesgerichtshof spricht in der grundlegenden Entscheidung BGHZ 21, 214 zur Fürsorgepflichtverletzung bei der Anstaltsbenutzung von der „sinngemäßen Anwendung des vertraglichen Schuldrechts als Ausdruck allgemeiner Rechtsgedanken ... auf öffentlich-rechtliche Verhältnisse". In BGHZ 43, 178 (184) heißt es, die schuldhafte Verletzung der beamtenrechtlichen Fürsorgepflicht verpflichte „nach allgemeinen Grundsätzen der deutschen Rechtsordnung, wie sie in den §§ 276, 278, 618 Abs. 3 BGB zum Ausdruck gelangt und auch im öffentlichen Dienstrecht anzuwenden sind", zum Schadensersatz. In gleicher Weise betonen das Bundesverwaltungsgericht[293] und das Oberverwaltungsgericht Koblenz[294], daß die rechtswidrige und schuldhafte Verletzung von Erfüllungsansprüchen — gleichgültig, ob diese dem bürgerlichen oder dem öffentlichen Recht angehören — nach einem allgemeinen Rechtsgrundsatz, der für das bürgerliche Recht in den §§ 280, 325 BGB seinen Ausdruck gefunden habe, der aber gleichermaßen im öffentlichen Recht gelte, unabhängig von einem auf Grund desselben Sachverhalts etwa bestehenden Anspruch aus unerlaubter Handlung zum Schadenersatz verpflichte.

---

[292] Vgl. RGZ 131, 67 (73); 152, 129 (132); siehe auch RGZ 95, 344 (347), wo von *entsprechender* Anwendung des § 254 Abs. 2 Satz 2 in Verbindung mit § 278 BGB die Rede ist.
[293] DVBl. 1963, 677 (678); BVerwGE 13, 17 (22).
[294] DÖV 1965, 55 = DVBl. 1964, 773.

Auch in der Lehre ist die Analogie[295] zugunsten der Anwendung eines allgemeinen Rechtsgedankens bei der Heranziehung des bürgerlichen Rechts der Forderungsverletzung auf öffentlich-rechtliche Schuldverhältnisse weitgehend verdrängt worden[296].

β) Kritik an der Ersetzung der Analogie durch die Theorie der Anwendung allgemeiner Rechtsgedanken

Maßgebend für die — vermeintliche— Ersetzung der Analogie durch die Berufung auf einen allgemeinen Rechtsgedanken ist einmal die unrichtige Vorstellung gewesen, daß bei der Methode der Analogie bürgerlich-rechtliche Normen auf öffentlich-rechtliche Verhältnisse als *Privat*recht angewandt werden[297]. Beispielhaft dafür ist die erwähnte Rechtsprechung des Reichsgerichts zur Haftung des Trägers öffentlicher Gewalt wegen Verletzung der beamtenrechtlichen Fürsorgepflicht, die eine analoge Anwendung des bürgerlichen Vertragsrechts nur solange billigte, wie sie der Meinung war, das (öffentlich-rechtliche) Beamtenverhältnis bringe zugleich „privatrechtliche Wirkungen" hervor, sei „insoweit also quasikontraktlicher Natur"[298]. In dem Augenblick aber, als sich die ausschließlich öffentlich-rechtliche Qualifizierung des Beamtenverhältnisses durchgesetzt hatte, hielt das Reichsgericht eine analoge Anwendung des bürgerlichen Vertragsrechts für ausgeschlossen und griff auf die Anwendung allgemeiner Rechtsgedanken zurück[299].

---

[295] Daß eine Analogie privatrechtlicher Normen im öffentlichen Recht prinzipiell zulässig ist, ist heute — im Gegensatz zur älteren Literatur: Fleiner, Institutionen (8. Aufl.), S. 56; Otto Mayer, Verwaltungsrecht I, S. 117/118; Hartman, DJZ 1912, 1519 u. JW 1915, 120 ff.; Peters, Lehrbuch, S. 94 — anerkannt: Wolff, Verwaltungsrecht I, § 44 II a; Sturm, DÖV 1966, 259; Enneccerus-Nipperdey, § 34 V 2, S. 239; Forsthoff, Verwaltungsrecht, S. 161/2; W. Jellinek, Verwaltungsrecht, S. 153; Schack, Laun-Festschrift, S. 280, 282 ff.; Meier-Branecke, S. 243/44 mit weiteren Nachweisen aus dem älteren Schrifttum.
[296] Friedrichs, S. 28 ff.; Eckert, S. 14; Forsthoff, S. 379 f.; Bergmann, S. 27, 123, 127/128; Schüle, VerwArch 38 (1933), S. 405 ff. (408); Erichsen, DÖV 1965, 158 (159). Vgl. auch Wolff, Verwaltungsrecht I, § 44 III b, S. 284 ff.; Simons, S. 129—187 und ausdrücklich gegen die Analogie: S. 93/94; Schwär, S. 78, 82/3, 91, 95, 124, 127 u. 131.
Für Analogie: Schack, Laun-Festschrift, S. 280 ff.; Koch, S. 49 ff., insbes. S. 50; Weimar, JR 1959, 334; Nebinger, S. 59.
[297] So ausdrücklich Bergmann, S. 46. Dagegen Schack, Laun-Festschrift, S. 282 f. u. RVerwBl. 1935, 191; Nebinger, S. 51; Wolff, Verwaltungsrecht I, § 22 II c, S. 94.
[298] So insbesondere RGZ 63, 430 (432).
[299] RGZ 92, 178 (179 f.); 97, 43 (44); 104, 58 (60) und dann ständige Rechtsprechung.

1. Kap.: Das öffentlich-rechtliche Schuldverhältnis

Analogie bedeutet Übertragung eines in einer Vorschrift — oder einer Summe von Vorschriften[300] — steckenden, dem „Rechtsganzen" angehörenden Gedankens auf ein nicht geregeltes Rechtsverhältnis[301]. Speziell im Verhältnis des bürgerlichen zum öffentlichen Recht erfolgt die analoge Anwendung eines Privatrechtssatzes deswegen, weil der in ihm enthaltene Rechtsgedanke dem „Rechtsganzen" angehört und daher auch für das öffentliche Recht gilt[302]. Der Privatrechtssatz wird also durch die analoge Anwendung in das öffentliche Recht übernommen und insoweit — entgegen der geschilderten Auffassung in Rechtsprechung und Lehre — als Norm des *öffentlichen* Rechts angewendet[303].

Der weitere Grund für den Ausschluß der Analogie war die früher verbreitete, heute aber allgemein abgelehnte Auffassung, daß „für den Willen eines Zivilrechtssatzes ... ein öffentlich-rechtliches Verhältnis nie etwas Rechtsähnliches" sein könne[304], eine Analogie bürgerlich-rechtlicher Vorschriften im öffentlichen Recht also *generell* unzulässig sei. Bestehen aber — was heute unstreitig ist[305] — generell keine Bedenken gegen die analoge Anwendung privatrechtlicher Vorschriften auf öffentlich-rechtliche Verhältnisse, dann sind auch die bürgerlich-rechtlichen Vorschriften über die Forderungsverletzung bei einer — von der herrschenden Lehre zu Recht geforderten, wenn auch häufig aus unzutreffenden Gründen verneinten — Gleichheit oder Ähnlichkeit der Interessenlage analog anzuwenden[306]. Die Normgebundenheit bei der Rechtsanwendung führt dazu, daß nicht einfach auf den die Analogie in dem betreffenden Falle rechtfertigenden gemeinsamen Rechtsgedanken — an Stelle der Norm — zurückgegriffen werden darf, daß vielmehr die Norm selbst, der der gemeinsame Rechtsgedanke entnommen ist, analog anzuwenden ist[307].

---

[300] Hier wird zwischen Gesetzes- und Rechtsanalogie unterschieden, vgl. Schack, Laun-Festschrift, S. 278.
[301] Schack a.a.O., S. 278, 283; Weigelin, Iher. Jahrb. 88 (1939/40), S. 12.
[302] Schack a.a.O. S. 283.
[303] Wolff, Verwaltungsrecht I, § 22 II c, S. 94; Nebinger, S. 51; Schack, Laun-Festschrift, S. 282 f. und RVerwBl. 1935, 191.
[304] Otto Mayer, VerwR I, S. 117; ebenso Hartmann, DJZ 1912, 1519 und JW 1915, 120—122.
[305] Siehe oben Anm. 295.
[306] Ebenso Schack, Laun-Festschrift, S. 280 ff.; Koch, S. 49 ff.; Weimar, JR 1959, 334; Nebinger, S. 59. Siehe auch hinsichtlich des öffentlich-rechtlichen Vertrages § 48 des Musterentwurfs eines Verwaltungsverfahrensgesetzes (1963): „Soweit sich aus den Vorschriften dieses Abschnitts nicht Abweichendes ergibt, gelten die übrigen Vorschriften des Gesetzes. Ergänzend gelten die Vorschriften des Bürgerlichen Gesetzbuches entsprechend". Siehe ferner § 1436 Abs. 1 RVO.
[307] Schack a.a.O. S. 283; vgl. demgegenüber Bergmann, S. 27.

d) Die analoge Anwendung des bürgerlichen Rechts der Forderungsverletzung auf Schuldverhältnisse des öffentlichen Rechts

Abgesehen von diesen methodischen Fehlern in der Argumentation der herrschenden Lehre ist eine gegebenenfalls bestehende Subjektion oder Subordination im Rahmen öffentlich-rechtlicher Forderungsverhältnisse allein kein Umstand, der auf eine im Verhältnis zu den entsprechenden privatrechtlichen Rechtsverhältnissen unterschiedliche und deshalb eine *analoge* Anwendung der §§ 275 ff. BGB verbietende Interessenlage schließen läßt[308].

Ist ein Hoheitsträger gegenüber einem Gewaltunterworfenen anspruchsberechtigt, dann besteht seine — ihn von einem privatrechtlichen Gläubiger unterscheidende — Überordnung gegebenenfalls darin, daß er neben seinem materiellen Forderungsrecht zugleich das Recht der Selbsttitulierung und Selbstvollstreckung besitzt, also in der Koinzidenz von Gläubigerfunktion und Entscheidungs- bzw. Vollstreckungsbefugnis[309]. Erfüllungszwang einerseits und die Rechtsfolgen der §§ 280 ff., 323 ff. BGB andererseits sind im privaten Schuldrecht die möglichen Sanktionen der Leistungsstörung. Die Haftung, die zur Schuld hinzutritt, damit sich jene nicht in einem kraftlosen Gebot erschöpft, umfaßt im privaten Schuldrecht zweierlei: die gerichtliche Durchsetzbarkeit des Gebots oder Verbots in Prozeß und Zwangsvollstreckung und die Sanktionen bei schuldhafter Forderungsverletzung, zu denen vor allem der Sachensersatz und der Rücktritt gehören[310]. Auch wenn der Hoheitsträger als Gläubiger eines öffentlichrechtlichen Schuldverhältnisses hinsichtlich der ersten Haftungskomponente einem privaten Gläubiger gegenüber gegebenenfalls bevorrechtigt ist, weil er nicht auf die *gerichtliche* Geltendmachung des Erfüllungsanspruchs angewiesen ist, so besagt das aber in keiner Weise, daß er im Falle der Unmöglichkeit der primär geschuldeten Leistung nicht das gleiche schutzwerte Interesse an der Leistung von Schadensersatz oder am Eintritt der sonstigen Sanktionen der Forderungsverletzung hat wie ein privater Gläubiger. Das aus dem Recht der Selbsttitulierung und Selbstvollstreckung folgende Verhältnis der Über- und Unterordnung besteht doch nur soweit und solange, wie der Erfüllungsanspruch durchsetzbar, die Leistung also noch möglich

---

[308] Zutreffend Kruse a.a.O. S. 79 f. zum Steuerschuldverhältnis: „Die Beteiligten sind einander nicht koordiniert. Der Steuerberechtigte tritt dem einzelnen gegenüber mit hoheitlicher Gewalt auf. Diese öffentlich-rechtliche Natur beider Verhältnisse schließt Parallelen zum Schuldverhältnis des bürgerlichen Rechts nicht aus". Ebenso Weimar, JR 1959, 334 f. hinsichtlich der Anwendung des § 278 BGB.
[309] Siehe Nawiasky, VierteljSchrStFR 1928, S. 447/48.
[310] Vgl. Esser, Schuldrecht (2. Aufl.), S. 82; Blomeyer, Schuldrecht, S. 16.

ist. Schadensersatz wegen Nichterfüllung und Rücktritt kommen aber erst in Frage, wenn der Erfüllungsanspruch erloschen ist. Dann aber ist bereits ein Recht zur Selbsttitulierung und Selbstvollstreckung in bezug auf die primäre Forderung gegenstandslos. Die Bevorrechtigung in der Durchsetzung des Erfüllungsanspruchs kann somit niemals die Notwendigkeit einer Schadenshaftung des Schuldners oder eines Rücktrittsrechts des Gläubigers bei verschuldeter Unmöglichkeit der Leistung ausschließen[311].

Das hinsichtlich der Leistungspflichten Gesagte gilt erst recht bei den sogenannten „Schutzpflichten"[312] oder „weiteren Verhaltenspflichten"[313]. Im Privatrecht werden diese Nebenpflichten in einen Gegensatz zu den Leistungspflichten gestellt, und zwar nicht nur zu den Haupt-, sondern auch zu den Nebenleistungspflichten. Auch bei den Nebenpflichten handelt es sich um relative, also nicht um deliktische Pflichten[314]. Aber die Besonderheit besteht darin, daß bei ihnen im Gegensatz zu den Leistungspflichten ein Forderungsrecht als Ausdruck einer rechtlich geschützten Leistungserwartung des Gläubigers fehlt. Die Schutz- oder Nebenpflichten können deshalb nicht Gegenstand einer Erfüllungsklage sein[315]. Der einzige Schutz des Gläubigers besteht darin, nach schuldhafter Verletzung wegen *positiver* Forderungsverletzung Schadensersatz zu verlangen oder unter bestimmten weiteren Voraussetzungen vom Vertrage zurückzutreten[316].

Die Annahme entsprechender Pflichten im öffentlichen Recht führt also dazu, daß derartige Nebenpflichten — im Gegensatz zu den Leistungs-, einschließlich Nebenleistungspflichten — nicht mit der Erfüllungsklage oder einem Leistungsbescheid geltend gemacht werden können. Die einzige Sanktion ist auch hier im Regelfall die Schadenshaftung nach Zuwiderhandlung. Der Erfüllungszwang scheidet also von vornherein aus. Das die Überordnung des Hoheitsträgers als Gläubiger eines öffentlich-rechtlichen Schuldverhältnisses allein begründende Recht der Selbsttitulierung und Selbstvollstreckung kommt damit im Bereich der Nebenpflichten von vornherein nicht zum Zuge.

Daß die entsprechende Anwendung der bürgerlich-rechtlichen Vorschriften über die Forderungsverletzung auf öffentlich-rechtliche An-

---

[311] Vgl. auch Eckert, DVBl. 1962, 11 (18).
[312] Heinrich Stoll, AcP Bd. 136 (1932) S. 257 (287 ff); s. auch Esser, Schuldrecht I (3. Aufl.), S. 22/23.
[313] Larenz, Schuldrecht I, S. 6 ff.
[314] Wenngleich eine Parallelität zu den Deliktsobligationen besteht: siehe dazu Hans Stoll, Festschrift für F. von Hippel, S. 527.
[315] Hans Stoll, S. 527/28; Wassermeyer, S. 90; Esser a.a.O. S. 26; Larenz a.a.O. S. 7.
[316] BGHZ 11, 80 (84 ff.).

J. Die Begriffsbestimmungen in der Lehre

sprüche nicht davon abhängen kann, ob diese Ansprüche koordinationsrechtlicher oder subordinationsrechtlicher Art sind, wird durch das Gesetz bestätigt:

Verletzt ein Beamter oder Soldat schuldhaft seine Dienstpflichten, so hat er dem Dienstherrn bzw. dem Bund den daraus entstandenen (Eigen-)Schaden zu ersetzen, vgl. § 78 Abs. 1 BBG, § 46 Abs. 1 BRRG, § 24 SoldG. Obgleich die Dienstpflichten der Beamten und Soldaten und die entsprechenden Rechte des Dienstherrn bzw. Bundes zweifellos „subordinationsrechtlicher Natur" sind[317], sieht das Gesetz für den Fall ihrer schuldhaften Verletzung durch den gewaltunterworfenen Schuldner eine der bürgerlich-rechtlichen Haftung wegen Forderungsverletzung entsprechende Schuldnerhaftung vor[318].

Nach § 40 Abs. 2 Satz 1 VwGO ist für Schadensersatzansprüche aus der Verletzung öffentlich-rechtlicher Pflichten der ordentliche Rechtsweg gegeben. Ohne in diesem Zusammenhang auf Einzelheiten dieser umstrittenen Vorschrift einzugehen[319], ist folgendes festzustellen: Sinn und Zweck dieser Bestimmung ist es, für öffentlich-rechtliche Streitigkeiten den Zivilrechtsweg zu *erhalten*, bei denen ein enger Sachzusammenhang mit Amtshaftungsansprüchen oder mit Ansprüchen aus Enteignung und enteignungsgleichem Eingriff besteht[320]. Diese Ansprüche entstehen auch — ja primär — in Subjektionsverhältnissen, in allgemeinen oder besonderen Gewaltverhältnissen — es kann hier dahingestellt bleiben, ob ein derartiges Subordinationsverhältnis nicht sogar unbedingt erforderlich ist für das Entstehen dieser Ansprüche[321]. § 40 Abs. 2 Satz 1 VwGO setzt also das Bestehen von Schadensersatzansprüchen wegen Verletzung öffentlich-rechtlicher Rechtspflichten neben den Amtshaftungsansprüchen voraus, die jedenfalls auch, wenn nicht sogar ausschließlich — weil mit Amtshaftungs-

---

[317] So ausdrücklich das BVerwG im Zusammenhang mit der Durchsetzung jener Schadenersatzansprüche durch Erlaß von Leistungsbescheiden: E 21, 270 (273); NJW 1967, 1049 (1050).
[318] Die Verjährung dieser Ansprüche (vgl. §§ 78 Abs. 3 BBG, 24 Abs. 3 SoldG) entspricht allerdings derjenigen der privatrechtlichen Delikts-, nicht der der Vertragsansprüche. Ferner ist — in Abweichung von § 276 BGB — bei Ausübung öffentlicher Gewalt die Haftung auf Vorsatz und grobe Fahrlässigkeit beschränkt.
[319] Siehe BGH DVBl. 1963, 438 f.; DÖV 1965, 170 ff.; BGHZ 43, 269 (277); OVG Bremen KStZ 1965, 181; LG Köln NJW 1965, 1440, Menger-Erichsen, VerwArch 56 (1965), 278 ff. u. 57 (1966), 73 ff.; Bettermann, JZ 1966, 446 f. u. JZ 1960, 341; Brückler, DRiZ 1964, 372; Lerche, Staatsbürger II, S. 69 f.; Simons, S. 194 ff.
[320] Schriftliche Begründung des Rechtsausschusses des Bundestages, BT-Drucksache Nr. 1094, 3. WP.
[321] Bejahend für Ansprüche aus Enteignung und enteignungsgleichem Eingriff: Bettermann, JZ 1966, 447; für Amtshaftungsansprüche: Bettermann a.a.O.; BGHZ 4, 138 (151/52) mit insoweit ablehnender Anmerkung von Bachof, DÖV 1952, 310 f.; zustimmend dagegen Simons, S. 78 Fußnote 5.

ansprüchen oder Ansprüchen aus Enteignung und enteignungsgleichem Eingriff notwendigerweise konkurrierend —, im Rahmen von Subjektionsverhältnissen entstehen.

Ist eine *Zivil*person anspruchsberechtigt gegen einen Träger öffentlicher Gewalt als *Schuldner*, so kann die Subjektion des Privaten nicht durch ein Vorrecht des Gewalthabers zur Selbsttitulierung und Selbstvollstreckung, sondern nur durch das — bei einem privaten Schuldner niemals bestehende — Recht des Hoheitsträgers zur (potentiell) verbindlichen Entscheidung über den gegen ihn geltend gemachten Anspruch begründet sein. Aber auch diese Bevorrechtigung des Hoheitsträgers in seiner Eigenschaft als Schuldner eines öffentlich-rechtlichen Forderungsverhältnisses kann den Ausschluß einer gegenüber der Amtshaftung verstärkten Schuldnerhaftung entsprechend den §§ 280 ff. BGB nicht rechtfertigen. Vielmehr liegt das argumentum a fortiori nahe, daß nämlich die verstärkte Schuldnerhaftung entsprechend dem bürgerlichen Recht der Forderungsverletzung um so notwendiger ist, je größer die Macht des Schuldners ist, den Erfüllungsanspruch des Gläubigers durch verbindliche Entscheidung zu vereiteln[322].

Dieser Gedanke liegt in anderer Beziehung dem Gesetz selbst zugrunde, wie ein Vergleich des bürgerlichen Deliktsrechts mit dem Amtshaftungsrecht ergibt: Die deliktische Haftung eines Hoheitsträgers bei Ausübung öffentlicher Gewalt gemäß Art. 34 GG, § 839 BGB ist gegenüber der Deliktshaftung des Privatrechts, §§ 823 ff. BGB, umfassender. Den Grund dafür sieht die herrschende Meinung[323] darin, daß der Staat oder eine sonstige juristische Person des öffentlichen Rechts im Bereich der Hoheitsverwaltung als Träger besonderer Machtbefugnisse größere Schädigungsmöglichkeiten hat als eine Privatperson oder als der Staat selbst bei fiskalischer Tätigkeit. Das Gesetz geht also für den Bereich der Deliktshaftung von dem Grundsatz aus, daß die Schadensersatzpflicht um so notwendiger ist und um so umfassender sein muß, je größer die Macht des Schuldners oder Schädigers und je stärker die Schädigungsmöglichkeiten gegenüber dem Gläubiger sind. Die von der herrschenden Lehre vorgenommene entgegengesetzte Interessenbewertung, die Folgerung von dem rechtlichen Übergewicht des Hoheitsträgers über seinen Gläubiger auf eine haftungsrechtliche Entlastung dieses Hoheitsträgers und Schuldners, widerspricht also dem Gesetz.

---

[322] Gegen eine entsprechende Argumentation zur Rechtfertigung einer analogen Anwendung des § 717 ZPO auf die Verwaltungsvollstreckung: Bettermann, JZ 1960, 337/38.
[323] BGHZ 34, 99 (110); Bettermann, JZ 1961, 482; Reinhardt, Gutachten 41. DJT, S. 287 f.; Hinke, DVBl. 1967, 641 (642). Siehe aber die Kritik unten Kap. 3 C I.

J. Die Begriffsbestimmungen in der Lehre

V. Die Bestimmung des verwaltungsrechtlichen Schuldverhältnisses nach Art und Intensität des jeweiligen Leistungsinteresses bei Simons

Eine von der bisher erörterten Rechtsprechung und Lehre im Grundsatz, weniger im Ergebnis abweichende Bestimmung des öffentlichrechtlichen Schuldverhältnisses gibt Simons[324].

In Übereinstimmung mit der herrschenden Lehre befindet er sich nur insoweit, als er im Verhältnis zu dem entsprechenden Rechtsinstitut des Privatrechts einschränkende, also über die Entsprechung von Leistungspflichten und Forderungsrechten hinausgehende Voraussetzungen aufstellt[325]. Die Notwendigkeit der Eingrenzung soll sich aus folgendem, auf der wesensmäßigen Verschiedenheit von Verwaltungsrecht und bürgerlichem Recht beruhendem Grunde ergeben, der auch zugleich das entscheidende Kriterium für die Einordnung eines öffentlich-rechtlichen Verhältnisses in das Verwaltungsschuldrecht abgeben soll: Das einem Privatrechtssubjekt zugeordnete (subjektive) Privatrecht sei ein ihm „eigenes Recht zur Durchsetzung eigener individueller Ziele"[326]. Dagegen bedeute die Zuordnung eines subjektiven öffentlichen Rechts an ein Rechtssubjekt des öffentlichen Rechts ebenso wie an eine Privatperson wegen der Ausrichtung des Verwaltungsrechts auf die Interessen der Gemeinwesen regelmäßig nicht, daß dessen Geltendmachung als die Verfolgung von Einzelinteressen — einer juristischen Person des öffentlichen Rechts oder einer Privatperson — zu werten sei[327]. Nur dann, wenn die Ansprüche des öffentlichen Rechts nicht primär der Durchsetzung öffentlicher Interessen, sondern einer „gesteigerten Berücksichtigung" von Einzelinteressen dienen, einen „gesteigerten Interessenschutz" des Berechtigten bezwecken, sei die Parallele zum subjektiven Privatrecht und damit ein verwaltungsrechtliches Schuldverhältnis gegeben[328].

Für den Fall, daß eine *Zivil*person anspruchsberechtigt, ein Träger öffentlicher Gewalt Schuldner ist, wird dieser Grundsatz dahin konkretisiert oder spezifiziert, daß für öffentlich-rechtliche Schuldverhältnisse die Ausgestaltung mit „besonderen Obhuts-, Fürsorge- und Treuepflichten des Hoheitssubjekts" gegenüber der gewaltunterworfenen Privatperson wesentlich sei[329]. Von einer schuldrechtlichen (öffentlich-

---

[324] „Leistungsstörungen verwaltungsrechtlicher Schuldverhältnisse", 1967, S. 48—59.
[325] a.a.O. S. 47.
[326] a.a.O. S. 48.
[327] a.a.O. S. 48.
[328] a.a.O. S. 50—55, insbes. S. 50, 52, 54 u. 55.
[329] a.a.O. S. 55, ferner S. 50.

rechtlichen) Leistungspflicht des Hoheitsträgers könne ferner nur dann die Rede sein, wenn die betreffende Tätigkeit der Verwaltung über einen „bloßen Gesetzesvollzug" hinausgehe[330].

Die von Simons herausgearbeiteten Kriterien eines verwaltungsrechtlichen Schuldverhältnisses sind teils unzutreffend[331], teils handelt es sich schon um — selbstverständliche — Voraussetzungen eines subjektiven öffentlichen Rechts, so daß sie zur — bezweckten — *Eingrenzung* des öffentlich-rechtlichen Schuldverhältnisses gegenüber dem lediglich eine Entsprechung von Leistungspflichten und Forderungsrechten voraussetzenden Schuldverhältnis des Privatrechts nicht geeignet sind. Wenn es heißt, das Bestehen besonderer Obhuts-, Fürsorge- und Treuepflichten sei wesentlich für die Annahme eines verwaltungsrechtlichen Schuldverhältnisses, dann ist das im Hinblick auf den eigenen Ausgangspunkt: nur diejenigen öffentlich-rechtlichen Ansprüche begründen ein Schuldverhältnis, die nicht primär der Durchsetzung öffentlicher Interessen, sondern in gesteigertem Maße der von Individualinteressen des Anspruchsberechtigten dienen[332], zu eng. Denn nicht nur Schutz- oder Fürsorgepflichten, sondern auch Leistungspflichten des öffentlichen Rechts mit einem anderen Inhalt als Schutz und Fürsorge können der „gesteigerten Berücksichtigung von Individualinteressen" dienen. Die willkürliche Beschränkung auf Schutz- und Fürsorgepflichten entspricht im Ergebnis der bereits an anderer Stelle als verfehlt nachgewiesenen Ansicht des Bundesgerichtshofes, die dieser insbesondere in seiner Entscheidung BGHZ 21, 214 vertreten hat. Diese Einschränkung ist bei Simons um so unverständlicher, als es dem Verfasser um eine umfassende Begriffsbestimmung des öffentlich-rechtlichen Schuldverhältnisses geht, seine Begriffsbestimmung aber den zweifellos wichtigsten und eindeutigsten Fall eines verwaltungsrechtlichen Schuldverhältnisses, nämlich den öffentlich-rechtlichen Vertrag, jedenfalls nicht schlechthin und nicht einmal in den überwiegenden Fällen erfaßt. Nicht gerechtfertigt ist auch die Herausnahme der gesetzesvollziehenden Verwaltung aus dem Verwaltungsschuldrecht. Denn dabei wird übersehen, daß ein Schuldverhältnis des privaten wie des öffentlichen Rechts unmittelbar durch Gesetz begründet sein kann[333, 334].

---

[330] a.a.O. S. 51, 55.
[331] Kritisch auch Schwär, S. 3/4, 20/21.
[332] a.a.O. S. 48/49.
[333] Eckert, DVBl. 1962, 11 (15/16) sowie oben unter C und J II.
[334] Daß das von Simons — neben anderen — ferner aufgestellte Erfordernis der Vermögenswertigkeit der Leistung (S. 56—59) zur Begriffsbestimmung eines öffentlich-rechtlichen Schuldverhältnisses nicht gerechtfertigt ist, ist bereits unter J I dargelegt worden.

Davon abgesehen ist die Unterscheidung öffentlich-rechtlicher Ansprüche in schuldrechtliche und nicht-schuldrechtliche je nach Art und Umfang des zugrunde liegenden Interessenschutzes im Ansatz verfehlt. Ein subjektives öffentliches Recht beispielsweise des Gewaltunterworfenen gegenüber einem Träger öffentlicher Gewalt als selbstverständliche, nach herrschender Lehre nur minimale, Voraussetzung eines öffentlich-rechtlichen Schuldverhältnisses besteht überhaupt nur dann, wenn die (rechtssatzmäßige) Verpflichtung des Hoheitsträgers (auch) der Befriedigung der Einzelinteressen des Begünstigten zu dienen bestimmt ist[335]. Ist das zu verneinen, dann entspricht der öffentlich-rechtlichen Verpflichtung des Hoheitsträgers gar kein subjektives Recht des — nur reflexweise — Begünstigten. Ein öffentlich-rechtliches Schuldverhältnis entfällt schon mangels Entsprechung von Rechtspflicht und Forderungsrecht. Es ist andererseits entgegen der Ansicht von Simons ausgeschlossen, bei (gleichzeitiger) Annahme eines öffentlich-rechtlichen Anspruchs des Gewaltunterworfenen den Schutz von Individualinteressen des Begünstigten durch die rechtssatzmäßige Begründung der entsprechenden Rechtspflicht des Hoheitsträgers zu leugnen.

Es ist richtig, daß das bürgerliche Recht dem Ausgleich individueller Interessen dient, die Normen des öffentlichen Rechts dagegen zum erheblichen Teil nicht die Befriedigung von Individualinteressen, sondern ausschließlich oder vorwiegend von Gemeininteressen bezwecken. Das aber rechtfertigt — entgegen der Ansicht von Simons — noch nicht eine unterschiedliche haftungsrechtliche Behandlung öffentlich-rechtlicher und privatrechtlicher Ansprüche. Aus dieser Feststellung ist vielmehr nur zu folgern, daß eine Verpflichtung, die einer Person durch *Privat*rechtssatz auferlegt ist, ihr gerade deshalb obliegt, weil dadurch das Interesse eines anderen Privatrechtssubjekts befriedigt werden soll. Daraus wiederum ergibt sich, daß im Zivilrecht das subjektive Recht als Korrelat der Pflicht selbstverständlich ist, sofern nicht das Gegenteil besonders bestimmt ist[336].

Für das öffentliche Recht folgt aus dieser Feststellung, daß eine Befehlsnorm nicht stets oder auch nur regelmäßig einem Individualinteresse zu dienen bestimmt ist, daß also nicht immer und nicht einmal regelmäßig der Befehlsnorm eine Ermächtigungsnorm und der Rechtspflicht ein subjektives Recht des Begünstigten entspricht[337]. Es bedarf also im öffentlichen Recht — und mehr ergibt jene Fest-

---

[335] Bachof, Jellinek-Gedächtnisschrift, S. 296 u. DVBl. 1961, 128; Bühler, Subjektive öffentliche Rechte, S. 21 und Jellinek-Gedächtnisschrift, S. 274, 278 ff.; Rupp, Grundfragen, S. 267 sowie S. 246—249.
[336] Bachof, Jellinek-Gedächtnisschrift, S. 290.
[337] Bachof a.a.O. S. 290.

stellung über die unterschiedliche Interessenverfolgung für den vorliegenden Zusammenhang nicht — stets der besonderen Prüfung, ob die Befehlsnorm (auch) einem Individualinteresse zu dienen bestimmt ist und ihr eine Ermächtigungsnorm entspricht, die einem anderen Normunterworfenen ein Recht auf Erfüllung des in der Norm Gebotenen einräumt.

Ist aber ein öffentlich-rechtlicher Anspruch des gewaltunterworfenen Begünstigten gegen den verpflichteten Hoheitsträger festgestellt, dann kann sich — um es zu wiederholen — dieses konkrete Rechtsverhältnis des öffentlichen Rechts von einem privatrechtlichen Schuldverhältnis jedenfalls nicht mehr durch das Fehlen eines *Individual*interessenschutzes unterscheiden. Öffentlich-rechtliche Ansprüche können also niemals mit der Begründung von der Anwendung des Schuldrechts ausgenommen werden, sie dienen nicht der Befriedigung von Einzelinteressen des Begünstigten.

VI. Zusammenfassende Stellungnahme zu den Begriffsbestimmungen des öffentlich-rechtlichen Schuldverhältnisses

Die von der Rechtsprechung und Lehre vorgenommenen, gegenüber dem entsprechenden Rechtsinstitut des Privatrechts *einschränkenden* Begriffsbestimmungen eines öffentlich-rechtlichen Schuldverhältnisses und die daran anschließende unterschiedliche Behandlung öffentlich-rechtlicher Forderungsverletzungen haben sich als schlechthin willkürlich und ungeeignet erwiesen. Es hat sich vielmehr herausgestellt, daß die Unterscheidung subjektiver Rechte in Forderungsrechte und absolute Rechte — die dritte Kategorie der Gestaltungsrechte interessiert hier nicht — auch für das öffentliche Recht gilt. Diese Unterscheidung ist grundsätzlich — mit gewissen, oben unter D II 3 genannten Einschränkungen oder Modifizierungen — nach den gleichen Kriterien vorzunehmen, wie sie für das Privatrecht als maßgeblich erkannt wurden. Das Schuldverhältnis ist daher nicht nur ein Institut des Privatrechts, sondern mit dem entsprechenden Begriffsinhalt auch des öffentlichen Rechts. Auch im Bereich des Verwaltungsrechts stehen sich demgemäß Forderungsverletzung und unerlaubte Handlung mit der für das Privatrecht herausgearbeiteten Grenzziehung gegenüber — nur daß mit dieser Feststellung, was bereits oben unter B hervorgehoben wurde, noch nicht erwiesen ist, daß bei Vorliegen eines öffentlich-rechtlichen Schuldverhältnisses auch zugleich die für das entsprechende Institut des Privatrechts maßgeblichen bürgerlich-rechtlichen Haftungsvorschriften zu gelten haben.

Zweites Kapitel

Die Sanktionierung der öffentlich-rechtlichen Forderungsverletzung durch das Institut des enteignungsgleichen Eingriffs

Notwendigkeit und Zulässigkeit der entsprechenden Anwendung des privatschuldrechtlichen Haftungsrechts hängen entscheidend von der Frage ab, inwieweit die Forderungsverletzung vom bestehenden öffentlich-rechtlichen Haftungssystem erfaßt wird. Das bezieht sich in erster Linie auf die Amtshaftung, gilt aber auch für die anderen Erscheinungsformen der Haftung für Staats*unrecht*.

A. Die Entwicklung des enteignungsgleichen Eingriffs durch die Rechtsprechung zur selbständigen Haftungsgrundlage für Staatsunrecht

Der Bundesgerichtshof hat das Institut des enteignungsgleichen Eingriffs zu einer selbständigen Haftungsgrundlage des Staates für rechtswidriges Staatshandeln — für Staatsunrecht — entwickelt[1, 2]. Nach der früheren Rechtsprechung[3] wurden Enteignung und enteignungsgleicher Eingriff dahingehend abgegrenzt, daß alle Kriterien der Enteignung — abgesehen von der Rechtmäßigkeit des Eingriffs — auch für den enteignungsgleichen Eingriff gelten sollten. Ein rechtswidriger Eingriff sollte nur dann enteignungsgleich sein, wenn er für den Fall seiner Rechtmäßigkeit eine Enteignung wäre[4]. Demgegenüber ist in der neueren Rechtsprechung[5] die Rechtswidrigkeit des Eingriffs ent-

---

[1] Siehe Heidenhain, S. 152 ff.; Rupp, Grundfragen, S. 37; Weyreuther, Gutachten, S. 160.
[2] Diese Rechtsprechung wird den folgenden Erörterungen zugrunde gelegt, auf eine kritische Auseinandersetzung wird verzichtet. Siehe zur Kritik: Heidenhain, S. 116 ff.; Weyreuther, Gutachten, S. 158 ff.; Bettermann, Verhandl. 41. DJT Bd. II, S. 82 f.; Rupp, Grundfragen, S. 37/38.
[3] Insbes. BGHZ 6, 270 (290); 13, 88 (92 f.); siehe ferner Wagner, NJW 1967, 2333 f. mit weiteren Nachweisen; Heidenhain, S. 99 ff.
[4] So auch Bettermann, Grundrechte III/2, S. 857 u. Verhandl. 41. DJT Bd. II, S. C 82; Fischer a.a.O. S. 50 u. 52 f.; Jaenicke, VVDStRL 20, 152; Krause a.a.O. S. 117; Scheuner, Jellinek-Gedächtnisschrift, S. 341; Weber, Grundrechte II, S. 385 f.; Weyreuther, Gutachten, S. 156/57; kritisch Heidenhain, S. 101 ff.
[5] BGHZ 32, 208 (210 f.); BGH NJW 1963, 1915 (1916); NJW 1965, 1912.

scheidende Voraussetzung, das heißt Tatbestandsmerkmal dieser Anspruchsgrundlage überhaupt[6], nicht mehr nur ein für die Haftungsfolge ganz unmaßgebliches und bedeutungsloses „Unterscheidungsmerkmal zweier inhaltsgleicher Institute"[7]. Denn nach dieser Rechtsprechung steht mit der Rechtswidrigkeit des Eingriffs zugleich die Auferlegung eines besonderen Opfers fest. Zu entschädigen ist allein deshalb, *weil* ein rechtswidriger Eingriff erfolgt ist[8] ohne Rücksicht darauf, ob der Eingriff für den Fall seiner Rechtmäßigkeit eine Enteignung sein und dem Betroffenen ein Sonderopfer auferlegt würde.

Angesichts dieser Ausweitung des Instituts des enteignungsgleichen Eingriffs im Bereich rechtswidrigen Staatshandelns ist die Frage gerechtfertigt, ob diese Haftungsgrundlage für Staatsunrecht nicht auch die öffentlich-rechtliche Forderungsverletzung umfaßt. Wäre dies zu bejahen, dann bliebe offenbar für eine sinngemäße Anwendung des bürgerlichen Rechts der Forderungsverletzung kein Raum. Denn die Notwendigkeit dieser entsprechenden Anwendung ist stets mit der — vermeintlichen — Unzulänglichkeit des Amtshaftungsrechts begründet worden[9]: mit der Subsidiaritätsklausel des § 839 I 2 BGB, dem Wegfall der Haftung bei schuldhafter Nichteinlegung eines Rechtsmittels, § 839 III BGB, der dreijährigen Verjährungsfrist des § 852 BGB. Diese Einschränkungen bestehen im Falle der Haftung aus enteignungsgleichem Eingriff nicht. Auch der in diesem Zusammenhang immer wieder gegen die Amtshaftung geltend gemachte Einwand, es handele sich nicht um Eigenhaftung des Staates für Staatsunrecht, sondern um übernommene Haftung für Organwalterunrecht[10], greift bei der Haftung aus enteignungsgleichem Eingriff nicht durch: diese ist nach ihrer Ausweitung durch die Rechtsprechung zur Staatsunrechtshaftung auch gleichzeitig *Eigenhaftung*[11], das heißt unmittelbare oder originäre Staatshaftung[12]. Entscheidend ist aber vor allem, daß die Haftung aus enteignungsgleichem Eingriff unabhängig ist von dem

---

[6] Auf den grundlegenden Unterschied zwischen den Vergleichsmethoden in BGHZ 6, 270 und BGHZ 32, 208 weisen insbesondere Bettermann, Verhandl. 41. DJT Bd. II, S. 82 f.; Heidenhain, S. 115 ff.; Weyreuther, Gutachten, S. 158 ff.; Wagner, NJW 1967, 2334 hin.
[7] Wagner a.a.O. S. 2334.
[8] Nach der Formulierung Bettermanns, Grundrechte III/2, S. 857 u. Verhandl. 41. DJT Bd. II, S. 82 f., ist ein rechtswidriger Eingriff nach BGHZ 32, 208 ein besonderes Opfer, *weil*, nicht — wie nach BGHZ 6, 270 — *obwohl* er rechtswidrig ist.
[9] Siehe oben Kap. 1, A.
[10] Siehe unter Kap. 3, A.
[11] Auch der BGH (BGH-GZS-13, 88, 104) spricht ausdrücklich von *Eigenhaftung* des Staates, die er der Haftungsübernahme nach Art. 34 GG gegenüberstellt. Siehe auch Rupp, Grundfragen, S. 37; Heidenhain, S. 152 ff., insbes. S. 154, 155, 164 f.
[12] Vgl. Rupp, Grundfragen, S. 37.

Verschulden eines Organwalters. Die Haftung wegen öffentlich-rechtlicher Forderungsverletzung würde damit — unterfiele sie dem Tatbestand des enteignungsgleichen Eingriffs — über die im Privatrecht geltende Regelung hinausgehen, die grundsätzlich Verschulden des Schuldners oder dessen Erfüllungsgehilfen in den §§ 280, 285, 325, 326, 276, 278 BGB verlangt und lediglich in den §§ 282, 285 BGB dem Gläubiger den Schuldnachweis abnimmt und den Schuldner zwingt, sich zu exkulpieren.

Nur hinsichtlich der Rechtsfolgen bliebe die öffentlich-rechtliche Regelung hinter der privatrechtlichen zurück. Dabei soll an dieser Stelle gar nicht auf die Frage eingegangen werden, inwieweit sich die aufgrund enteignungsgleichen Eingriffs zu leistende „Entschädigung" vom „Schadenersatz„ der Höhe und dem Umfang nach im einzelnen unterscheidet[13]. Auch der Unterschied von Restitution und Kompensation wird hier nicht erörtert[14]. Denn jedenfalls richtet sich der Anspruch aus enteignungsgleichem Eingriff — mit dem Amtshaftungsanspruch[15] übereinstimmend, aber im Gegensatz zum (privatrechtlichen) Schadensersatzanspruch — nicht (auch und primär) auf Naturalrestitution, sondern ausschließlich auf Geldersatz. Abgesehen davon sieht das Privatrecht als Sanktion für Forderungsverletzung nicht nur die Schadensersatzpflicht des Schuldners, sondern unter anderem alternativ ein Rücktrittsrecht des Gläubigers und bei Geldforderungen darüber hinaus einen Zinsanspruch im Falle des Schuldnerverzuges, § 288 BGB, vor.

B. Die von vornherein beschränkte Regelungsmöglichkeit der öffentlich-rechtlichen Forderungsverletzung mit Hilfe des enteignungsgleichen Eingriffs

Das Institut des enteignungsgleichen Eingriffs scheidet als Haftungsgrundlage für öffentlich-rechtliche Forderungsverletzungen in zwei Fällen von vornherein aus:

1. Es begründet selbstverständlich nur eine Haftung eines Trägers öffentlicher Gewalt, niemals einer Zivilperson. Öffentlich-rechtliche Forderungsverletzungen des einzelnen gegenüber einem Hoheitsträger oder gegenüber einer anderen Zivilperson werden vom Institut des enteignungsgleichen Eingriffs niemals erfaßt.

---

[13] Siehe unten D II in diesem Kapitel.
[14] Siehe unten D I in diesem Kapitel.
[15] So jedenfalls die herrschende Lehre und Rechtsprechung, siehe BGH-GZS-34, 99 (104 ff.). Näheres dazu unten Kap. 3, C II 3.

2. Unter Zugrundelegung der Rechtsprechung des Bundesverfassungsgerichts kommt ferner eine Haftung aus enteignungsgleichem Eingriff im Rahmen öffentlich-rechtlicher Schuldverhältnisse zwischen Hoheitsträgern von vornherein nicht in Frage. Das Institut des enteignungsgleichen Eingriffs wird aus Art. 14 GG abgeleitet, so daß die Frage, inwieweit Träger öffentlicher Gewalt aus dem Gesichtspunkt des enteignungsgleichen Eingriffs anspruchsberechtigt sein können, mit der Problematik der Grundrechtsfähigkeit und Grundrechtsberechtigung juristischer Personen des öffentlichen Rechts in Ausübung öffentlicher Gewalt zusammenfällt. Nach BVerfGE 21, 362, Leitsatz 1 gelten die Grundrechte „grundsätzlich nicht für juristische Personen des öffentlichen Rechts, soweit sie öffentliche Aufgaben wahrnehmen", wobei unter Wahrnehmung öffentlicher Aufgaben die Ausübung öffentlicher Gewalt verstanden wird. Denn es heißt in der Entscheidung weiter, daß es innerhalb des „hoheitlichen Gesamtaufbaus des Staates"... „keine Grundrechte als subjektive öffentliche Rechte" gebe[16].

Selbst wenn man nicht so weit geht wie das Bundesverfassungsgericht und die Grundrechtsfähigkeit und -berechtigung von Hoheitsträgern bei öffentlich-rechtlicher Tätigkeit nicht schlechthin verneint, die Grundrechtsfähigkeit vielmehr davon abhängig macht, daß sich der betreffende Hoheitsträger in einem gleichen Subjektionsverhältnis wie eine Zivilperson zur öffentlichen Gewalt befindet[17], ist das Institut des enteignungsgleichen Eingriffs als Haftungsgrundlage im Rahmen öffentlich-rechtlicher Schuldverhältnisse sehr unvollkommen. Denn ausgenommen blieben auch nach dieser Auffassung vor allem alle koordinationsrechtlichen Schuldverhältnisse des öffentlichen Rechts.

Nur die im Rahmen allgemeiner und besonderer öffentlicher Gewaltverhältnisse begangene und nur die einem Träger öffentlicher Gewalt zuzurechnende Forderungsverletzung könnte überhaupt eine Haftung aus enteignungsgleichem Eingriff auslösen.

C. Das Verhältnis von Forderungsverletzung und enteignungsgleichem Eingriff

Abgesehen von diesen Einschränkungen lehnt es insbesondere der Bundesgerichtshof ab, die öffentlich-rechtliche Forderungsverletzung als enteignungsgleichen Eingriff zu behandeln[18].

---
[16] a.a.O. S. 370. Siehe ferner S. 372.
[17] Bettermann, Festschrift für E. Hirsch, S. 1 ff., insbesondere S. 8, und NJW 1969, 1321 ff.

C. Enteignung durch Nichterfüllung?

I. Enteignung durch Unterlassen

Das wird einmal damit begründet, daß es eine Enteignung durch *Unterlassen* nicht gebe, daß sowohl die Enteignung als auch der enteignungsgleiche Eingriff hoheitliches *Handeln* voraussetzen[19]. Selbst wenn das richtig ist, so ist damit noch nicht die generelle Herausnahme der Forderungsverletzung aus dem Tatbestand des enteignungsgleichen Eingriffs gerechtfertigt. Denn die in der Nicht- oder nicht rechtzeitigen Erfüllung liegende Forderungsverletzung kann zwar auch durch (absolute) Untätigkeit begangen werden, häufig ist jedoch die Nichterfüllung mit dem Erlaß eines ablehnenden Verwaltungsaktes, also mit „hoheitlichem Handeln" im Sinne des Bundesgerichtshofs verbunden[20].

Darüber hinaus wird der Satz: keine Enteignung durch Unterlassen, in der Rechtsprechung des Bundesgerichtshofs nicht konsequent durchgeführt. Zu erwähnen sind hier insbesondere die Entscheidungen zur Versagung von Baugenehmigungen und zur Bau- bzw. Veränderungssperre: Sowohl in dem Fall, daß ein Bauantrag rechtswidrig (förmlich) abgelehnt worden ist[21], als auch in Fällen der „faktischen Bausperre" durch Unterlassen oder Verzögerung der Erteilung der Baugenehmigung[22] hat der Bundesgerichtshof den Tatbestand des enteignungsgleichen Eingriffs bejaht.

Ferner gewährt die Rechtsprechung bei einem großen Teil sogenannter Gefährdungstatbestände Entschädigung wegen enteignungsgleichen Eingriffs, obwohl hier gerade ein *Unterlassen* von Vorsichts- und Sorgfaltsmaßnahmen zur Schädigung führte[23].

---

[18] BGHZ 12, 52 (56); BGH LM Nr. 46 zu Art. 14 GG; LM Nr. 19 zu Art. 14 (Cf) GG; DVBl. 1963, 24 f. = LM Nr. 30 zu Art. 14 (Bb) GG; NJW 1965, 1912 f.; BGHZ 34, 188; NJW 1967, 1857; VersR 1968, 788 (792); anders dagegen im Falle rechtswidriger Ablehnung eines Bauantrages: BGH Verw.-Rspr. Bd. 13 (1961), 53 (58). Der Rechtsprechung zustimmend: Jaenicke, VVDStRL 20, 157 ff.; Leisner, VVDStRL 20, 193 mit Anm. 35; Rüfner, BB 1968, 885/86; Wagner, NJW 1966, 569 f.; Franke, VerwArch Bd. 57 (1966), S. 366.
Dagegen: Luhmann, S. 112 ff.; Janssen, DVBl. 1967, 190 (192) mit Fußn. 34; kritisch auch Heidenhain, JZ 1968, 493; Bender, DÖV 1968, 156 (160).
[19] BGHZ 12, 52 (56); BGH VersR 1968, 788 (792); Wagner, NJW 1966, 569 u. NJW 1967, 2333; Weyreuther, Gutachten, S. 171/72; vgl. auch Leisner, VVDStRL 20, 193 mit Anm. 35.
[20] Für die Gleichbehandlung beider Fälle der Nichterfüllung: Bender, DÖV 1968, 160; vgl. auch Weyreuther a.a.O. S. 172.
[21] Siehe BGH VerwRspr. Bd. 13, S. 53 (58).
[22] Siehe BGHZ 30, 338 (350); BGH NJW 1959, 1775 (1776) u. DVBl. 1966, 309; vgl. dazu auch Weyreuther a.a.O. S. 172.
[23] Siehe dazu Wagner, NJW 1966, 569 (570).

II. Das Erfordernis des Eingriffs in „bereits vorhandene konkrete Werte"

Gerade die erwähnten baurechtlichen Entscheidungen machen deutlich, daß der maßgebliche Gesichtspunkt, der die Rechtsprechung veranlaßt, die Nichterfüllung eines öffentlich-rechtlichen Anspruchs regelmäßig nicht als enteignungsgleichen Eingriff zu werten, ein ganz anderer ist als der immer wieder herausgestellte Gegensatz von Tun und Unterlassen des Hoheitsträgers. Im Falle der Nichterfüllung eines öffentlich-rechtlichen Anspruchs werde „dem Betroffenen... nicht, wie dies Wesensmerkmal einer Enteignung ist, etwas genommen, sondern etwas nicht gegeben". Es fehle an einem "Eingriff in bereits vorhandene konkrete Werte"[24]. Als Eingriffsobjekt komme nur eine bestehende, nicht eine begehrte Rechtsposition in Frage. Die rechtswidrige Versagung beispielsweise einer Gewerbeerlaubnis erfüllt danach nicht schon deshalb den Tatbestand des enteignungsgleichen Eingriffs, weil der öffentlich-rechtliche Anspruch auf Erlaubniserteilung verletzt ist, sondern ein enteignungsgleicher Eingriff wird nur dann bejaht, wenn die rechtswdirige Versagung der Erlaubnis (zugleich) einen bereits eingerichteten und ausgeübten Gewerbebetrieb des Antragstellers beeinträchtigt[25].

Auf der Grundlage dieser Argumentation erscheint dann auch die von der Rechtsprechung für den Fall der rechtswidrigen Versagung einer Bauerlaubnis gemachte Ausnahme konsequent. Denn das Argument: Eingriffsobjekt sei nur die bestehende, nicht aber die begehrte Rechtsposition, kann die Herausnahme der rechtswidrigen Nichterfüllung öffentlich-rechtlicher Ansprüche aus dem Tatbestand des enteignungsgleichen Eingriffs auf jeden Fall dann nicht rechtfertigen, wenn die beantragte Erlaubnis — wie beispielsweise die Bauerlaubnis — den Rechtskreis des Antragstellers gar nicht erweitern würde, sondern umgekehrt die widerrechtliche Ablehnung den Rechtskreis des Betroffenen konstitutiv verkürzt und ihm nicht nur eine begehrte Rechtsposition vorenthalten wird. Bei allen (schlichten) Erlaubnissen liegt der Grundrechtseingriff in der Ablehnung der Erlaubniserteilung, weil die begehrte Erlaubnis nur formelle Voraussetzung für eine materiell nicht rechtswidrige, sondern grundrechtlich geschützte Betätigung ist[26].

---

[24] BGH DVBl. 1963, 24 f. = LM Nr. 30 zu Art. 14 (Bb); BGH LM Nr. 46 zu Art. 14; BGHZ 34, 188; BGH LM Nr. 19 zu Art. 14 (Cf); BGH NJW 1965, 1912 f.; vgl. dazu auch Heidenhain, S. 89 ff. mit Nachweisen. Mit gleicher Begründung Jaenicke, VVDStRL 20, 157 ff.; Rüfner, BB 1968, 885/6; Franke, VerwArch Bd. 57, 366; Wolff, VerwR I, § 62 III 4, S. 427.

[25] Siehe insbes. BGH DVBl. 1963, 24 f.; BGHZ 34, 188; BGH LM Nr. 19 zu Art. 14 (Cf) GG.

[26] Ebenso Bender DÖV 1968, 156 (160); vgl. auch schon oben Kap. 1, D II vor 1.

III. Kritik an der Rechtsprechung und die eigene Begründung

Die von der Rechtsprechung — und teilweise auch von der Literatur — getroffene Unterscheidung zwischen Beeinträchtigung bestehender und Vorenthaltung begehrter Rechtspositionen ist in anderer Beziehung durchaus beachtlich. Dieser Unterschied ist insbesondere maßgeblich für die Abgrenzung von Abwehr- und Angriffsklage, von defensivem und offensivem Rechtsschutz[27], die wiederum bedeutsam ist für die Verteilung der Beweislast hinsichtlich der Rechtswidrigkeit staatlichen Verhaltens[28]. Wichtig ist diese Unterscheidung ferner für die Geltung des Folgenbeseitigungsanspruchs, der als negatorischer oder quasinegatorischer Beseitigungsanspruch den Eingriff in Rechte des status negativus voraussetzt und bei öffentlich-rechtlicher Forderungsverletzung nicht eingreift[29].

In entschädigungsrechtlicher Hinsicht dagegen ist die Unterscheidung der Rechtsprechung, der die Annahme zugrunde liegt, daß eine bestehende Rechtsposition einen höheren Schutz verdiene als Ansprüche auf Begründung oder Erweiterung von Rechtspositionen[30], bedenklich.

Dabei soll hier dahingestellt bleiben, ob nicht die Begründung mit dem fehlenden Eingriff in bestehende Rechte dem eigenen Ausgangspunkt der Rechtsprechung des Bundesgerichtshofs widerstreitet, wonach der Enteignungsbegriff am Gleichheitssatz zu orientieren und damit das grundlegende Kriterium der Enteignung das Sonderopfer ist; ob danach also nicht die ungleiche Vermögensbelastung ohne Rücksicht auf die juristische Qualität des betroffenen Vermögenswertes allein maßgebend sein muß für die Entschädigungspflicht[31].

Die Herausnahme der rechtswidrigen Nichterfüllung öffentlich-rechtlicher Ansprüche aus dem Tatbestand des enteignungsgleichen Eingriffs mit der Begründung, es werde nicht in bestehende, von

---

[27] Siehe Bettermann, Fragistas-Festschrift, S. 61.
[28] Bettermann, Fragistas-Festschrift, S. 61 und Gutachten 46. DJT, S. E 44/45.
[29] BVerwG BayVwBl. 1960, 88 (89); 1962, 183; DVBl. 1963, 677 (678); DVBl. 1968, 641 (644); vgl. auch E 14, 1 (2 f.); OVG Koblenz DÖV 1965, 55 ff. = DVBl. 1964, 773 ff.; Hoffmann, DVBl. 1967, 668 f.; Spanner, DVBl. 1968, 624; Rüfner, DVBl. 1967, 188; Rösslein, S. 86; Weyreuther, Gutachten, S. 76 ff., 93 f. und DVBl. 1964, 893 (894); Simons, S. 100 ff.; Schwär, S. 56.
A. A. vor allem OVG Lüneburg DVBl. 1967, 206 ff.; I'ietgen, S. 345 ff.; Redeker, DVBl. 1963, 509 ff. Weitere Nachweise bei Weyreuther, Gutachten, S. 76 Fußn. 307.
[30] So besonders deutlich: Jaenicke, VVDStRL 20, 157 ff.
[31] In diesem Sinne Janssen, DVBl. 1967, 192 Fußn. 34 und in: Der Anspruch auf Entschädigung, S. 146/47; siehe auch Nicolaysen, Schack-Festschrift, S. 108.

2. Kap.: Forderungsverletzung und enteignungsgleicher Eingriff

Art. 14 GG erfaßte Rechtspositionen eingegriffen, steht aber in offenbarem Widerspruch zu der Annahme, daß zum Eigentum im Sinne des Art. 14 GG auch Forderungsrechte gehören. Die Rechtsprechung verkennt, daß die rechtswidrige „Vorenthaltung der begehrten Rechtsposition" die Verletzung eines subjektiven Rechts darstellt, nämlich die Verletzung des öffentlich-rechtlichen Erfüllungsanspruchs, und daß die von ihr für die Annahme eines enteignungsgleichen Eingriffs stets vorausgesetzte Verletzung subjektiver Rechte des einzelnen nicht erst und nur dann vorliegt, wenn die Anspruchsverletzung zugleich Verletzung absoluter Privatrechte beziehungsweise — ihnen entsprechender — öffentlicher (vermögenswerter) Rechte des status negativus bedeutet[32].

Der von der Rechtsprechung immer wieder verwandte Gesichtspunkt des Eingriffs in „vorhandene konkrete Werte" kann doch nur die *Rechts*verletzung von den Beeinträchtigungen bloßer Chancen, Aussichten und Anwartschaften, niemals aber den Eingriff in absolute Rechte von der Verletzung eines *Forderungsrechts* abgrenzen, sofern man eben Forderungsrechte genauso wie absolute Rechte in den Schutzbereich des Art. 14 einbezieht.

Mit dem Satz, bestehende Rechtspositionen verdienen entschädigungsrechtlich einen höheren Schutz als Ansprüche auf Erweiterung dieser Rechtspositionen oder Begründung neuer, setzt sich die hier angegriffene Rechtsprechung und Lehre ferner in Widerspruch zum Privatrecht, wo die Forderungsverletzung schärfere und für den Geschädigten günstigere Sanktionen als der deliktische Eingriff nach sich zieht. Darüber hinaus wird außer acht gelassen, daß die Schutzbedürftigkeit des Bürgers in entschädigungsrechtlicher Hinsicht im Falle rechtswidriger Nichterfüllung eigentlich größer ist als bei Eingriffen in den status negativus[33]. Denn im Bereich der gewährenden Verwaltung ist dem Betroffenen die Möglichkeit einer Schadensverhütung mit Hilfe des Suspensiveffektes der Anfechtung nicht gegeben. Zwar kann dem Verletzten auch im Bereich der Eingriffsverwaltung diese Möglichkeit der Schadensverhütung wegen der sofortigen Vollziehung des Eingriffsaktes genommen sein, aber diese setzt im Regelfall[34] die besondere Anordnung der sofortigen Vollziehung des Eingriffsaktes voraus, die ihrerseits nur ergehen darf nach einer Interessenabwägung, die den drohenden Vollzugsschaden des Betroffenen zu berücksichtigen

---

[32] Luhmann, S. 112 f.; siehe auch Rupp, AöR Bd. 85 (1960), S. 320.
[33] Ebenso Luhmann, S. 114; Franke a.a.O. S. 374 f., der allerdings diesem Umstand nicht durch Ausweitung des Tatbestandes des enteignungsgleichen Eingriffs, sondern mit Hilfe eines „Folgenentschädigungsanspruchs" Rechnung tragen will.
[34] Ausnahme: § 80 Abs. 2 Nr. 1—3 VwGO.

C. Enteignung durch Nichterfüllung?

hat. Und diese Anordnung unterliegt sofortiger gerichtlicher Kontrolle vor oder neben dem Hauptprozeß. — Ferner hat der Betroffene bei rechtswidrigen Eingriffen in den status negativus neben dem verschuldensabhängigen Schadensersatz- einen verschuldensunabhängigen Folgenbeseitigungsanspruch[35]. Diese Möglichkeiten bestehen bei rechtswidriger Erfüllungsverweigerung nicht. Auch die Möglichkeit einer einstweiligen Anordnung nach § 123 VwGO bietet dem Gläubiger keinen entsprechenden Schutz, weil die einweilige Anordnung im Regelfall nicht die Entscheidung des Hauptprozesses vorwegnahmen darf[36]. Dem geschädigten Gläubiger bleibt im wesentlichen also nur der repressive Schutz durch Schadensersatz- oder Entschädigungsansprüche.

Die Herausnahme der öffentlich-rechtlichen Forderungsverletzung wäre im Ergebnis dann berechtigt, wenn subjektive *öffentliche* Rechte überhaupt, einschließlich der Forderungsrechte, dem verfassungsrechtlichen Eigentumsschutz nicht unterfielen. Gerade der Bundesgerichtshof nimmt jedoch im Hinblick auf Art. 14 GG eine undifferenzierte Gleichstellung aller vermögenswerten subjektiven öffentlichen Rechte mit den privaten Vermögensrechten vor[37]. Aber auch vom differenzierenden Standpunkt des Bundesverfassungsgerichts[38] aus können jedenfalls diejenigen öffentlichen Forderungsrechte des Bürgers, die sich „als Äquivalent eigener Leistung des Berechtigten" darstellen, wie beispielsweise die Ansprüche aus entgeltlichen Verträgen des öffentlichen Rechts sowie die sozialversicherungsrechtlichen[39] und die beamtenrechtlichen Leistungsansprüche[40], dem Schutzbereich des Art. 14 GG nicht entzogen werden.

Die Annahme der Rechtsprechung, die öffentlich-rechtliche Forderungsverletzung sei kein enteignungsgleicher Eingriff, ist aber aus folgendem Grunde richtig: Die rechtswidrige Entziehung oder sonstige Beeinträchtigung eines *privatrechtlichen* Forderungsrechtes durch einen Träger öffentlicher Gewalt unterfällt einschränkungslos dem Tatbestand des enteignungsgleichen Eingriffs. Die Rechtswidrigkeit bedeutet auch hier Pflichtwidrigkeit, aber das Forderungsrecht des Bürgers ist in diesen Fällen nicht das Korrelat der Rechtspflicht, die der

---

[35] Daß der Folgenbeseitigungsanspruch bei öffentlich-rechtlicher Forderungsverletzung nicht gegeben ist, siehe oben Anm. 29.
[36] Eyermann-Fröhler, § 123 Rdnr. 12.
[37] BGHZ 6, 270 (276).
[38] E 1, 264 (278); 2, 380 (399 ff.); 4, 219 (239 ff.); 14, 288; 16, 94 (111 ff.); 18, 392 (397).
[39] BSGE 9, 127; Ule, Zeitschr. f. Sozialreform 1956, 138, 180; Wolff, VerwR I, S. 427; Dürig, Festschrift für Apelt, S. 44.
[40] Bei diesen Ansprüchen besteht allerdings das Problem, inwieweit in Art. 33 Abs. 5 GG eine den Art. 14 GG ausschließende Sonderregelung getroffen ist. Siehe dazu BVerwGE 2, 10 (14); 3, 226 (228); BayVGHE 5, 169 (195).

Hoheitsträger durch den Eingriff verletzt. Das ergibt sich schon daraus, daß jene dem Privatrecht, diese dem öffentlichen Recht angehört. Der eingreifende Hoheitsträger verletzt die Forderung nicht als Schuldner, sondern als ein außerhalb des Schuldverhältnisses stehender Dritter. Es handelt sich also, obwohl ein Forderungsrecht verletzt ist, um eine — verwendet man die das Privatrecht beherrschende Teilung innerhalb der Unrechtshaftung — *deliktische* Haftung für Staatsunrecht. Auch soweit öffentliche Forderungsrechte dem Eigentumsschutz des Art. 14 GG unterfallen, liegt ein enteignungsgleicher Eingriff wegen Verletzung dieser Forderungsrechte — entsprechend dem Fall des Eingriffs in *private* Forderungsrechte — doch nur dann vor, wenn der Hoheitsträger als Nichtschuldner eingreift, wenn ein deliktischer Unrechtstatbestand besteht, nicht aber im Fall der vom *Schuldner* zu vertretenden öffentlich-rechtlichen Forderungsverletzung, wenn es also um öffentlich-rechtliche Schuldnerhaftung geht[41]. Die Einbeziehung der vermögensrechtlichen Forderungen des privaten und des öffentlichen Rechts in den Eigentumsbegriff des Art. 14 ändert nichts daran, daß Art. 14 III GG für das Forderungsrecht die gleiche Eingriffssituation voraussetzt, wie sie bei hoheitlichen Eingriffen in das absolute Eigentumsrecht besteht.

Zusammenfassend ist daher festzustellen: Selbst auf der Grundlage der Rechtsprechung des Bundesgerichtshofs, die aus Art. 14 III GG mit Hilfe des Instituts des enteignungsgleichen Eingriffs eine selbständige Haftungsgrundlage für Staatsunrecht ableitet, ist die Beschränkung dieser Staatshaftung auf rechtswidrige Eingriffe in die (vermögenswerten) Rechte des status negativus unter Ausschluß der öffentlichrechtlichen Forderungsverletzung gerechtfertigt[42].

D. Die unterschiedlichen Rechtsfolgen bei Forderungsverletzung und enteignungsgleichem Eingriff

Selbst wenn man entgegen der im Ergebnis richtigen Auffassung des Bundesgerichtshofs und einer verbreiteten Meinung in der Lite-

---

[41] Siehe auch BAG — GS — NJW 1962, 411 (413/14) zum privatrechtlichen Aufopferungsanspruch: „... daß der Aufopferungsanspruch, übrigens auch der Anspruch aus enteignungsgleichen Eingriffen, ... ein außervertraglicher Anspruch ist. Der Anspruch geht ... wie schon sein wichtigster Fall, der hoheitliche Eingriff, zeigt — davon aus, daß die Beteiligten nicht in vertraglichen Beziehungen zueinander stehen...."
[42] A. A. Luhmann, S. 112 ff.; Janssen, DVBl. 1967, 192 Fußn. 34 sowie in: Der Anspruch auf Entschädigung, S. 146/47; sachlich nichts anderes ist auch die Begründung eines Folgenentschädigungsanspruchs bei Franke a.a.O., S. 366 ff., 374.
Im Ergebnis mit der hier vertretenen Auffassung übereinstimmend: Schwär, S. 46/7.

ratur die öffentlich-rechtliche Forderungsverletzung in den Tatbestand des enteignungsgleichen Eingriffs einbezöge, wäre damit die Notwendigkeit oder das Bedürfnis einer entsprechenden Anwendung des bürgerlichen Rechts der Forderungsverletzung noch nicht abschließend verneint. Dieses Bedürfnis könnte sich aus der unterschiedlichen *Rechtsfolge* beider Rechtsinstitute, aus dem Unterschied in Art und Umfang der Ersatzleistung ergeben. Dabei soll hier nur am Rande nochmals bemerkt werden, daß das privatrechtliche Haftungsrecht bei Leistungsstörung nicht nur die Ersatzleistungspflicht des Schuldners, sondern noch anderweitige Rechtsfolgen, wie beispielsweise das Rücktrittsrecht des Gläubigers, begründet.

I. Der Gegensatz von Restitution und Kompensation

Nach dem Recht der Forderungsverletzung hat der verletzte Gläubiger unter anderem einen *Schadensersatzanspruch*, §§ 280, 286, 325, 326, 249 ff. BGB, bei den Ansprüchen aus Enteignung und Aufopferung handelt es sich dagegen um *Entschädigungsansprüche*. Die Unterscheidung wird in der Rechtsprechung und Lehre fast ausnahmslos nur im Sinne eines geringeren Umfangs der Entschädigung gegenüber dem Schadensersatz verstanden. Die Enteignungs- und Aufopferungsentschädigung wird als ein Minus gegenüber dem Schadensersatz, als minderer oder teilweiser Schadenersatz angesehen[43]. Doch damit ist der Unterschied beider Formen der Ersatzleistung — Restitution und Kompensation[44] oder Schadensersatz und Entschädigung[45] — nicht richtig, jedenfalls nicht vollständig gekennzeichnet[46]. Restitution bedeutet Beseitigung des Schadens, indem der Zustand hergestellt wird, der ohne die Schädigung bestehen würde. Im Falle der Entschädigung (Kompensation) bleibt der Schaden bestehen, er wird vielmehr durch anderweitige Leistung an den Geschädigten ausgeglichen[47].

Hat der Schadensersatz die Funktion, die Schadenszufügung ungeschehen zu machen, sie zu beseitigen, dann deswegen, weil er eine Mißbilligung, das heißt also Rechtswidrigkeit der Schadenszufügung voraussetzt. *Wegen* dieser Mißbilligung der Schädigung zielt er auf die Beseitigung des Schadens, auf die Schaffung eines Zustandes, wie „wenn der zum Ersatz verpflichtende Umstand nicht eingetreten wäre" (§ 249 BGB). Der Kompensation fehlt diese Funktion, eine mißbilligte

---

[43] Vgl. Weyreuther, Gutachten, S. 61 mit Nachweisen aus der Rechtsprechung und Lehre in Fußn. 222.
[44] Bettermann, DÖV 1955, 529 und Grundrechte III 2, S. 862 ff.
[45] Weyreuther, Gutachten, S. 58.
[46] Weyreuther a.a.O. S. 58 ff.; siehe auch Weber, VVDStRL 20, 269.
[47] Bettermann, DÖV 1955, 529; Weyreuther a.a.O. S. 59/60.

Nachteilszufügung ungeschehen zu machen. Enteignung und Aufopferung setzen in erster Linie rechtmäßige Eingriffe voraus, und deshalb kommt eine Rückgängigmachung des schädigenden Eingriffs gerade nicht in Frage, der Betroffene kann nur Ausgleich der vermögensrechtlichen Folgen des Eingriffs verlangen[48].

Damit ist nicht gesagt, daß die öffentlich-rechtliche Entschädigung nur solche Schäden ausgleichen kann, die infolge *rechtmäßigen* Eingriffs der Staatsgewalt entstanden sind. Entscheidend ist nicht so sehr die Rechtmäßigkeit des Eingriffs, sondern der Umstand, daß — selbst wenn die Maßnahme rechtswidrig ist — diese Rechtswidrigkeit nicht Voraussetzung und Grund der Haftung ist[49]. Kompensation ist also solange die adäquate Form der Ersatzleistung bei enteignungsgleichen Eingriffen, wie die Rechtmäßigkeit oder Rechtswidrigkeit des Eingriffs für den Eintritt der Haftungsfolge bedeutungslos ist, solange beim rechtswidrigen, sonst aber alle Voraussetzungen der Enteignung erfüllenden Eingriff entschädigt wird, *obwohl* — nicht *weil* — die Maßnahme rechtswidrig ist. Seit BGHZ 32, 208 ist es aber — wie ausgeführt — feststehende Rechtsprechung, daß der rechtswidrige Eingriff dem Betroffenen schon allein deswegen ein Sonderopfer auferlegt, *weil* er rechtswidrig ist. Die Rechtswidrigkeit ist damit Voraussetzung und Grund der Haftung aus enteignungsgleichem Eingriff. Für eine Haftung des Staates wegen rechtswidrigen Handelns, für Staatsunrecht also, ist die in Art. 14 GG bei rechtmäßigen Eingriffen vorgesehene Ersatzleistung durch Kompensation, das heißt Aufrechterhaltung des Schadens bei gleichzeitigem Ausgleich durch anderweitige Leistung, nach dem Gesagten inadäquat[50].

Daraus sind zwei entgegengesetzte Schlußfolgerungen möglich. Einmal läßt sich daraus, daß das geltende Recht bei Enteignung und Aufopferung nur Kompensation gewährt, die Unzulässigkeit oder Unmöglichkeit folgern, aus Art. 14 GG eine Haftung für Staatsunrecht abzuleiten: Weil Art. 14 GG als Rechtsfolge einen Entschädigungsanspruch, keinen Restitutions- oder Schadensersatzanspruch begründet, ist der entsprechenden Anwendung des Art. 14 auf rechtswidrige Eingriffe gegen BGHZ 32, 208, aber in Übereinstimmung mit BGHZ 6, 270 eine Grenze gezogen[51].

Diese Folgerung von der in Art. 14 Abs. 3 GG festgelegten Rechtsfolge auf eine nur bedingte Anwendung des Art. 14 GG auf rechtswidrige Eingriffe hat der Bundesgerichtshof nicht gezogen. Da der

---

[48] Siehe Weyreuther a.a.O. S. 60, 154.
[49] Weyreuther a.a.O. S. 60 mit Fußn. 219, S. 157.
[50] Weyreuther a.a.O. S. 161, 164, siehe auch S. 63.
[51] So Weyreuther a.a.O. S. 63, 152 ff.; siehe auch Rupp, Grundfragen, S. 37 f.

D. Schadensersatz und Entschädigung

Bundesgerichtshof mit der Anerkennung einer selbständigen Haftungsgrundlage für Staats*unrecht* aus Art. 14 GG den Boden des Art. 14 GG verlassen und seine Grenze überschritten hat, wäre konsequenterweise auch die in Art. 14 Abs. 3 ausgesprochene Haftungsfolge der Kompensation für den Fall des enteignungsgleichen Eingriffs aufzugeben. Die Beibehaltung der *Entschädigungs*pflicht bei der Haftung für Staats*unrecht* ist wenig folgerichtig.

Der naheliegende Einwand, daß der Übergang von der Kompensation zur Restitution an der ausdrücklichen Vorschrift des Art. 14 Abs. 3 GG scheitern muß, spricht schon gegen die Ausweitung des *Tatbestandes*, ist aber hinsichtlich einer Veränderung der Haftungs*folge* dann nicht mehr recht überzeugend, wenn zuvor der für Art. 14 GG maßgebliche Haftungs*grund* für den enteignungsgleichen Eingriff aufgegeben und ein ganz anderer Haftungsgrund entwickelt worden ist[52].

II. Die Enteignungsentschädigung als Schadensersatz minderen Umfangs

Nach der Rechtsprechung[53] und herrschenden Lehre[54] hat die Entgegensetzung von Schadensersatz und Entschädigung nur für die *Höhe* der Ersatzleistung Bedeutung. Die Enteignungs- und Aufopferungsentschädigung ist danach ein Schadensersatz minderen, den gesamten Schaden des Betroffenen grundsätzlich nicht voll erfassenden Umfangs. Allerdings baut die Rechtsprechung im Ergebnis diesen Unterschied weitgehend ab[55]. Aber an der Ablehnung des Ersatzes für entgangenen Gewinn wird im Grundsatz festgehalten, obgleich eine Ausnahme für Eingriffe in einen eingerichteten und ausgeübten Gewerbebetrieb gemacht wird: Hier ist nach der Rechtsprechung des Bundesgerichtshofs[56] als angemessene Entschädigung der Betrag anzusehen, „den der Gewerbebetrieb infolge des Eingriffs weniger als ohne den Eingriff abgeworfen hat".

Die These, daß die angemessene Entschädigung hinter dem Schadensersatz zurückbleibt, wird aber in den Fällen der *rechtswidrigen* Eingriffe anfechtbar. Dabei wird hier offen gelassen, ob nicht schon die vom Bundesgerichtshof vertretene Theorie vom Sonderopfer zu

---

[52] Vgl. Weyreuther a.a.O. S. 59.
[53] RGZ 140, 276 (288); BGHZ 23, 157 (171/72); BGHZ 6, 271 (295); 11, 156 (164); weitere Nachweise aus der Rechtsprechung bei Weyreuther a.a.O. S. 61 Fußnote 222.
[54] Schack, MDR 1953, 195 und BB 1959, 1259; Kuschmann, NJW 1966, 574; Knoll, AöR Bd. 81 (1956), S. 167/68; dagegen Luhmann, S. 49/50; Schulthes, S. 77; Weber, VVDStRL 20, 269.
[55] Siehe dazu Knoll a.a.O. S. 168; Weyreuther a.a.O. S. 61.
[56] BGHZ 23, 157 (172); siehe dazu Kröner, S. 68.

einer Gleichstellung zwingt. Denn danach soll die Entschädigung eine Ungleichbehandlung ausgleichen. Es liegt der Einwand nahe, daß jede andere Entschädigung als die volle Restitution immer noch ein Sonderopfer des Betroffenen zurückläßt[57]. Aber abgesehen davon ist bei rechtswidrigen Eingriffen folgendes zu beachten: Die Entschädigung soll „angemessen" sein, Art. 153 WV, sie soll unter gerechter Abwägung der Interessen der Allgemeinheit und der Beteiligten bestimmt werden, Art. 14 Abs. 3 GG. Bei einem *rechtswidrigen* Eingriff hat die Allgemeinheit kein Interesse an der Durchführung der Maßnahme. Die Rücksichtnahme auf das Wohl der Allgemeinheit, die im Falle *rechtmäßigen* Eingriffs möglicherweise bewirkt, daß den Interessen des Betroffenen nicht in vollem Umfang Rechnung getragen wird, entfällt hier[58].

Qualifiziert man die öffentlich-rechtliche Forderungsverletzung als enteignungsgleichen Eingriff, dann entfällt also jedes Bedürfnis einer entsprechenden Anwendung des bürgerlichen Schuldrechts, soweit es um die Schadenshaftung des Staates im allgemeinen und besonderen Gewaltverhältnis geht. Ein derartiges Bedürfnis läßt sich insbesondere nicht mehr unter dem Gesichtspunkt einer weitergehenden Haftungsfolge des bürgerlichen Rechts, also mit dem Unterschied von Kompensation (Art. 14 Abs. 3 GG) und Restitution (§ 249 BGB) rechtfertigen.

---

[57] So Schulthes, S. 77; Luhmann, S. 49/50; siehe auch Weyreuther a.a.O. S. 61 mit Fußnote 223.

[58] In diesem Sinne auch BGHZ 6, 271 (294 f.): „Bei den vorliegenden unrechtmäßigen Eingriffen ist ein besonderes Interesse der Allgemeinheit an der Durchführung der vorgenommenen Eingriffe ... nicht gegeben ... Vielmehr muß auch nach Art. 14 GG als gerechte Entschädigung hier die Zahlung der vollen Vermögenseinbuße, die die Betroffenen erlitten haben, angesehen werden, weil bei Berücksichtigung der Interessen der Allgemeinheit kein sachlich vertretbarer Gesichtspunkt ersichtlich ist, der in diesen Fällen eine niedrigere Festsetzung der Entschädigung rechtfertigen könnte." Ebenso BGHZ 13, 395 (397/98); a. A. aber BGHZ 23, 157 (171/72).

Drittes Kapitel

Amtspflichtverletzung und öffentlich-rechtliche Forderungsverletzung

Greifen also die vom Verschulden des Amtsträgers unabhängigen Formen des staatlichen Ersatzleistungsrechts im Fall öffentlich-rechtlicher Forderungsverletzung nach überwiegender, in der Begründung[1] allerdings äußerst anfechtbarer Meinung nicht ein[2], so stellt sich nun die Frage, ob das Institut der Amtshaftung die öffentlich-rechtliche Forderungsverletzung erfaßt und — bejahendenfalls — eine Anwendung des bürgerlichen Schuldrechts insoweit ausschließt.

A. Die Einwände der herrschenden Lehre gegen die Amtshaftungsvorschriften als Grundlage eines Schadensersatzanspruchs wegen Forderungsverletzung

Es sind im wesentlichen zwei Gründe, die die Rechtsprechung und Lehre veranlassen, bei öffentlich-rechtlicher Forderungsverletzung das Haftungsrecht des allgemeinen Schuldrechts — in den oben dargelegten engen Grenzen — neben dem Amtshaftungsrecht anzuwenden: Erstens[3] die Annahme, die durch Art. 34 GG, § 839 BGB normierte Haftung des Staates sei überhaupt keine unmittelbare oder originäre Staatshaftung, keine *Eigen*haftung des Staates für Staatsunrecht. Art. 34 GG bewirke lediglich eine Haftungsübernahme des Staates für Beamtenunrecht, indem er den Staat „mit der in der Person des Beamten begründeten Haftung aus § 839 BGB an dessen Stelle belaste(t)"[4]. Im Gegensatz dazu hafte der Schuldner für Forderungsverletzungen originär und primär. Zweitens: Die Amtshaftung sei *Delikts*haftung, so daß es dem privatrechtlichen Haftungssystem entspreche, daneben bei öffentlich-rechtlicher Forderungsverletzung einen

---

[1] Siehe dazu — hinsichtlich der Haftung aus enteignungsgleichem Eingriff — oben Kap. 2, C III.
[2] Das gilt auch für den Folgenbeseitigungsanspruch. Siehe die Literaturnachweise in Kap. 2, Anm. 29.
[3] Siehe insbesondere: BVerwGE 13, 17 (23); OVG Hamburg DVBl. 1960, 745 (746); BayVGH BayVerwBl. 1961, 90 (91); Pentz, NJW 1960, 85. Vgl. ferner Wertenbruch, JuS 1963, 180 (182); BVerwGE 25, 138 (145/46).
[4] BVerwGE 25, 138 (145/46).

aus dem öffentlich-rechtlichen Schuldverhältnis sich ergebenden Schadensersatzanspruch anzuerkennen[5].

I. Art. 34 GG als befreiende Haftungsübernahme des Staates für Beamtenunrecht

Daß Art. 34 GG nicht wie § 89 BGB dem Staat eine *Eigen*haftung wegen Organverschuldens auferlegt, sondern eine befreiende Haftungsübernahme des Staates für Beamtenunrecht, d. h. eine — privative — Schuldübernahme hinsichtlich des primär gegen den Amtsträger selbst gerichteten Schadensersatzanspruchs bewirkt, ist überwiegende, insbesondere auch vom Bundesgerichtshof[6] und vom Bundesverwaltungsgericht[7] vertretene Auffassung[8]. Aber die Unzulänglichkeit der Amtshaftung als Sanktion für Staatsunrecht im allgemeinen und für öffentlich-rechtliche Forderungsverletzungen im besonderen ergibt sich in erster Linie nicht aus dieser Konstruktion einer Schuldübernahme, sondern aus der weiteren Folgerung der herrschenden Lehre, die in § 839 BGB und Art. 34 GG vorausgesetzten Amtspflichten seien *Innen*pflichten des Organwalters gegenüber dem Hoheitsträger, nicht (Außen-)Pflichten gegenüber Dritten[9].

1. Die Amtspflichten als Innenpflichten im Gegensatz zu den Rechtspflichten des Staates im Außenverhältnis

Der Unterscheidung der herrschenden Lehre von Rechtspflicht und Amtspflicht unter dem Gesichtspunkt von Außen- und Innenverhältnis liegt folgende Überlegung zugrunde: Die die staatliche Organstellung tragenden Personen, die Organwalter[10] oder Amtsträger, seien

---

[5] Simons, S. 79; Blume, S. 146 ff.; Schneider, NJW 1962, 705 (707); Eckert, DVBl. 1962, 15; Wertenbruch, JuS 1963, 182; Schwär, S. 39 ff.; OVG Hamburg DVBl. 1960, 746; BayVGH BayVerwBl. 1961, 91.

[6] GZS E 34, 99 (104 ff.). Siehe auch BGH — GZS — E 13, 88 (104) u. BGH NJW 1959, 1629.

[7] E 13, 17 (23); 25, 138 (145/46); NJW 1963, 70.

[8] Heidenhain, S. 36 ff.; Weyreuther, Gutachten, S. 53 f.; Forsthoff, Verwaltungsrecht, S. 295; Wolff, Verwaltungsrecht I, § 64 II a; Pentz, NJW 1960, 85; OVG Hamburg DVBl. 1960, 745 (746); BayVGH BayVerwBl. 1961, 90 (91); Bartlsperger, NJW 1968, 1697, 1701: Erichsen, DÖV 1965, 158 (160).
A. A. Bettermann, DÖV 1954, 299 (300); JZ 1961, 482; Grundrechte III/2, S. 830 f.; Heydt, JR 1967, 169 (170); Westermann, JuS 1961, 333 (334); W. Jellinek, JZ 1955, 147 (149); Menger, Jellinek-Gedächtnisschrift, S. 350; Haas, System, S. 60, 63 ff.; kritisch gegenüber der herrschenden Lehre auch Wertenbruch, JuS 1963, 180 (182); Rupp, Grundfragen, S. 35 ff.; Schleeh, AöR 1967, 58 (88/89).

[9] So besonders deutlich Bartlsperger, NJW 1968, 1697 (1701); Rupp, Grundfragen, S. 36/37 und S. 271 Fußnote 24; siehe auch Wertenbruch, JuS 1963, 180 (183); Bezzola, S. 106; Hälbig, S. 36 f. und S. 144 ff.

im Außenverhältnis bei organschaftlicher Ausübung von Hoheitsfunktionen nicht Träger von Rechten und Pflichten. Pflicht- und Rechtssubjekt sei im Außenverhältnis zu Dritten allein der Staat oder die sonstige juristische Person des öffentlichen Rechts[11]. Der Amtsträger handele nicht im eigenen Namen und nicht im eigenen Rechts- und Geschäftskreis, sondern im Namen und im Rechtskreis derjenigen juristischen Person des öffentlichen Rechts, deren Aufgaben und Befugnisse er wahrnehme[12]. Der Organwalter selbst stehe ausschließlich in Rechtsbeziehungen zu der juristischen Person des öffentlichen Rechts, deren Funktionen er organschaftlich ausübe[13]. Wird diese Beziehung des Organwalters zum Hoheitsträger als „Innenverhältnis" dem zuvor erwähnten „Außenverhältnis" zwischen Hoheitsträger und Gewaltunterworfenen gegenübergestellt, dann nicht im Sinne der Laband[14]-Jellinekschen[15] Theorie von der Impermeabilität[16] der juristischen Person „Staat" zur Abgrenzung von „personeninneren" und „personenäußeren" und von rechtsfreien und rechtsbeherrschten Beziehungen, sondern wie im Zivilrecht zur Bezeichnung verschiedener Rechtsrelationen[17].

Aus diesen Feststellungen zieht die herrschenden Lehre für das Amtshaftungsrecht folgende Konsequenzen:

(1) Die Pflichten des Organwalters seien nicht identisch mit den Außenpflichten der juristischen Person des öffentlichen Rechts, als deren Organ der Amtsträger tätig werde.

(2) An die Erkenntnis, daß die Beziehungen des Organwalters zum Staat zwar genauso wie die des Staates zum gewaltunterworfenen Bürger *Rechts*verhältnisse, aber doch von den Außenverhältnissen verschiedene Rechtsrelationen darstellen, schließe sich die für die Frage des Staatsunrechts und der Staatshaftung bedeutsame, für das Zivilrecht ganz selbstverständliche, für das öffentliche Recht aber immer wieder bestrittene Feststellung an, daß die Bestimmung der Rechtmäßigkeit oder Rechtswidrigkeit einer Handlung stets

---

[10] Vgl. zur Trennung der Begriffe „Organ" und „Organwalter": Wolff, Organschaft Bd. II, S. 225 ff.; Rupp, Grundfragen, S. 24.
[11] G. Jellinek, System, S. 80/81; Rupp, Grundfragen, S. 34 ff.; Bartlsperger, NJW 1968, 1700/01; Bezzola, S. 106; Hinke, DVBl. 1967, 641; vgl. auch Hälbig, S. 37, 144 ff.
[12] Bettermann, JZ 1961, 482/83; Schleeh a.a.O. S. 87.
[13] Rupp, Grundfragen, S. 34 sowie die in Anm. 11 Genannten.
[14] Das Staatsrecht des Deutschen Reiches Bd. II, S. 181.
[15] Vgl. System, S. 194.
[16] Vgl. die kritische Auseinandersetzung mit der Impermeabilitätslehre bei Rupp, Grundfragen, S. 19 ff.
[17] Rupp, Grundfragen, S. 34.

relativ sei. Sie könne also nur für eine bestimmte Rechtsrelation getroffen werden und nur für diese gelten[18].

(3) Sehe man nun die in Art. 34 GG normierte Haftung des Staates als befreiende Schuldübernahme hinsichtlich der nach § 839 BGB primär gegen den Beamten persönlich wegen Verletzung seiner Amtspflichten begründeten Forderung, dann könne das nur bedeuten: Für die Haftung des Staates nach Art. 34 GG sei nicht die Verletzung der dem Staat im Außenverhältnis zu Dritten obliegenden öffentlich-rechtlichen Pflichten maßgeblich, und das Rechtswidrigkeitsurteil könne nicht aus dieser Pflichtrelation gebildet werden. Vielmehr habe die Haftung des Staates im Außenverhältnis die Verletzung einer dem Organwalter persönlich obliegenden, also im Innenverhältnis bestehenden und mit der Außenpflicht des Staates nicht identischen Rechtspflicht zur Voraussetzung[19].

Die Amtshaftung sanktioniert also — folgt man der herrschenden Lehre — *Beamten*unrecht, nicht *Staats*unrecht, denn von einer Staatsunrechtshaftung[20] einschließlich einer Staatshaftung wegen öffentlichrechtlicher Forderungsverletzung kann nur dann die Rede sein, wenn Rechtswidrigkeitsmaßstab die Verletzung der der juristischen Person des öffentlichen Rechts obliegenden öffentlichen (Außen-)Rechtspflicht ist[21].

Bei einem derartigen Verständnis der Amtshaftung liegt es nahe, hinsichtlich der Haftung eines Trägers öffentlicher Gewalt wegen Verletzung ihm obliegender Rechtspflichten allgemein und speziell wegen Verletzung relativer, mit einem Forderungsrecht des Gewaltunterworfenen korrespondierender Pflichten von einer trotz Amtshaftungsrechts bestehenden Gesetzeslücke[22] zu sprechen. Es erscheint dann geboten, diese Lücke durch entsprechende Anwendung des Haftungsrechts des allgemeinen Schuldrechts zu schließen, soweit das Staatsunrecht in der Verletzung einer gegen den Hoheitsträger gerichteten Forderung besteht.

---

[18] Rupp, Grundfragen, S. 18, 47/48; siehe auch Hellwig, S. 667 Fußn. 16: „Daß eine Handlung in der einen Beziehung rechtmäßig, in der anderen rechtswidrig sein kann, ist eine häufige Erscheinung. Man denke an das Innen- und Außenverhältnis bei der Prokura." Siehe ferner von Tuhr, Band III, S. 455.
[19] Bartlsperger, NJW 1968, 1701; Rupp, Grundfragen, S. 36/37 und S. 271, Fußnote 24; siehe auch Hälbig, S. 37.
[20] Vgl. zur Entgegensetzung von Staats- und Amtshaftung Heidenhain, S. 15 ff.
[21] Rupp, Grundfragen, S. 37.
[22] Siehe auch Bartlsperger, NJW 1968, 1704: „... daß das gesamte Gebiet der öffentlichen Rechtswidrigkeitshaftung im Hinblick auf die Deliktsnatur der Amtshaftung eine einzige große Gesetzeslücke darstellt, ..."

2. Die mögliche Diskrepanz zwischen Organwalterunrecht und Staatsunrecht

Die Annahme der herrschenden Lehre, daß das Staatshaftungsrecht von den „Amtspflichten" ausgehe und daß darunter nur die im Innenverhältnis zum Hoheitsträger bestehenden und mit den Pflichten des Hoheitsträgers im Außenverhältnis nicht identischen Amtswalterpflichten zu verstehen seien, diese dogmatische Schwäche der von der herrschenden Lehre vertretenen Konstruktion des geltenden Staatshaftungsrechts[23] verlöre für den vorliegenden Zusammenhang dann an Bedeutung, wenn (Außen-)Rechtspflicht des Trägers öffentlicher Gewalt und Amtspflicht des Organwalters zwar nicht identisch, aber doch stets inhaltsgleich wären. Anders ausgedrückt: Der gegen das geltende Amtshaftungsrecht erhobene Einwand, es sei „nichts weniger als eine Staatshaftung" oder es lasse für das „gesamte Gebiet der öffentlichen Rechtswidrigkeitshaftung ... eine einzige große Gesetzeslücke"[24], ist dann nicht mehr überzeugend, wenn jede Rechtswidrigkeit einer Maßnahme im Verhältnis zum Gewaltunterworfenen, jedes Unrecht eines Trägers öffentlicher Gewalt auch immer Amtspflichtwidrigkeit und Amtswalterunrecht des handelnden Organwalters bedeutet. Das Amtshaftungsrecht sanktioniert dann mittelbar, über den Umweg der Organwalterpflichtverletzung, jedes Staatsunrecht, insbesondere auch die Verletzung einer gegen den Hoheitsträger gerichteten Forderung mit einer Schadensersatzpflicht des Staates. Daß das aber nicht mit logischer Notwendigkeit der Fall sein muß, d. h. daß (Außen-)Rechtspflicht des Hoheitsträgers und (Innen-)Amtspflicht des Organwalters nicht unbedingt inhaltsgleich sein *müssen*, das ergibt sich schon aus der bereits getroffenen Feststellung, daß die Bestimmung der Rechtmäßigkeit oder Rechtswidrigkeit ein Relationsurteil in dem Sinne ist, daß sie nur für eine bestimmte Rechtsrelation getroffen und nur für diese gelten kann.

a) Das amtspflichtwidrige aber rechtmäßige Organwalterhandeln

Die Möglichkeit einer Diskrepanz wird denn auch von der herrschenden Lehre für den Fall bejaht, daß eine Maßnahme des Organwalters im Außenverhältnis *rechtmäßig* ist, aber einer internen Weisung widerspricht und damit amtspflicht*widrig* ist. In diesen Fällen wird gegebenenfalls ein Schadensersatzanspruch des Geschädigten nach

---

[23] Ob diese Konstruktion mit dem Gesetz vereinbar ist, wird später erörtert.
[24] Bartlsperger, NJW 1968, 1697 und 1704.

Amtshaftungsrecht angenommen[25], obwohl im Außenverhältnis, also dem Geschädigten gegenüber, ein Rechtspflichtverstoß, d. h. ein Unrecht des betreffenden Trägers öffentlicher Gewalt, nicht vorliegt.

b) Das amtspflichtgemäße aber rechtswidrige Organwalterhandeln

Aber diese — mögliche — Diskrepanz zwischen der internen Amtspflicht des Organwalters einerseits und der im Außenverhältnis bestehenden Rechtspflicht der juristischen Person des öffentlichen Rechts andererseits, die Annahme also, daß eine im Außenverhältnis gegenüber dem Gewaltunterworfenen rechtmäßige Maßnahme amtspflichtwidrig nach § 839 BGB sein kann, ist im vorliegenden Zusammenhang nicht entscheidend. Denn mit dieser Feststellung wird nicht ausgeschlossen, daß sich Amtspflichtverletzung und Staatsunrecht jedenfalls insoweit decken, als *jede* durch den Organwalter begangene Verletzung einer „Außenpflicht" des Hoheitsträgers eine Amtspflichtwidrigkeit bedeutet, so daß das geltende Amtshaftungsrecht zwar nicht *nur* — aber doch *jedes* Staatsunrecht einschließlich der öffentlich-rechtlichen Forderungsverletzung mittelbar erfaßt und sanktioniert.

Aber auch in dieser Hinsicht ist die Frage nach der notwendigen Übereinstimmung von „Amtspflichten" — verstanden im Sinne der herrschenden Lehre als Innenpflichten — und „Rechtspflichten" zu verneinen, also die Möglichkeit einer Diskrepanz zwischen Staatsunrecht und Organwalterunrecht anzuerkennen:

Die Problematik des rechtswidrigen aber amtspflichtgemäßen Organwalterhandelns entsteht insbesondere in den Fällen, in denen der Amtsträger im Außenverhältnis gegenüber dem Gewaltunterworfenen rechtswidrig, aber auf Grund und gemäß einer generellen Verwaltungsanordnung oder Einzelweisung handelt. Der Bundesgerichtshof hat in seiner Entscheidung vom 21. 5. 1959[26] in einem derartigen Fall unter Hinweis auf die in den Beamtengesetzen festgelegte Bindung des Amtsträgers an die rechtswidrige Weisung einen Verstoß gegen Amtspflichten im Sinne des § 839 BGB verneint. „Scheinbar legt die Rechtsordnung" — heißt es in dieser Entscheidung — „hier dem Beamten die Pflicht auf, keinen rechtswidrigen Verwaltungsakt zu setzen, und die Pflicht, der Weisung seiner Vorgesetzten nachzukommen. Die Rechtsordnung hat diesen

---
[25] Wolff, Verwaltungsrecht I (7. Aufl.), § 64 I b 4, S. 440; a. A. — aber von einem grundsätzlich anderen Verständnis der Amtshaftung ausgehend — Bettermann, Grundrechte III/2, S. 841.
[26] NJW 1959, 1629 f.; zustimmend Wolff, Verwaltungsrecht I (7. Aufl.), § 64 I b 4, S. 440; vgl. auch Rupp, Grundfragen, S. 49/50.

Konflikt jedoch gelöst, indem sie... im Falle der Weisung seine Zuständigkeit und seine Pflichten begrenzt." „Er, der gar nicht anders handeln darf, hat keine seiner Amtspflichten verletzt." Der gegen diese Entscheidung in der Literatur insbesondere vorgebrachte Einwand, die Weisung habe keine dem Rechtssatz entsprechende Außenwirkung[27], ist nur dann berechtigt, wenn man die Amtspflichten des § 839 BGB/Art. 34 GG als Außenpflichten versteht. Der Einwand geht aber fehl, wenn man im Sinne der überkommenen Lehre und gerade auch der Rechtsprechung des Bundesgerichtshofes davon ausgeht, daß nicht nur die persönliche Haftung des Beamten nach § 839 BGB, sondern auch die des Staates gemäß Art. 34 GG in Verbindung mit § 839 BGB die Verletzung einer dem Organwalter persönlich obliegenden und im Innenverhältnis bestehenden Rechtspflicht zur Voraussetzung hat.

3. Die Ergebnisse der herrschenden Lehre

Die herrschende Lehre gelangt also zu folgenden Ergebnissen: Die Amtspflichten der Organwalter sind mit den durch Verwaltungsrechtssatz begründeten Rechtspflichten der juristischen Personen des öffentlichen Rechts im Außenverhältnis nicht identisch noch notwendigerweise inhaltsgleich. Eine Amtshandlung kann einmal amtspflichtwidrig sein, ohne daß ein Verstoß gegen eine im Außenverhältnis bestehende Rechtspflicht des Hoheitssubjekts vorliegt. Umgekehrt kann aber auch eine gegenüber dem Gewaltunterworfenen rechtswidrige Maßnahme amtspflichtgemäßes Organwalterhandeln sein. Staatsunrecht und Organwalterunrecht decken sich also nicht unbedingt, so daß die geltende Amtshaftung nach herrschender Auffassung nicht einmal mittelbar oder indirekt in allen Fällen des Staatsunrechts eingreift — sie andererseits aber auch eine Haftung ohne Rechtswidrigkeit begründet.

4. Kritik an der Konstruktion der Amtspflichten des § 839 BGB als Innenpflichten des Organwalters

Die Annahme der herrschenden Lehre, bei den Amtspflichten des geltenden Staats- und Amtshaftungsrechts handele es sich um Innenpflichten der Organwalter, läßt sich weder mit der Konstruktion der Staatshaftung als Schuldübernahme rechtfertigen, noch ist sie mit dem Gesetz vereinbar.

---

[27] Menger, VerwArch. Bd. 51 (1960), S. 72 f.; kritisch auch Arndt, DVBl. 1959, 624 ff.

Auch wenn man davon ausgeht, das Amtshaftungsrecht normiere eine Haftung des Staates für Amtswalterunrecht, es knüpfe an Eigenpflichten des Organwalters an und begründe deshalb eine Haftung des Staates für fremdes Unrecht und fremde Schuld, so folgt daraus nicht, daß die Amtspflichten des Organwalters interne und nicht externe seien. Das Gegenteil steht im Gesetz. Sowohl § 839 BGB als auch Art. 34 GG verlangen ausdrücklich die Verletzung einer dem Amtsträger „einem Dritten gegenüber obliegenden" Amtspflicht, also eine Pflichtwidrigkeit nicht seinem Hoheitsträger, sondern Dritten gegenüber. Abgesehen von diesem eindeutigen Wortlaut der Amtshaftungsvorschriften kann als Haftungsgrund einer Schadensersatzverpflichtung gegenüber Dritten sinnvollerweise nur die Verletzung solcher Pflichten in Frage kommen, die diesen Dritten gegenüber bestehen. Wie alle anderen Tatbestände der unerlaubten Handlung setzt auch die Amtspflichtverletzung einen Verstoß gegen objektives Recht, das heißt gegen Sätze des „Außenrechts" voraus. Eine *Außen*haftung des Amtsträgers wegen *Innen*pflichtverletzung stünde ferner in vollem Widerspruch zum privaten Haftungsrecht: So wenig dort eine bloße Vertragswidrigkeit für § 831 BGB genügt, so wenig ist die bloße Dienstpflichtwidrigkeit für § 839 BGB ausreichend[28]. Ebenso wie im privatrechtlichen Vertragsverhältnis der Schuldner bei Einschaltung eines Erfüllungsgehilfen dem Gläubiger gegenüber nur haftet, wenn durch den Erfüllungsgehilfen seine (Außen-)Pflichten gegenüber dem Gläubiger verletzt werden und nicht schon, wenn der Gehilfe internen Weisungen seines Geschäftsherrn zuwiderhandelt, so kann es auch für die öffentlich-rechtliche Außenhaftung gegenüber dem Bürger nicht auf das Innenverhältnis zwischen Amts- und Hoheitsträger ankommen.

Die Amtspflichten der Organwalter, an die das Staatshaftungsrecht nach der herrschenden Schuldübernahmetheorie anknüpft, sind also Außenpflichten der Amtsträger. Sie werden inhaltlich bestimmt ausschließlich durch die Rechtspflichten des Staates, sie sind Reflexe der Staatspflichten. Staatsunrecht und Organwalterunrecht decken sich also. Das Amtshaftungsrecht sanktioniert damit auch auf der Grundlage der Schuldübernahmetheorie — wenn auch nur mittelbar oder sekundär — *jedes* Staatsunrecht einschließlich der Forderungsverletzung. Andererseits kommt eine Amtshaftung ohne Rechtswidrigkeit gegenüber dem geschädigten Bürger, also bei bloßer Dienstpflichtwidrigkeit des Organhandelns, nicht in Frage.

---

[28] Bettermann, Grundrechte III/2, S. 841.

II. Die Amtshaftung als ausschließliche D e l i k t s haftung

Als zweites Argument *für* die entsprechende Anwendung des bürgerlichen Rechts der Forderungsverletzung neben dem Amtshaftungsrecht wird vorgebracht, die Amtshaftung sei Deliktshaftung, folglich entspreche es immerhin dem im Privatrecht geltenden Haftungssystem, neben dieser Deliktshaftung bei Verletzung einer öffentlich-rechtlichen Forderung einen selbständigen, aus dem öffentlich-rechtlichen Schuldverhältnis sich ergebenden Schadensersatzanspruch anzuerkennen[29].

Auf der Grundlage der herrschenden Lehre, Art. 34 GG vollziehe eine Übernahme der Beamtenhaftung auf den Staat, ist der Amtshaftungsanspruch zweifellos ein Deliktsanspruch, weil der befreiende Schuldübergang die deliktische Natur des primär gegen den Amtswalter gerichteten Schadensersatzanspruchs nicht zu verändern vermag[30]. Der gegen den Beamten gemäß § 839 BGB selbst begründete Anspruch ist aber aus folgendem Grunde stets ein Deliktsanspruch, kein (sekundärer) Schadensersatzanspruch wegen Verletzung einer (primären) Erfüllungs- oder Leistungspflicht — auch dann nicht, wenn die schädigende Handlung des Amtsträgers in der Verletzung eines öffentlich-rechtlichen Schuldverhältnisses zu erblicken ist: Die Amtspflichten der Organwalter im Sinne des § 839 BGB sind — obgleich „Außenpflichten" und trotz inhaltlicher Übereinstimmung — begrifflich von den Rechtspflichten zu unterscheiden, die dem Staat dem Bürger gegenüber obliegen. Es sind niemals die Amtspflichten, die mit den subjektiven öffentlichen Rechten des Bürgers korrespondieren. Passiv legitimiert für das subjektive öffentliche Recht ist im Außenverhältnis immer der Staat oder eine sonstige juristische Person des öffentlichen Rechts[31]. Speziell für die Problematik der Forderungsverletzung heißt das, daß Pflicht- und Rechtssubjekt eines öffentlich-rechtlichen Schuldverhältnisses mit Dritten, also Gläubiger oder Schuldner, immer nur die juristische Person des öffentlichen Rechts, niemals der Organwalter ist. Da nicht der Amtsträger der Schuldner öffentlich-rechtlicher Erfüllungsansprüche Dritter ist, kann er nicht aus (schuldhafter) Forderungsverletzung haften. Soweit er persönlich nach positivem Recht

---

[29] Siehe die in Anm. 5 Genannten.
[30] Wertenbruch JuS 1963, 180 (182); siehe auch OVG Hamburg DVBl. 1960, 745 (746); BayVGH BayVwBl. 1961, 90 (91). Wobei man nur noch zweifeln kann, ob bei dieser Konstruktion der Amtshaftungsanspruch privatrechtlicher oder öffentlich-rechtlicher Natur ist, s. dazu Heidenhain, S. 43 Anm. 54; Wertenbruch, JuS 1963, 183.
[31] Siehe oben Anm. 11 bis 13.

dem Bürger gegenüber zum Schadensersatz verpflichtet ist, kann das immer nur eine *deliktische* Haftung sein[32].

Das Argument einer im privatrechtlichen Haftungssystem möglichen Anspruchskonkurrenz zwischen vertraglichen und deliktischen Schadensersatzansprüchen ist aber aus folgendem Grunde bedenklich: Auf der Grundlage der herrschenden Konzeption ist das Amtshaftungsrecht zwar eine Norm des Deliktsrechts, aber es sanktioniert Delikte der *Amtsträger*, nicht der juristischen Person des öffentlichen Rechts. Ein Amtspflichtverstoß im Sinne des § 839 BGB, also ein Organwalterdelikt, liegt aber nicht nur dann vor, wenn der Amtsträger allgemeine oder absolute, also „deliktische" Pflichten des Staates, sondern auch wenn er besondere oder relative, d. h. vertragliche[33] oder sonstige mit einem öffentlich-rechtlichen Forderungsrecht eines Gewaltunterworfenen korrespondierende Rechtspflichten der betreffenden juristischen Person verletzt. Soweit also das Amtshaftungsrecht mittelbar oder indirekt Staatsunrecht sanktioniert, ist die Haftung gerade nicht auf *deliktisches* Staatsunrecht beschränkt, sondern erfaßt in gleicher Weise auch die öffentlich-rechtliche Vertrags- oder sonstige Forderungsverletzung eines Trägers öffentlicher Gewalt, obgleich jede Art der Rechtspflichtverletzung, die Verletzung absoluter genauso wie die relativer (Außen-)Pflichten des Trägers öffentlicher Gewalt, in der Person des *Organwalters* gegenüber Dritten deliktisches Unrecht ist.

B. Das Verhältnis der Amtshaftung als einer unmittelbaren Staatshaftung zur öffentlich-rechtlichen Forderungsverletzung

Das Verhältnis von öffentlich-rechtlicher Forderungsverletzung und Amtshaftungsrecht ist ein grundlegend anderes, wenn man die geltende Staatshaftung nicht als sekundäre, übernommene oder „weitergeleitete" Haftung des Staates für Amtswalterunrecht und damit für fremdes Verschulden, sondern entsprechend den §§ 31, 89 BGB als primäre und unmittelbare Haftung des Staates oder der sonstigen juristischen Personen des öffentlichen Rechts für eigenes Unrecht und für eigenes = Organverschulden versteht[34]. Sollte Art. 34 GG eine derartige Eigenhaftung normieren, dann wäre diese Staatshaftung — das sei hier vorgreifend festgestellt — nicht

---
[32] Siehe auch oben Kap. 1 E vor I.
[33] Unrichtig Schwär, S. 34 f., 37.
[34] Nachweise in Anm. 8 Abs. 2.

beschränkt auf „deliktisches" (Staats-)Unrecht[35], also auf rechtswidrige Eingriffe in die Rechte des status negativus eines Gewaltunterworfenen, auf die Verletzung absoluter oder allgemeiner Pflichten eines Trägers öffentlicher Gewalt. Art. 34 GG wäre nicht nur Deliktsnorm, er wäre dann zugleich Haftungsnorm für schuldhafte öffentlich-rechtliche Forderungsverletzung. Er würde dann in gleicher Weise die Schadensersatzpflicht eines Trägers öffentlicher Gewalt wegen Verletzung einer ihm, dem Hoheitsträger, obliegenden relativen oder besonderen Rechtspflicht, also wegen Verletzung gesetzlich wie vertraglich begründeter öffentlich-rechtlicher Schuldverhältnisse begründen. Von einer die sinngemäße Anwendung des allgemeinen Schuldrechts rechtfertigenden Lücke im öffentlichen Ersatzleistungsrecht für den Fall der Forderungsverletzung könnte dann — soweit es um die von einem Träger öffentlicher Gewalt zu vertretende Forderungsverletzung und soweit es um die Leistung von Schadensersatz und nicht um sonstige Rechtsfolgen der Leistungsstörung geht — nicht mehr die Rede sein.

I. Die Problematik bei der „Umdeutung" der geltenden Amtshaftung in eine unmittelbare Staatshaftung

Eine Konzeption der geltenden Amtshaftung als Erscheinungsform der Verbandshaftung, als unmittelbare oder orginäre Haftung des Staates und die Annahme, Art. 34 GG sei dementsprechend nichts anderes als das „publizistische Gegenstück zu §§ 31, 89 BGB"[36], ist nicht unproblematisch. Es ist insbesondere nicht ausreichend, auf die unbestreitbar zutreffende Tatsache hinzuweisen, daß (auch) bei Amtspflichtverletzungen im Sinne der Amtshaftungsvorschriften der Amtsträger nicht als Privatperson, also nicht im eigenen Namen und nicht im eigenen Rechtskreis, sondern namens und im Rechtskreis der juristischen Person des öffentlichen Rechts handelt, deren Funktionen er organschaftlich wahrnimmt. Es genügt nicht zu sagen, daß entsprechend dem Grundsatz der Organtheorie von der Handlungsfähigkeit juristischer Personen durch ihre Organe das Amtsdelikt stets Delikt derjenigen juristischen Person des öffentlichen Rechts ist, in deren Namen es verübt wurde, daß in anderen Worten jeder Körperschaft, die nur durch Organe im Rechtsverkehr wirksam werden kann, die Organhandlungen als *eigene* zugerechnet werden und sie deshalb genauso wie die rechtsgeschäftlichen auch die deliktischen Folgen des Organhandelns

---

[35] Ebenso Wertenbruch, JuS 1963, 180 (183).
[36] Bettermann, Grundrechte III/2, S. 831; ebenso JZ 1961, 482 unter II.

treffen müssen. Denn es ist auf der anderen Seite zu berücksichtigen, daß jedenfalls nach dem Wortlaut der Amtshaftungsbestimmungen Voraussetzung einer Staatshaftung die Verletzung der dem Organwalter persönlich obliegenden *Amts*pflicht und nicht der dem Staat im Außenverhältnis obliegenden Rechtspflicht ist, die mit der gleichfalls externen Organwalterpflicht wenn auch inhaltsgleich, so doch nicht identisch ist. Eine Staatshaftung aber, die die Verletzung einer Organwalterpflicht zur Voraussetzung hat, ist keine *Eigen*haftung des Staates im Sinne einer Haftung für Staatsunrecht, sondern stets Haftung für fremdes, weil Amtsträgerunrecht[37]. Speziell für den Fall öffentlich-rechtlicher Forderungsverletzung heißt das: Der Staatshaftungsanspruch ist, wenn er an die Verletzung von Amtspflichten anknüpft, niemals ein dem Ersatzanspruch aus §§ 280, 286 BGB entsprechender sekundärer Schadensersatzanspruch wegen Verletzung des primären Forderungsrechts, kein „umgewandelter Erfüllungsanspruch". Denn es sind — um es zu wiederholen — niemals die Amtspflichten der Organwalter, die mit den Forderungsrechten Dritter korrespondieren. Pflicht- ebenso wie Rechtssubjekt im Rahmen öffentlich-rechtlicher Schuldverhältnisse ist der Staat oder die sonstige juristische Person, niemals der Organwalter[38].

Die hier angesprochene Problematik läßt sich noch in anderer Weise umschreiben: Die Annahme, Art. 34 GG sei eine den §§ 31, 89 BGB entsprechende *Zurechnungs*norm, reicht nicht aus, um die geltende Amtshaftung als Verbands- oder Eigenhaftung zu begründen. Denn es fehlt der Nachweis der dazu gehörenden, für die juristische Person des öffentlichen Rechts geltenden *Haftungs*norm. Die Haftung juristischer Personen des öffentlichen Rechts für Organverschulden im *Privat*rechtsbereich beruht auf dem Zusammenwirken der Zurechnungsnormen der §§ 31, 89 BGB mit den *allgemeinen Haftungs*normen des Deliktsrechts, nach verbreiteter Meinung auch des Vertragsrechts[39]. § 839 BGB kommt aber als

---

[37] Deshalb ist der im Referentenentwurf eines Gesetzes zur Änderung und Ergänzung schadensersatzrechtlicher Vorschriften eingeschlagene Weg, eine unmittelbare Staatshaftung zu begründen, ganz ungeeignet. Denn der Entwurf knüpft in § 839 Abs. 1 n. F. weiterhin an die *Amtspflichten* des Amtsträgers an und meint eine unmittelbare Staatshaftung allein dadurch zu begründen, daß er an die Stelle der in Art. 34 GG gebrauchten Worte „trifft die Verantwortlichkeit" die Formulierung setzt: „... hat der Staat ... den ... Schaden zu ersetzen". Unrichtig daher auch Hinke, DVBl. 1967, 641/42.

[38] Vgl. oben Anm. 11.

[39] Nachweise in Fußnote 2 Abs. 1 der Einführung. Siehe aber auch unten Kap. 4, D I 1.

Haftungsnorm im Bereich der §§ 31, 89 BGB nicht in Frage[40], d. h. das in § 839 BGB normierte Beamten-Sonderdelikt wird niemals über die Zurechnungsnorm der §§ 31, 89 zum (privatrechtlichen) Delikt der juristischen Person des öffentlichen Rechts. Ein solches liegt nur dann vor, wenn der Amtsträger neben dem Organwalter-Sonderdelikt des § 839 BGB zugleich allgemeine und deshalb auch der juristischen Person zurechenbare Deliktstatbestände erfüllt.

Diese für das Privatrecht ganz unbestrittene Erkenntnis muß auch für das öffentliche Recht gelten: Versteht man Art. 34 GG als eine den §§ 31, 89 BGB für den Bereich des öffentlichen Rechts entsprechende Zurechnungsnorm, so kann doch § 839 BGB nicht die notwendige *Haftungs*norm darstellen, weil er mit der Anknüpfung an die Amtspflichtverletzung spezielles Organwalterunrecht und ein spezielles Beamtendelikt normiert, das demgemäß nur dem Amtsträger selbst, nicht aber dem Staat über die Zurechnungsnorm des Art. 34 GG als eigenes Delikt zugerechnet werden kann[41].

II. Art. 34 GG als Haftungs- oder Anspruchsnorm

Es bereitet aber keine unüberwindlichen Schwierigkeiten, in Art. 34 GG eine selbständige Staats*haftungs*norm verankert zu sehen, womit allerdings die Annahme, Art. 34 GG sei das öffentlich-rechtliche Gegenstück zu den §§ 31, 89 BGB, insoweit nicht mehr zutrifft, als dann in Art. 34 GG, anders als in den §§ 31, 89 BGB, Zurechnungs- und Haftungsnorm zusammengefaßt sind.

Daß Art. 34 GG selbst Anspruchsnorm ist, geht einmal schon aus dessen Satz 3 hervor, der vom „Anspruch auf Schadensersatz" spricht und damit deutlich macht, daß die „Verantwortlichkeit" des Satzes 1 als „Schadensersatzpflicht" zu verstehen ist.

Die Annahme, Art. 34 GG enthalte eine selbständige Haftungsnorm, er begründe also eine direkte oder unmittelbare Staatshaftung für Staatsunrecht, gründet sich aber auch auf folgende Überlegungen: Es ist wiederholt dargelegt worden, daß im Außenrechtsverhältnis des Staates oder eines sonstigen Hoheitssubjekts zu dritten Personen nicht der Amtswalter, sondern die juristische Person, deren Auf-

---

[40] RGZ 131, 239 (249/50); 148, 286 (292); 78, 325 (329); Siebert in Soergel-Siebert, § 89 Rdn. 56; Erman-Westermann, § 89 Anm. 1; Weimar, JR 1959, 334 (335).
[41] Unrichtig insoweit Heydt, JR 1967, 169 (170): „Art. 34 GG ist aber ebensowenig selbständige Anspruchsnorm wie etwa § 31 BGB. Hier wie dort bedarf es der inhaltlichen Ausfüllung dieser Zurechnungsnormen, wie das durch § 839 BGB bzw. § 823 BGB geschieht."

gaben und Befugnisse der Organwalter wahrnimmt, Träger von Rechten und Pflichten ist. Unmittelbare oder direkte Staatsunrechtshaftung heißt also Haftung wegen Verletzung dieser dem Staat obliegenden Außenrechtspflichten[42]. Die Amtshaftungskonzeption der herrschenden Lehre führt dagegen dazu, daß die Verletzung öffentlich-rechtlicher (Außen-)Pflichten eines Hoheitsträgers von der Rechtsordnung nicht — unmittelbar — mit einer Schadensersatzpflicht des Hoheitsträgers sanktioniert ist. Es entspricht aber — und das ist in der Rechtsprechung, insbesondere der des Bundesverwaltungsgerichts und des Bundesgerichtshofs, immer wieder ausgesprochen worden[43] — einem allgemeinen, dem privaten wie dem öffentlichen Recht angehörenden Grundsatz der deutschen Rechtsordnung, daß die schuldhafte Verletzung von Rechtspflichten bzw. der ihnen entsprechenden subjektiven Rechte des Gläubigers Schadensersatzpflichten und -ansprüche begründet, daß sich primäre Forderungsrechte im Falle der Nichterfüllung in — sekundäre — Schadensersatzansprüche umwandeln. Es würde „im Bereich der geltenden Rechtsordnung eine Besonderheit darstellen" — heißt es in BVerwGE 13, 23 —, „wenn ein klagbarer Erfüllungsanspruch nicht der Umwandlung in einen Schadensersatzanspruch fähig wäre".

Diese — richtige — Feststellung dient der Rechtsprechung und Lehre zwar zur Begründung der — im Ergebnis allerdings recht willkürlich eingegrenzten — Anwendung des Haftungsrechts des bürgerlichen Schuldrechts als Ausdruck eines allgemeinen Rechtsgedankens auf öffentlich-rechtliche Verhältnisse. Aber abgesehen davon, daß mit diesem Satz noch lange nicht bewiesen ist, daß die im und für das Privatrecht als Konkretisierung des bezeichneten allgemeinen Rechtsgrundsatzes normierten *Einzel*regelungen der Forderungsverletzung und Leistungsstörung auch im öffentlichen Recht zu gelten haben, ist die Feststellung jenes allgemeinen Rechtsgrundsatzes in erster Linie für eine seiner Geltung auch im öffentlichen Recht Rechnung tragende Interpretation des Art. 34 GG als der ausdrücklich normierten Unrechtshaftung des öffentlichen Rechts heranzuziehen.

Das Prinzip unmittelbarer Staatshaftung, also die Haftung des Staates oder eines sonstigen Trägers öffentlicher Gewalt wegen Verletzung der ihm im Außenverhältnis obliegenden Rechtspflichten und die Bestimmung der Rechtswidrigkeit einer Amtshandlung

---

[42] Vgl. Rupp, Grundfragen, S. 36/37; Bartlsperger, NJW 1968, 1700/01, 1703.
[43] BVerwGE 13, 17 (22/23); DVBl. 1963, 677 (678); BGHZ 43, 178 (184 f.); OVG Koblenz, DÖV 1965, 55 = DVBl. 1964, 773.

allein aus dieser Pflichtrelation, gilt darüber hinaus für das gesamte (sonstige) öffentliche Recht[44]. So ist für den der Anfechtungsklage zugrunde liegenden Aufhebungsanspruch eines Gewaltunterworfenen nicht maßgeblich, ob der Organwalter amtspflichtwidrig, sondern ob er mit dem Erlaß des Verwaltungsaktes gegen eine (Außen-) Rechtspflicht des betreffenden Trägers öffentlicher Gewalt verstoßen hat[45]. Gleiches gilt für die — übrigen — Fälle der Folgenbeseitigungspflicht. Auch die von der Rechtsprechung unter dem Gesichtspunkt des enteignungsgleichen Eingriffs aus Art. 14 GG entwickelte Unrechtshaftung ist eine Eigen- oder direkte Haftung des Trägers öffentlicher Gewalt[46].

Gelöst vom herkömmlichen Verständnis der Amtshaftung als einer Haftung wegen Verletzung der dem Organwalter obliegenden *Amts*pflichten und nicht der für den Staat im Außenverhältnis bestehenden *Rechts*pflichten hat sich offenbar auch der Gesetzgeber des § 40 Abs. 2 S. 1 VwGO. Denn in Abweichung von den bisher für die Staatshaftung gängigen Formeln ist dort von den Schadensersatzansprüchen „aus der Verletzung öffentlich-rechtlicher Pflichten" die Rede, womit — nicht ausschließlich, aber doch in allererster Linie — die Amtshaftungsansprüche gemeint sind[47].

III. Art. 34 GG als umfassende, Forderungsverletzung und unerlaubte Handlung gleichermaßen erfassende Haftungsnorm

Wenn auch § 839 BGB nicht Anspruchs- oder Haftungsnorm einer unmittelbaren Staatshaftung sein kann, so ist er doch zum Zwecke einer system- und gesetzesimmanenten Bestimmung der Staatshaftungsnorm heranzuziehen. Das bedeutet insbesondere zweierlei: Erstens setzt auch die aus Art. 34 GG abgeleitete unmittelbare Staatshaftung entgegen der in der Literatur wiederholt aus der Interpretation der Amtshaftung als unmittelbarer Staatshaftung gezogenen Schlußfolgerung auf eine Verschuldensunabhängigkeit der Haftung[48] ein Verschulden des Organwalters voraus.

Aber für den vorliegenden Zusammenhang ist eine andere — im Ergebnis bereits dargelegte — Konsequenz viel bedeutsamer: Die

---
[44] Bartlsperger, NJW 1968, 1701.
[45] Vgl. auch Rupp, Grundfragen, S. 38.
[46] Heidenhein, S. 154 ff.; Rupp, Grundfragen, S. 37; BGHZ—GS—13, 88 (104).
[47] Siehe Eyermann-Fröhler, § 40 VwGO, Rdnr. 80 und 95; Redeker-von Oertzen, § 40 VwGO, Rdnr. 25 und 26; Lerche, Staatsbürger, Bd. II, S. 69 f.
[48] Haas, System, S. 60 u. 63 ff.; W. Jellinek, JZ 1955, 147 (149); Menger, Gedächtnisschrift für W. Jellinek, S. 350; Bartlsperger, NJW 1968, 1697, insbes. S. 1700/3.

3. Kap.: Amtshaftung wegen Forderungsverletzung

auf Grund des Art. 34 GG bestehende unmittelbare Staatshaftung ist — unter dem Gesichtspunkt der im privatrechtlichen Unrechtshaftungssystem geltenden grundlegenden Teilung in Delikt und Forderungsverletzung — nicht allein Haftung für Delikt, sondern sie ist in gleicher Weise Haftungsgrundlage öffentlich-rechtlicher, von einem Träger öffentlicher Gewalt zu vertretender Vertrags- oder sonstiger Forderungsverletzungen[49].

Die Amtspflichten der Organwalter, deren Verletzung nach dem überkommenen Verständnis die Amtshaftung auslöst, werden — wie bereits ausgeführt — durch die (Außen-)Rechtspflichten des betreffenden Hoheitsträgers inhaltlich in der Weise bestimmt, daß es Amtspflicht des Organwalters ist, für die juristische Person des öffentlichen Rechts so tätig zu werden, wie es den dem Hoheitsträger im Außenverhältnis obliegenden Rechtspflichten entspricht[50]. Die Verletzung einer Außenrechtspflicht führt also auch nach dem überkommenen „zweistufigen"[51] Aufbau der Amtshaftung — mittelbar über die Amtspflichtverletzung und die Beamtenhaftung — zur Staatshaftung. Für die inhaltliche Bestimmung der Amtspflichten des Organwalters im Sinne des § 839 BGB ist es nicht nur unerheblich, ob die zugrunde liegenden und den Inhalt der Amtspflichten bestimmenden Rechtspflichten *allgemeine* Unterlassungs- und Nichtstörungspflichten oder *besondere* und relative, mit einem Forderungsrecht des Gewaltunterworfenen korrespondierende Rechtspflichten sind[52]. Gleichgültig ist es auch, ob die relativen Pflichten des Trägers öffentlicher Gewalt durch Rechtssatz oder durch Rechtsgeschäft begründet sind[53]. Für die nach überkommenem Verständnis gemäß Art. 34 GG, § 839 BGB bestehende mittelbare, von § 839 BGB als Anspruchs- oder Haftungsnorm ausgehende Staatshaftung ist also der Unterschied zwischen deliktischem einerseits und dem Vertragsunrecht bzw. sonstiger Forderungsverletzung eines Hoheitsträgers andererseits ganz unmaßgeblich. Diese dem § 839 BGB zugrunde liegende Entscheidung des

---

[49] Siehe auch Wertenbruch, JuS 1963, 180 (183). Das BVerwG (E 14,1, 4/5) hält die entsprechende Anwendung der §§ 284 ff., insb. des § 288 Abs. 1 BGB im Rahmen des Amtshaftungsrechts für möglich und bemerkt: „Hieran wird auch dadurch nichts geändert, daß die Verzugszinsen im Rahmen der allgemeinen Vorschriften über die Schuldverhältnisse und die Amtshaftung im Abschnitt „Unerlaubte Handlung" geregelt sind, da das Amtshaftungsrecht schon lange über den Rahmen der unerlaubten Handlung im Sinne des BGB herausgewachsen ist."
[50] Siehe auch Rupp, Grundfragen, S. 54
[51] Weyreuther, Gutachten, S. 53.
[52] Siehe auch Bachof, DÖV 1952, 310: „839 BGB begnügt sich mit der Verletzung einer Verpflichtungsnorm, die Verletzung einer Ermächtigungsnorm wird nicht verlangt."
[53] Unrichtig daher Schwär, S. 34 f., 37.

Gesetzes ist zu berücksichtigen, wenn der zweistufige Aufbau der Amtshaftung aufgegeben und unmittelbar, d. h. nicht mehr über den Umweg der Amtspflichtverletzung, an die Verletzung der Außenrechtspflicht angeknüpft und damit eine direkte oder eigentliche Staatsunrechtshaftung angenommen wird.

Damit besteht insoweit Übereinstimmung zwischen der staatlichen deutschen Unrechtshaftung eines Trägers öffentlicher Gewalt und der Unrechtshaftung auf einem weiteren Gebiet des öffentlichen Rechts: dem Völkerrecht. Denn genauso wie jede Nichtbefolgung von Völkerrecht einschließlich der Vertragsverletzung ein dieselben Rechtsfolgen nach sich ziehendes Völkerrechts„delikt" ist[54], so ist auch für die Anwendung der öffentlich-rechtlichen Staatshaftungsnorm des Art. 34 GG der Unterschied zwischen der Verletzung absoluter und der relativer Rechte sowie der — damit nicht identische — Gegensatz von Gesetzesverletzung und Vertragsverletzung unerheblich.

C. Die Amtshaftung als „Mindesthaftung" des Hoheitsträgers bei öffentlich-rechtlichen Forderungsverletzungen?

I. Die Haftungsverschärfung als Sinn und Zweck der Amtshaftung

Mit der Feststellung, daß die Staatshaftungsnorm des Art. 34 GG tatbestandlich nicht nur den deliktischen Eingriff eines Trägers öffentlicher Gewalt, sondern genauso die öffentlich-rechtliche Forderungsverletzung erfaßt, ist allerdings die Frage der entsprechenden Anwendung des Haftungsrechts des allgemeinen Schuldrechts noch nicht abschließend entschieden. Denn diesem dogmatisch-begrifflichen Argument für eine abschließende und ausschließliche Regelung der Staatsunrechtshaftung durch Art. 34 GG könnte folgende Überlegung entgegengesetzt werden: Ihr Ansatzpunkt ist der von der Rechtsprechung und Lehre für die Beschränkung der Staatshaftung des Art. 34 GG auf den hoheitlichen und gegen die Anwendung im fiskalischen Bereich angeführte Grund: Bei hoheitlicher Tätigkeit, bei Ausübung öffentlicher Gewalt habe der Staat (oder ein sonstiger Hoheitsträger) eine größere Schädigungsmöglichkeit als ein Privatrechtssubjekt oder als der Staat (bzw. der sonstige Hoheitsträger) bei fiskalischer Tätigkeit. Wegen der weiterreichenden

---

[54] Wengler, S. 503/04; von Münch, Das völkerrechtliche Delikt, S. 13; Berber, Bd. III, S. 4.

Machtbefugnisse bei hoheitlicher Tätigkeit und der daraus folgenden verstärkten Schädigungsgefahr begründe Art. 34 GG eine gegenüber dem privatrechtlichen Schadensersatzrecht verschärfte Haftung des Trägers öffentlicher Gewalt[55]. Eine Haftungserweiterung bedeutet das Staatshaftungsrecht aber nur in bezug auf die privatrechtliche *Delikts*haftung. Die Erweiterung gegenüber der allgemeinen Deliktshaftung besteht darin, daß das Amtshaftungsrecht auch das Vermögen als solches schützt, daß jeder einen Schaden verursachende Rechtspflichtverstoß ausreicht und daß die Verletzung eines absoluten Rechts oder Rechtsguts sowie eines Schutzgesetzes wie im allgemeinen Deliktsrecht nicht erforderlich ist. Eine Erweiterung besteht ferner hinsichtlich der Zurechnung fremden Verschuldens. Nicht nur für Delikte ihrer Organe im engeren Sinne, sondern für die eines jeden ihrer Funktionäre haftet die juristische Person des öffentlichen Rechts gemäß Art. 34 GG[56], während im Privatrecht außerhalb der Organhaftung der §§ 31, 89 BGB im Falle des Gehilfenunrechts für den Geschäftsherrn die Möglichkeit der Exkulpation gemäß § 831 BGB besteht[57].

Im Verhältnis zur privatrechtlichen Vertragshaftung kann dagegen von einer Haftungserweiterung durch Art. 34 GG nicht die Rede sein. Sowohl hinsichtlich der Haftungsvoraussetzungen — auch nach allgemeinem Schuldrecht besteht über die im Gesetz ausdrücklich geregelten Fälle der Unmöglichkeit und des Verzuges hinaus eine umfassende Haftung wegen Forderungsverletzung — als auch hinsichtlich der Zurechnung des Fremdverschuldens, § 278 BGB, trifft das private Recht der Forderungsverletzung eine dem Staatshaftungsrecht mindestens gleichwertige Regelung. Darüber hinaus scheint aber der Gläubiger im Falle öffentlich-rechtlicher Forderungsverletzung bei (ausschließlicher) Anwendung des Staatshaftungsrechts sogar schlechter gestellt zu sein als ein Gläubiger nach privatem Schuldrecht, und zwar nicht nur wegen der Einschränkungen der Haftung in § 839 Abs. 1 Satz 2 und Abs. 3 BGB und wegen des Ausschlusses der Naturalrestitution[58], sondern auch deshalb, weil die gesetzliche Ausgestaltung der Amtshaftung, insbesondere hinsichtlich der Verjährung und der Beweislastverteilung, scheinbar einschränkungslos, d. h. auch wenn Haftungsgrund die Verletzung einer öffentlich-rechtlichen Forderung ist, dem privaten *Delikts*recht entspricht.

---

[55] BGHZ 34, 99 (110); Bettermann, JZ 1961, 482; Reinhardt, Gutachten 41. DJT, S. 287 f.; Hinke, DVBl. 1967, 641 (642).
[56] Vgl. zu dieser Ausdehnung im Verhältnis zu den §§ 31, 89 BGB: Bettermann, DÖV 1954, 299 (300); Heydt, JR 1967, 169 (170).
[57] Näheres dazu Kap. 4, D I 1.
[58] Siehe oben Kap. 1, A.

C. Die Amtshaftung als „Mindesthaftung"?

Ist die Annahme der herrschenden Lehre[59] richtig,[60] die Ausschließlichkeit der Staatshaftung bei öffentlich-rechtlicher Forderungsverletzung bedeute im Verhältnis zur privatrechtlichen Schuldnerhaftung eine Schlechterstellung des Gläubigers, so liegt folgender Einwand nahe: Eine Schuldnerhaftung ausschließlich nach Art. 34 GG widerspräche eindeutig dem behaupteten Sinn und Zweck der Amtshaftung, wegen erhöhter Schädigungsmöglichkeit eine verschärfte Haftung des Trägers öffentlicher Gewalt zu begründen. Die Staatshaftungsnorm wirke dann in einem ihrer Zweckrichtung gerade entgegengesetzten Sinne. Es entspreche dagegen dem Sinn und Zweck der Amtshaftung eher, sie im Falle öffentlich-rechtlicher Forderungsverletzung nur als *Mindest*haftung des öffentlichen Gewalthabers anzusehen, die keinesfalls als abschließende Regelung eine weitergehende, dem Privatrecht nur entsprechende oder angeglichene Haftung des Hoheitsträgers im Rahmen öffentlich-rechtlicher Schuldverhältnisse ausschließen könne.

Aber diese Argumentation ist aus folgenden Gründen nicht überzeugend: Einmal ist es schon zweifelhaft, ob eine rechtliche Überlegenheit einer Partei des Rechtsverhältnisses überhaupt eine schärfere Haftung wegen höheren Risikos und wegen verstärkter Schutzbedürftigkeit der anderen Partei zu rechtfertigen vermag. Denn auch im Rahmen privatrechtlicher Gewaltverhältnisse[61] besteht keine Haftungsverschräfung gegenüber der — normalen — Schuldnerhaftung.

Zum anderen ist der Hinweis auf die dem Art. 34 GG angeblich zugrunde liegende Zweckrichtung einer Haftungsverschärfung wegen verstärkter Eingriffs- und Schädigungsmöglichkeiten eines Trägers öffentlicher Gewalt nur dann begründet, wenn die Geltung des Staatshaftungsrechts auf öffentlich-rechtliche Subjektions- oder Subordinationsverhältnisse beschränkt ist[62]. Denn nur im Rahmen allgemeiner und besonderer Gewaltverhältnisse, nicht aber in öffentlich-rechtlichen Koordinationsverhältnissen besteht eine rechtliche Überlegenheit der juristischen Person des öffentlichen Rechts.

Eine Beschränkung des Geltungsbereichs des Art. 34 GG auf öffentlich-rechtliche Subjektionsverhältnisse ist jedenfalls dann un-

---

[59] Nachw. oben Kap. 1, A, Anm. 1 und 2.
[60] Daß diese Annahme der herrschenden Lehre weitgehend unrichtig ist, wird im Anschluß unter II dargelegt.
[61] Siehe dazu oben Kap. 1, J III.
[62] So Bettermann, JZ 1966, 447, siehe dagegen aber JZ 1958, 164; Schwär, S. 35; BGHZ 4, 138 (149, 151/52) mit weiteren Nachweisen aus der Rechtsprechung des Reichsgerichts. Dieser Rechtsprechung zustimmend: Simons, S. 78 Fußn. 5; dagegen Bachof, DÖV 1952, 310/11.

haltbar, wenn man — wie hier — die in Art. 34 GG normierte Staatshaftung als Organ- oder Verbandshaftung und als unmittelbare Haftung des Staates für Staatsunrecht versteht: Soweit es um Art. 34 GG als Zurechnungsnorm geht, handelt es sich um ein der privatrechtlichen Regelung in den §§ 31, 89 BGB weitgehend entsprechendes Institut des öffentlichen Rechts, das auf dem Grundsatz der Organtheorie von der Zurechnung des Organwalterhandelns — einschließlich des rechtswidrigen — an die juristische Person des öffentlichen Rechts als eigenes Handeln beruht. Für eine Beschränkung dieses Rechtsinstituts auf öffentlich-rechtliche Subjektionsverhältnisse besteht schlechterdings kein Anhalt[63].

Entsprechendes gilt aber auch für Art. 34 GG als Haftungsnorm. Denn diese ist oben[64] als Ausfluß oder Konkretisierung des allgemeinen Rechtsgrundsatzes entwickelt worden, daß die Verletzung von Rechtspflichten und der korrespondierenden subjektiven Rechte Dritter grundsätzlich Schadensersatzansprüche und -pflichten begründet, daß sich primäre (Erfüllungs-)Ansprüche bei Nichterfüllung in sekundäre Schadensersatzansprüche umwandeln. Daß dieser Rechtsgrundsatz auch für Koordinationsverhältnisse Geltung hat, das ergibt sich schon daraus, daß er vornehmlich im Privatrecht und damit — wenn auch nicht ausschließlich — für Gleichordnungsverhältnisse gesetzlichen Ausdruck gefunden hat.

Gilt aber die Staatshaftung nach Art. 34 GG auch im Rahmen öffentlich-rechtlicher Koordinationsverhältnisse, dann kann der Sinn und Zweck dieser Haftungsnorm nicht in der Erweiterung oder Verschärfung der Haftung wegen erhöhten Risikos und zum Ausgleich für verstärkte Eingriffs- und Schädigungsmöglichkeiten bestehen. Schon damit ist der These, die Haftung aus Art. 34 GG könne bei öffentlich-rechtlichen Forderungsverletzungen nur als eine Mindesthaftung des Hoheitsträgers angesehen werden, eine wesentliche Grundlage entzogen.

II. Der Wegfall der für die B e a m t e n haftung aus § 839 BGB geltenden Einschränkungen bei der S t a a t s haftung nach Art. 34 GG

Darüber hinaus wird der Satz: bei ausschließlicher Anwendung des Staatshaftungsrechts auf die öffentlich-rechtliche Forderungsverletzung stehe der geschädigte Gläubiger erheblich schlechter als im entsprechenden Fall der privatrechtlichen Forderungsver-

---

[63] Bettermann, JZ 1958, 164.
[64] Unter B II dieses Kapitels.

C. Die Amtshaftung als „Mindesthaftung"?

letzung — also das Hauptargument der herrschenden Lehre *für* eine entsprechende Anwendung des allgemeinen Schuldrechts[65] — unter der hier vertretenen Staatshaftungskonzeption teilweise recht anfechtbar. Begründet Art. 34 GG eine unmittelbare Staatsunrechtshaftung, übernimmt er nicht nur die aus § 839 BGB begründete Beamtenhaftung auf den Staat, dann gelten die für die Beamtenhaftung in § 839 BGB getroffenen Einschränkungen nicht mehr unbedingt und schlechthin für die *Eigen*haftung des Staates. Es ist vielmehr zu prüfen, ob Grund und Zweck der betreffenden Haftungseinschränkungen nicht nur für den Organwalter persönlich, sondern auch für den unmittelbar, d. h. für eigenes Unrecht haftenden Staat oder die sonstige Körperschaft des öffentlichen Rechts Berechtigung und Geltung haben können.

1. Subsidiarität der Staatshaftung, § 839 Abs. 1 Satz 2 BGB?

Das ist für den Subsidiaritätsgrundsatz in § 839 Abs. 1 Satz 2 BGB, wonach der Beamte nur haftet, wenn der Geschädigte auf andere Weise keinen Ersatz zu finden vermag, zu verneinen[66]. Der Grund und der Sinn dieser Regelung ist der Schutz des leistungsschwachen Organwalters. Im Falle der Staatshaftung entfällt dieser Grund, die für die Beamtenhaftung normierte Beschränkung gilt für sie mithin nicht[67].

Eine gewisse Bestätigung findet diese Auffassung in der Entscheidung des Großen Senats des Bundesgerichtshofes in E 13, 88, obgleich im Ergebnis gerade der Bundesgerichtshof die Haftungsbeschränkung des § 839 Abs. 1 Satz 2 BGB auch auf die Haftung des Staates anwendet[68]. „Hierbei fällt ins Gewicht" — heißt es in dieser Entscheidung[69], die sich mit der Frage der entsprechenden Anwendung des § 839 Abs. 1 Satz 2 BGB auf die Haftung aus enteignungsgleichem Eingriff befaßt, wörtlich —, „daß wegen der umfassenden und tiefgreifenden Eingriffsmöglichkeiten, die der Staat in die Rechtssphäre des einzelnen hat, die Haftungstatbestände des § 839 BGB im Vergleich zum allgemeinen Deliktsrecht erheblich erweitert

---

[65] Simons, S. 78/79, 97/98; Koch, S. 36 ff.; Wertenbruch, JuS 1963, 182; Pentz, NJW 1960, 85 f.; Weimar, RiA 1960, 311; vgl. ferner Baur, JZ 1963, 41 (44). Aus der Rechtsprechung insbesondere: BVerwGE 13, 17 (23 ff.); VGH Kassel, DVBl. 1960, 328 (329); BayVGH BayVerwBl. 1961, 90 (91).
[66] Bettermann, DÖV 1954, 299 (304); Verh. 41. DJT II, S. C 93; VVDStRL 21, 242; JZ 1961, 482 (483).
[67] A. A. insbes. BGHZ 13, 88 (104); 42, 176 (181); vgl. ferner Blume, S. 175 ff. mit weiteren Nachweisen.
[68] Siehe insbesondere BGHZ 42, 181.
[69] S. 104.

worden sind. Diese erweiterte Haftung, die die öffentliche Hand für schuldhaftes Verhalten ihrer Beamten *übernommen* hat, kann es auch vom Standpunkt des Geschädigten als zumutbar erscheinen lassen, den Anspruch auf Ersatz des vollen Schadens — im Gegensatz zu dem Anspruch aus der *Eigen*haftung des Staates nach Enteignungs- oder Aufopferungsrecht — von der Erschöpfung anderweitiger Ersatzmöglichkeiten auf privatrechtlicher Ebene abhängig zu machen und auf diese Weise die öffentliche Hand zu entlasten."

Die aus Art. 34 GG begründete unmittelbare Staatshaftung ist aber in gleicher Weise wie die vom Bundesgerichtshof auf der Grundlage des Art. 14 GG und unter dem Gesichtspunkt des enteignungsgleichen Eingriffs entwickelte Unrechtshaftung eine *Eigen*haftung des Staates, nicht nur — nach dieser Entscheidung die Subsidiarität rechtfertigende — Übernahme fremder Verbindlichkeit. Zum anderen entfällt für die hier allein interessierenden Tatbestände der öffentlich-rechtlichen Vertrags- oder sonstigen Forderungsverletzung der Gesichtspunkt einer — gegenüber dem entsprechenden bürgerlichen Schadensersatzrecht bestehenden — Haftungserweiterung durch § 839 BGB, der nach dem Bundesgerichtshof ebenfalls die Subsidiartät der Amtshaftung für den Geschädigten zumutbar und deshalb gerechtfertigt erscheinen lasse. Denn gegenüber dem in Fällen der Forderungsverletzung allein vergleichbaren (privaten) Haftungsrecht des allgemeinen Schuldrechts (§§ 280 ff., 325 f. BGB) bedeutet die Staatshaftung — wie bereits dargelegt — sicherlich keine Haftungserweiterung oder Haftungsverschärfung.

2. Zur Geltung des § 839 Abs. 3 BGB für die Staatshaftung

Nicht so eindeutig zu beantworten ist dagegen die Geltung des Abs. 3 des § 839 BGB für die Staatshaftung. Sieht man den Sinn auch dieser Vorschrift, wonach das in der Nichtergreifung oder falschen Ergreifung von Rechtsmitteln liegende Mitverschulden des Geschädigten im Gegensatz zur allgemeinen Regelung des § 254 BGB unter allen Umständen zum völligen Ausschluß eines Schadensersatzes führt, im Schutz des leistungsschwachen Beamten, dann kann diese Vorschrift entsprechend ihrer ratio auch nur im Falle der Eigenhaftung des Organwalters, nicht aber bei — unmittelbarer oder originärer — Staatshaftung Geltung haben[70]. Die Nichtergreifung von Rechtsmitteln wäre im Hinblick auf die Schadensersatzpflicht des Staates nicht anders wie alle anderen Formen des Mitverschuldens des Geschädigten und nicht anders wie die Regelung bei

---

[70] So Bettermann, DÖV 1954, 304; Verh. 41. DJT II, S. C 93/94; JZ 1961, 482 (483).

privaten Schadensersatzansprüchen gemäß § 254 BGB, d. h. unter Berücksichtigung aller Umstände des Einzelfalls mit der Möglichkeit der Anspruchsminderung und Schadensteilung zu werten.

Aber der Sinn dieser Haftungseinschränkung könnte im Gegensatz zur Regelung des Abs. 1 Satz 2 in § 839 auch ein ganz anderer, gerade für die Haftung des Staates maßgeblicher sein: Die Vorschrift könnte die Funktion haben, eine Subsidiarität der (sekundären) Schadensersatzpflicht im Verhältnis zu den „direkten" Rechtsschutzmitteln zu begründen und den Schadensersatzanspruch bei rechtswidrigem Handeln des Staates der verwaltungsgerichtlichen Klage nachzuordnen[71], um damit den gesetzlichen Vorschriften über das Verfahren der Anfechtungs- und Verpflichtungsklage einschließlich der Fristvorschriften Rechnung zu tragen. § 839 Abs. 3 würde dann in seiner Zweckrichtung der für den Folgenbeseitigungsanspruch anerkanntermaßen geltenden Regelung weitgehend entsprechen, wonach ein Folgenbeseitigungsanspruch ausgeschlossen ist, wenn der Verwaltungsakt, dessen Folgen beseitigt werden sollen, unanfechtbar geworden ist[72].

Gegen ein derartiges Verständnis der Vorschrift des § 839 Abs. 3 BGB spricht aber, daß sie nicht ausschließlich an den objektiven Tatbestand der Nichtdurchführung eines „Rechtsmittel"verfahrens bzw. der Unanfechtbarkeit des Eingriffsaktes anknüpft, sondern ein Verschulden des Geschädigten verlangt. Unter dem Gesichtspunkt der Begründung einer Subsidiarität des öffentlich-rechtlichen Schadensersatzrechts ist aber das Verschulden des Geschädigten hinsichtlich der Nichtdurchführung des vorrangigen Rechtsschutzverfahrens und damit des Eintritts der Unanfechtbarkeit und Verbindlichkeit des Eingriffsakts ein ganz unmaßgebliches Kriterium.

Dagegen spricht ferner, daß der Begriff „Rechtsmittel" in § 839 Abs. 3 BGB allgemein weder im technischen Sinne, wie ihn die Prozeßordnungen gebrauchen, noch überhaupt beschränkt auf (verwaltungsrechtlichen) *Gerichts*schutz, sondern als Rechtsbehelf im weitesten Sinne einschließlich der Dienstaufsichtsbeschwerde und der formlosen Erinnerung verstanden wird[73]. Solange man dem folgt, kann § 839 Abs. 3 BGB gar nicht den Sinn der Abgrenzung zweier Rechtsschutzverfahren mit

---

[71] Luhmann, S. 86 ff., 117 f., 120, 233. Vgl. auch Haas, System, S. 61/62, 66: „Der Gebrauch des Abwehrrechts" sei „zwingende Voraussetzung des Wiedergutmachungsanspruchs". Dazu kritisch Bettermann, Verh. a.a.O., S. C 94; Weyreuther, Gutachten, S. 98.
[72] Bettermann, DÖV 1955, 535; Weyreuther, a.a.O. S. 100; vgl. auch BVerwG DÖV 1968, 421.
[73] BGH WPM 1963, 841; BGHZ 28, 104; BGH WPM 1963, 350; weitere Nachweise bei Palandt-Gramm, § 839 Anm. 9.

dem Ergebnis einer Subsidiarität des Schadensersatzleistungsrechts sowie der Berücksichtigung möglicher Unanfechtbarkeit und Verbindlichkeit des Eingriffsakts haben.

Schließlich ist ein derartiger Grundsatz insbesondere dem Entschädigungsrecht bei enteignungsgleichen Eingriffen, obgleich dieses sich unter der Rechtsprechung des Bundesgerichtshofs weitgehend zu einer unmittelbaren Staatsunrechtshaftung entwickelt hat, ebenfalls unbekannt. Der in der Literatur[74] teilweise aufgestellte allgemeine, d. h. für das gesamte öffentliche Ersatzleistungsrecht geltende, Grundsatz, daß „der Gebrauch des Abwehrrechts" „zwingende Voraussetzung" eines jeden Ersatzanspruchs sei[75], ist mit Recht allgemein abgelehnt worden[76].

Kann aber der Sinn der Haftungsbeschränkung in § 839 Abs. 3 BGB offenbar nur im Schutz des Organwalters gesehen werden, dann bleibt diese Vorschrift für die unmittelbare Staatshaftung außer Betracht.

3. Staatshaftung und Naturalrestitution

Eine weitere — im Gesetz zwar nicht ausdrücklich bestimmte, aber in Rechtsprechung[77] und Lehre[78] bislang nahezu[79] unbestrittene — Einschränkung der Amtshaftung wird im Falle der Konstruktion einer unmittelbaren Staatshaftung problematisch: Die Annahme, die im deutschen Schadensersatzrecht primär geltende Rechtsfolge der Naturalrestitution (§ 249 BGB) gelte für die Amtshaftung dann nicht, wenn die Naturalrestitution — wie regelmäßig bei Verletzung öffentlich-rechtlicher Pflichten — durch Vornahme von Amtshandlungen zu bewirken ist, stützt sich im wesentlichen auf zwei Argumente. Entscheidend für die herrschende Lehre ist einmal die durch Art. 34 Satz 3 GG begründete Zuständigkeit der Zivilgerichte. Würde § 839 BGB einen Anspruch auf Naturalrestitution durch Vornahme oder Rücknahme von Hoheitsakten begründen, so würden die Zivilgerichte unter dem Gesichtspunkt des Schadensersatzes Träger öffentlicher Gewalt zur Vornahme von Amtshandlungen verurteilen und damit in den Zuständig-

---

[74] Haas, System, S. 55 f., 61/62, 66.
[75] Haas, a.a.O. S. 66.
[76] Bettermann, Verh. a.a.O. S. C 94; Weyreuther a.a.O. S. 98/99.
[77] BGH — GZS — 34, 99 (104 ff.). Ebenso schon — wenn auch mit verfehlter Begründung — das RG und die frühere Rspr. des BGH: RGZ 143, 84 (87 f.); 145, 137 (140 f.); 150, 140 (143); 156, 34 (40); 169, 353 (356); BGHZ 4, 302 (311); 5, 102 (103 f.); 14, 222 (229).
[78] Jesch, DÖV 1961, 755 ff.; Rupp, NJW 1961, 811; Soergel-Glaser, § 839 Anm. 27; Bettermann, DÖV 1955, 529; Grundrechte III/2, 844 f.; JZ 1966, 446; DVBl. 1965, 886 (887); Wilfried Müller, S. 21 ff.
[79] A. A. Heydt, JR 1967, 169/70; vgl. auch Wilfried Müller, S. 23 und Rupp, Grundfragen, S. 260.

C. Die Amtshaftung als „Mindesthaftung"?

keitsbereich der Verwaltungsgerichte übergreifen[80]. Von der gesetzlichen Regelung des Rechtsweges, in dem die Schadensersatzansprüche judiziert werden, wird auf die inhaltliche Beschränkung der Ansprüche geschlossen[81].

Der Ausschluß der Naturalrestitution wird aber auch auf die hier abgelehnte Amtshaftungskonstruktion einer gesetzlichen Schuldübernahme, also auf die Annahme gestützt, Art. 34 GG begründe keine unmittelbare Staatshaftung, sondern übernehme nur die aus § 839 BGB begründete Beamtenhaftung auf den Staat. Da das Amtshaftungsrecht von der Eigenhaftung des Beamten ausgehe und Art. 34 GG nur die Passivlegitimation regele, könne auch die Haftung des Staates nur auf das gehen, was der Amtsträger persönlich, d. h. als Privatperson und damit unabhängig von seiner Organwalterstellung, zu leisten vermag[82].

Auf der Grundlage einer unmittelbaren Staatsunrechtshaftung bleibt dagegen für die Beschränkung des Schadensersatzanspruchs auf Geldersatz nur das Argument des Rechtsweges, was — jedenfalls nach dem Wegfall der materiell-rechtlichen Grundlage in der Argumentation der herrschenden Lehre — wenig überzeugt. In Übereinstimmung mit der herrschenden Meinung ist die Rechtswegbestimmung des Art. 34 Satz 3 GG auf jeden Fall restriktiv zu interpretieren, d. h. — nicht anders wie die Rechtswegbestimmungen in Art. 14 Abs. 3 Satz 4 GG und § 40 Abs. 2 Satz 1 VwGO — auf die vermögenswerten, grundsätzlich auf Geld gehenden Ausgleichsansprüche zu beschränken. Art. 34 Satz 3 GG kann nicht dahin verstanden werden, daß er den typischen, in der Verurteilung zur Vornahme bzw. Aufhebung oder Unterlassung von Hoheitsakten bestehenden Zuständigkeitsbereich der Verwaltungsgerichte, also den Kernbereich der Verwaltungsgerichtsbarkeit, unter dem Gesichtspunkt der Schadensersatzleistung durchbrechen oder beseitigen will[83].

---

[80] BGH — GZS — 34, 99 (105 f.); Bettermann, DÖV 1955, 529; JZ 1966, 446; Grundrechte III/2, S. 844 f.; Bachof, Vornahmeklage, S. 130; Bender, JuS 1962, 183; Weyreuther, Gutachten, S. 179. Gegen diese Begründung: Heidenhain, S. 46; Jesch, DÖV 1961, 756; Heydt, JR 1967, 169 (170); Wilfried Müller, S. 22.
[81] Vgl. zur entsprechenden Frage bei den dem § 40 Abs. 2 Satz 1 VwGO unterfallenden Schadensersatzansprüchen: BGH DVBl. 1963, 439 (440); Bettermann, JZ 1966, 446; Weyreuther a.a.O. S. 179/80.
[82] BGHZ 34, 105 f.; BVerwGE 13, 17 (24); Bettermann, DÖV 1955, 529; Heidenhain, S. 46; Klein, DÖV 1952, 285; Obermayer, JuS 1963, 115; Rupp, NJW 1961, 811 u. Grundfragen, S. 260; Weyreuther, Gutachten, S. 179/80; Wilfried Müller, S. 22; gegen diese Begründung — auch vom Ausgangspunkt der herrschenden Lehre einer Schuldübernahme durch Art. 34 GG — Heydt, JR 1967, 169 (170).
[83] Vgl. die entsprechende Argumentation hinsichtlich der in § 40 Abs. 2 Satz 1 VwGO getroffenen Rechtswegbestimmung bei Weyreuther, Gutachten, Seite 180.

Doch diese restriktive Interpretation der an sich regelwidrigen und nur historisch verständlichen Zuweisungsnorm in Art. 34 Satz 3 GG zwingt nicht zur inhaltlichen Beschränkung des — gemäß der hier vertretenen Staatshaftungskonzeption — nach materiellem Recht unbeschränkt begründeten oder begründbaren Schadensersatzanspruchs. Soweit nach materiellem Recht der Schadensersatzanspruch Naturalrestitution durch Vornahme einer Amtshandlung zum Inhalt hat, greift die Rechtsweg-Sonderregelung des Art. 34 Satz 3 GG nicht ein, es bleibt vielmehr bei der kraft der Generalklausel des § 40 Abs. 1 VwGO bestehenden verwaltungsgerichtlichen Zuständigkeit[84].

Die Möglichkeit, auf der Grundlage des Schadensersatzanspruchs aus Art. 34 GG die Aufhebung eines rechtswidrigen Verwaltungsaktes als Naturalrestitution zu verlangen, ist selbstverständlich — nicht anders wie die Herstellung des status quo und die Beseitigung der Beeinträchtigung beim Folgenbeseitigungsanspruch[85] — ausgeschlossen, wenn der Eingriffsakt unanfechtbar und damit verbindlich geworden ist. Gleiches gilt im Falle der Forderungsverletzung durch den Erlaß eines rechtswidrigen Ablehnungsbescheides. Auch hier verliert der Berechtigte infolge der Ausschlußwirkung des Ablehnungsbescheides nach dessen Unanfechtbarkeit das Recht, die Vornahme der Amtshandlung zu verlangen — und zwar nicht nur als (primären) Erfüllungsanspruch, sondern auch als einen auf Naturalrestitution, hier also auf Vornahme der begehrten aber (unanfechtbar) verweigerten Amtshandlung gerichteten Schadensersatzanspruch wegen Nichterfüllung. Der Ausschluß der Naturalrestitution beruht in diesen Fällen auf den gesetzlichen Bestimmungen über die Anfechtungs- und Verpflichtungsklage einschließlich der Fristvorschriften und der daraus folgenden Unanfechtbarkeit von Verwaltungsakten. Gäbe es auf der Grundlage des Art. 34 GG einen allgemeinen, auf Aufhebung rechtswidrig erlassener oder auf Vornahme rechtswidrig verweigerter Verwaltungsakte gerichteten Naturalrestitutionsanspruch, der jederzeit und ohne Durchführung eines besonderen Verfahrens geltend gemacht werden könnte, würden die bezeichneten Vorschriften weitgehend[86] leerlaufen[87].

---

[84] Ebenso Heydt, JR 1967, 169 (171).
[85] Siehe hierzu Bettermann, DÖV 1955, 535/6; Weyreuther, Gutachten, S. 99 ff.; BVerwG DÖV 1968, 421.
[86] Einziges einschränkendes Erfordernis des Schadensersatzanspruchs wäre das Verschulden des Amtsträgers.
[87] Vgl. die entsprechende Argumentation des BVerwG (DÖV 1968, 421) zur Ablehnung eines auch die Folgen eines unanfechtbar gewordenen rechtswidrigen Verwaltungsaktes erfassenden Folgenbeseitigungsanspruchs.

Viertes Kapitel

Ausnahmen von dem Grundsatz ausschließlicher und abschließender Regelung der öffentlich-rechtlichen Forderungsverletzung durch das Staatshaftungsrecht

Der aus den Darlegungen des vorigen Kapitels abzuleitende Grundsatz, daß die öffentlich-rechtliche Forderungsverletzung vom Staatshaftungsrecht erfaßt wird und daß sich die Haftung des hoheitlichen Schuldners im Rahmen öffentlich-rechtlicher Schuldverhältnisse ausschließlich nach der Staatshaftungsnorm des Art. 34 GG bestimmt, erfährt eine Reihe wesentlicher Einschränkungen.

A. Die die Staatshaftungsnorm ergänzende Anwendung schuldrechtlicher Vorschriften

Am Ende des vorangegangenen Kapitels ist festgestellt worden, daß vom Gesetz für die Beamtenhaftung vorgesehene Haftungsbeschränkungen für die Staatshaftung entfallen, weil nach richtiger Ansicht die in Art. 34 GG normierte Haftung eine unmittelbare oder originäre Haftung des Staates für eigenes Unrecht, nicht aber — wie die herrschende Meinung annimmt — bloße (privative) Übernahme der aus § 839 BGB begründeten Organwalterhaftung ist. Im folgenden ist zu untersuchen, inwieweit die Tatsache, daß diese unmittelbare Staatshaftung nicht nur *deliktisches* Unrecht, sondern in gleicher Weise die öffentlich-rechtliche Vertrags- oder sonstige Forderungsverletzung erfaßt, eine ergänzende Anwendung bürgerlichen Schuldrechts rechtfertigt.

I. Die Beweislast hinsichtlich des Verschuldens des Amtsträgers

Hinsichtlich der Beweislast geht die herrschende Meinung[1] — von ihrem Standpunkt aus folgerichtig, Art. 34 GG regele lediglich die Passivlegitimation hinsichtlich des aus § 839 BGB begründeten und des-

---

[1] Einen grundsätzlich anderen Standpunkt vertritt Bettermann, Verhandl. 46. DJT, E 40 f., der nicht nur in der Verschuldensfrage eine dem § 282 BGB entsprechende Beweislastverteilung befürwortet, sondern auch in der Frage der Rechtswidrigkeit eine dem parallelen Verwaltungsprozeß

halb deliktischen Anspruchs — davon aus, daß der Verletzte wie in allen (anderen) Fällen der Deliktshaftung (auch) hinsichtlich des Verschuldens des Täters beweispflichtig ist. Demgegenüber nimmt das private Recht der Forderungsverletzung bezüglich des Verschuldens in § 282 BGB bei Unmöglichkeit, in § 285 bei Verzug und nach überwiegender Meinung[2] auf Grund entsprechender Anwendung der §§ 282, 285 BGB auch bei positiver Forderungsverletzung eine abweichende Beweislastverteilung vor: Der Schuldner hat sich zu exkulpieren, der Gläubiger braucht nicht den Schuldnachweis zu führen. Es fragt sich, ob diese Beweislastregelungen des Privatrechts auf den Staatshaftungsanspruch, soweit dieser nicht einen deliktischen Eingriff, sondern eine öffentlich-rechtliche Vertrags- oder sonstige Forderungsverletzung betrifft, entsprechend anwendbar sind.

Raape hat in seiner grundlegenden Arbeit über die Beweislast bei positiver Vertragsverletzung den entscheidenden Grund dieser Beweislastbestimmungen wie folgt umschrieben[3]:

„... von Bedeutung ist vielmehr, daß eine Pflicht, und zwar einer bestimmten Person gegenüber, also nicht als eine allgemeine, vorhanden ist und diese verletzt wird. Es entspricht dem allgemeinen Gefühl für Recht und Billigkeit, daß, wer eine solche Pflicht nicht innehält und dadurch den anderen schädigt, sich rechtfertigt — nicht deshalb, weil eine Vermutung für sein Verschulden spräche, wohl aber, wer sein Wort nicht hält, seine Pflicht nicht erfüllt, dem dadurch Geschädigten volle Aufklärung schuldig ist."[4]

Ist aber entscheidende Voraussetzung dieser Beweislastregelungen die Verletzung besonderer, einer bestimmten Person gegenüber bestehender, also relativer Rechtspflichten im Gegensatz zur Verletzung allgemeiner oder absoluter, gegenüber jedermann obliegender Rechtspflichten, dann gibt es keine Bedenken gegen die analoge Anwendung dieser Vorschriften auf die Tatbestände der öffentlich-rechtlichen Forderungsverletzung. Denn einmal gilt der Unterschied zwischen relativen und absoluten, besonderen und allgemeinen Rechtspflichten — wie oben näher dargelegt — nicht nur für das Privatrecht, sondern er ist Bestandteil der allgemeinen Rechtslehre. Zum anderen ist die Interessenlage

---

entsprechende Beweislastverteilung annimmt: In der Regel habe die beklagte Behörde den Eingriff zu rechtfertigen und nicht umgekehrt der Bürger die Rechtswidrigkeit nachzuweisen.

[2] Raape, AcP 147 (1941) S. 217 ff.; Esser, Schuldrecht I (3. Aufl.), S. 389/90; aus der Rechtsprechung: BGH NJW 1962, 31 f.; NJW 1964, 33 (35 f.); VersR 1966, 344 (345); vgl. aber auch Heinrich Stoll AcP 1936, 257 (311 ff.), der eine Anwendung der Beweislastregel des § 282 BGB bei Verletzung von Schutzpflichten ablehnt. Ebenso Hans Stoll, Festschrift für F. v. Hippel, S. 523 ff.

[3] a.a.O. S. 241/42.

[4] Ebenso Esser, Schuldrecht I, S. 208.

A. Ergänzende Anwendung schuldrechtlicher Vorschriften 127

bei der öffentlich-rechtlichen Forderungsverletzung in dieser Beziehung keine andere als bei der privatrechtlichen. Die Beweiserleichterung für den Gläubiger in § 282 BGB hat ihren Grund darin, daß dieser in der Regel keinen Einblick in die internen Vorgänge im Bereich des Schuldners hat und daß regelmäßig der Schuldner am besten in der Lage ist, die Umstände darzulegen und zu beweisen, die ihm die Erfüllung seiner Pflichten unmöglich gemacht haben[5]. Dieser Gesichtspunkt größerer Sachnähe beim Schuldner trifft aber genauso zu, wenn ein Träger öffentlicher Gewalt oder eine Zivilperson kraft öffentlichen Rechts zu einer Leistung verpflichtet ist[6].

Bei Verletzung relativer oder besonderer Rechtspflichten des öffentlichen Rechts, bei Zuwiderhandlung gegen eine bereits bestehende und nicht erst auf Grund des Eingriffs entstehende Obligation des öffentlichen Rechts ist die Frage der Beweislast also in entsprechender Anwendung der §§ 282, 285 BGB sowie der für die (privatrechtliche) positive Forderungsverletzung entwickelten Grundsätze zu entscheiden[7].

II. Der Anspruch auf Verzugszinsen im Rahmen der Staatshaftung

Die Annahme, Art. 34 GG sei im Falle öffentlich-rechtlicher Forderungsverletzung eines Trägers öffentlicher Gewalt ausschließliche Haftungsnorm, wird beim öffentlich-rechtlichen Schuldnerverzug besonders problematisch. Die Rechtsfolgen des Schuldnerverzuges sind nach bürgerlichem Schuldrecht umfassender als nach Art. 34 GG. Denn neben der allgemeinen Pflicht zum Ersatz des Verzögerungsschadens in § 286 Abs. 1 BGB, der die Ersatzpflicht eines Trägers öffentlicher Gewalt bei rechtswidriger Verzögerung der Anspruchserfüllung gemäß Art. 34 Satz 1 GG noch voll entspricht, sieht das bürgerliche Schuldrecht nicht nur das Recht des Gläubigers vor, bei Wegfall des Leistungsinteresses unter Ablehnung der Leistung Schadensersatz wegen Nichterfüllung zu verlangen, sondern es trifft vor allem in § 288 Abs. 1 BGB

---

[5] BGH LM Nr. 2 zu § 688 BGB; VersR 1965, 788 (790); Reimer Schmidt in Soergel-Siebert, § 282 Rdn. 1.
[6] Ebenso Schwär, S. 107/8; BGH LM Nr. 2 zu § 688 BGB.
[7] Ähnlich von Arnswaldt, S. 473, für die öffentlich-rechtliche Verwahrung: Obgleich nur ein Ersatzanspruch aus § 839 BGB, Art. 131 WV in Frage komme, solle der Begriff der öffentlich-rechtlichen Verwahrung insofern seine Bedeutung behalten, als aus ihm Inhalt und Umfang der mit der Inverwahrungnahme entstehenden Amtspflichten durch Anwendung der in §§ 688 ff., 278, 282 BGB ausgeprägten Rechtsgedanken zu bestimmen seien. Vgl. zur sinngemäßen Anwendung des § 282 BGB auf öffentlich-rechtliche Verhältnisse ohne gleichzeitige Heranziehung der schuldrechtlichen Anspruchsnorm: RGZ 166, 222; 137, 153 (155) unter Rückgriff auf RGZ 120, 67 (69) und 74, 342 (343).

die Bestimmung, daß eine Geldschuld während des Verzuges mit 4 % zu verzinsen ist. Das ist Ausfluß der allgemeinen Regel des § 286 Abs. 1, wonach der Schuldner dem Gläubiger den durch den Verzug entstandenen Schaden zu ersetzen hat. § 288 Abs. 1 liegt eine „typische" oder „abstrakte" Schadensberechnung zugrunde: 4 % der Hauptforderung sind der vom Gesetz unwiderleglich vermutete, der „standardisierte" Mindestverzugsschaden, den der Gläubiger ohne Nachweis verlangen kann[8].

Trotz dieser engen Verbindung des § 288 BGB mit den §§ 284 ff., insbesondere mit § 286 Abs. 1, ist eine entsprechende Anwendung dieser Bestimmung im öffentlichen Recht[9] nicht schon deshalb ausgeschlossen, weil — wie hier angenommen — im übrigen das bürgerliche Recht der Forderungsverletzung einschließlich der Vorschriften über den Schuldnerverzug für öffentlich-rechtliche Forderungsverletzungen eines Hoheitsträgers nicht, vielmehr ausschließlich Staatshaftungsrecht gilt. Denn das Institut des Schuldnerverzuges, also die Forderungsverletzung durch verspätete Erfüllung, ist *auch* Bestandteil des öffentlichen Rechts: Auch der öffentlich-rechtliche Schuldnerverzug ist durch die umfassende, d. h. alle Formen der öffentlich-rechtlichen Forderungsverletzung eines Hoheitsträgers erfassende Staatshaftungsnorm des Art. 34 GG entsprechend der Bestimmung des § 286 Abs. 1 BGB sanktioniert[10].

---

[8] Reimer Schmidt in Soergel-Siebert, § 288 Anm. 1; Esser, Schuldrecht I, S. 352; Blomeyer, Schuldrecht, S. 195; Goetz, DVBl. 1961, 436; Meier-Branecke, AöR Bd. 11, 278 (280); BVerwGE 14, 1 (4/5).

[9] Die Frage eines Anspruchs auf *Verzugs*zinsen im öffentlichen Recht ist in Rechtsprechung und Literatur umstritten, während ein Anspruch auf *Prozeß*zinsen analog § 291 BGB grundsätzlich anerkannt ist: BVerwGE 7, 95 ff.; 11, 314 ff.; 14, 1 (3/4); 15, 78; 106; 16, 346 (349); BGHZ 10, 125 (128 f.); gegen Ansprüche auf Prozeßzinsen BSGE 22, 150 (153 ff.); Schwankhart, NJW 1970, 1301 ff.
Bezüglich der *Verzugs*zinsen lehnt BVerwGE 14, 1 (3) zwar eine generelle, aus allgemeinen Grundsätzen des Verwaltungsrechts zu folgernde Verzinsungspflicht ab, die Frage einer entsprechenden Anwendung des § 288 im Rahmen der Staatshaftung nach Art. 34 GG wird dagegen ausdrücklich offen gelassen, siehe dazu auch Anm. 10; abgelehnt wird ein Anspruch auf Verzugszinsen in BVerwG DVBl. 1963, 507 = BVerwGE 15, 78 (81). Gegen einen Anspruch auf Verzugszinsen — für den Bereich des Sozialversicherungsrechts — ferner BSGE 22, 150 (153/54); Schwankhart, NJW 1970, 1301 ff.; Meier-Branecke, AöR 11, 279 f.; Wolff, Verwaltungsrecht I, § 44 III 6, S. 286; differenzierend: Fischer, NJW 1969, 1883; Götz, DVBl. 1961, 433 (436 ff.). Ansprüche auf Verzugszinsen werden generell bejaht von Eckert, DVBl. 1962, 19/20; Simons, S. 144/145; Blume, S. 160; Schwär, S. 149 ff.; Redecker, DVBl. 1963, 509 unter Heranziehung des Instituts der Folgenbeseitigung.

[10] Dies verkennt Schwär, S. 151. Vgl. BVerwGE 14, 4/5, wo die Frage einer sinngemäßen Anwendung des § 288 BGB im Rahmen des Amtshaftungsrechts angeschnitten, die Entscheidung darüber aber wegen Art. 34 Satz 3 GG den Zivilgerichten vorbehalten wurde. Dagegen Bachof, JZ 1966, 644; BSGE 22, 150 (151).

A. Ergänzende Anwendung schuldrechtlicher Vorschriften

1. Die abweichenden Voraussetzungen des öffentlich-rechtlichen Schuldnerverzuges eines Trägers öffentlicher Gewalt

Eine ganz andere Frage ist, ob die Voraussetzungen des Verzuges im öffentlichen Recht die gleichen sind wie die für das Privatrecht in § 284 BGB aufgestellten. Die Voraussetzungen eines privatrechtlichen Schuldnerverzuges sind — abgesehen von dem hier nicht weiter interessierenden Verschuldenserfordernis in § 285 BGB — gemäß § 284 BGB Fälligkeit der Forderung und regelmäßig Mahnung durch den Gläubiger. Ein privatrechtlicher Schuldner handelt also (objektiv) rechtspflichtwidrig bzw. vertragswidrig, wenn er eine fällige Forderung nach Mahnung nicht erfüllt. Verzögert er die Erfüllung beispielsweise, weil er entweder seine Leistungspflichten verneint oder erst eine Prüfung des gegen ihn geltend gemachten Anspruchs vornimmt, dann trägt er das Risiko der nur durch § 285 BGB eingeschränkten Schadensersatzleistung.

Der Erfüllung öffentlich-rechtlicher Geld-, Sach- und Dienstleistungspflichten eines Hoheitsträgers im Rahmen allgemeiner oder besonderer Gewaltverhältnisse kann oder gar muß in vielen Fällen — wann, das sei hier dahingestellt — eine potentiell verbindliche Entscheidung des Hoheitsträgers über den gegen ihn geltend gemachten Anspruch in Form eines Bewilligungs- bzw. Ablehnungsbescheides vorausgehen[11].

a) Die Anwendbarkeit des § 284 BGB auf öffentlich-rechtliche Subjektionsverhältnisse

Es ist nun aber nicht — wie teilweise behauptet wird[12] — die dadurch zum Ausdruck kommende Überordnung des Hoheitsträgers bzw. Subjektion des einzelnen, die eine Anwendung der die Voraussetzungen des privatrechtlichen Verzuges festlegenden Bestimmung des § 284 BGB ausschließt. Die Ablehnung einer Anwendung privatrechtlicher Normen im öffentlichen Recht mit dem Argument, diese Normen setzen Gleichordnungsverhältnisse voraus und scheiden demgemäß für Subjektionsverhältnisse aus, ist bereits oben als nicht stichhaltig zurückgewiesen worden[13]. Auch die Berufung des Bundesverwaltungsgerichts in E 14, 3 auf Art. 188 WüEVRO geht fehl. Das Bundesverwaltungsgericht verneint in dieser Entscheidung eine generelle Ver-

---

[11] Siehe dazu Götz, DVBl. 1961, 433 (437); Bettermann, DVBl. 1969, 703 (704).
[12] So insbes. von Götz, a.a.O. S. 436 ff.
[13] Kap. 1, J IV 3, insbes. d).

pflichtung des Hoheitsträgers auf Zahlung von Verzugszinsen unter anderem mit der Begründung, daß der Entwurf, der weitgehend als Versuch einer Kodifikation der allgemeinen Grundsätze des Verwaltungsrecht angesehen werde, zwar in den Art. 199 ff. eine Pflicht zur Verzinsung anerkenne, daß diese Bestimmungen aber gemäß Art. 188 auf Gleichordnungsverhältnisse beschränkt sein und für hoheitliche Verhältnisse nicht gelten sollten. Dabei übersieht das Gericht, daß Art. 188 Abs. 2 des Entwurfs die Anwendung der Vorschriften über die Forderungsverletzung im Rahmen öffentlich-rechtlicher Subjektionsverhältnisse nur insoweit ausschloß, als der einzelne gegenüber dem Träger öffentlicher Gewalt verpflichtet ist, aber nicht für den gerade auch der Entscheidung des Bundesverwaltungsgerichts sowie den vorliegenden Erörterungen zugrunde liegenden — umgekehrten — Fall, daß Pflichtsubjekt der Hoheitsträger, Berechtigter eine Zivilperson ist.

b) Die dem hoheitlichen Schuldner zustehende Prüfungs- und Entscheidungsfrist

Die Unterscheidung zwischen der Erbringung der Leistung als einer schlichten Amtshandlung oder sogar einer Rechtshandlung des Privatrechts und der Bewilligung oder Versagung der beantragten Leistung durch Verwaltungsakt[14] ist aber in anderer Hinsicht für die Bestimmung der Verzugsvoraussetzungen bedeutsam — abgesehen von den Fällen, daß der Bewilligungsbescheid den Anspruch selbst oder dessen Fälligkeit[15] überhaupt erst begründet[16]. Im bürgerlichen Recht ist die Nichtleistung trotz Fälligkeit und Mahnung objektiv rechtspflichtwidrig, ohne daß dem Schuldner ein Prüfungs- und Entscheidungszeitraum hinsichtlich der Begründetheit des gegen ihn erhobenen Anspruchs zusteht. Nimmt er ihn dennoch in Anspruch, so trägt er das Verzugsrisiko. Die von einem Träger öffentlicher Gewalt ausgeübte Prüfungs- und Entscheidungsbefugnis über den gegen ihn geltend gemachten Anspruch besteht im allgemein-öffentlichen Interesse an der Gesetzmäßigkeit der Verwaltung, d. h. an der Gesetzmäßigkeit der zu erbringenden Leistung. Darüber hinaus hat die vom Hoheitsträger getroffene Entscheidung über den geltend gemachten Anspruch besondere Wirkungen: Während ein privater Schuldner, der eine Lei-

---

[14] Zu dieser Unterscheidung siehe Bettermann, DVBl. 1969, 704.
[15] Vgl. für diesen Fall BVerwGE 15, 78 (83) = DVBl. 1963, 507 (508): „Vor einer endgültigen Entscheidung über die Wiedergutmachung und vor der Erfüllung der weiteren, nach dem Besoldungs- und Versorgungsrecht des Dienstherrn vorgeschriebenen Voraussetzungen werden die dem Geschädigten zu gewährenden Bezüge nicht fällig in dem Sinne, daß er die Zahlung bestimmter Beträge verlangen kann". Siehe auch Fischer, NJW 1969, 1883.
[16] Zur Bedeutung der Bewilligungsbescheide für das Entstehen und die Fälligkeit öffentlich-rechtlicher Ansprüche: Schwär, S. 132 ff.

A. Ergänzende Anwendung schuldrechtlicher Vorschriften

stung ohne rechtliche Verpflichtung erbracht hat, diese gemäß §§ 812 ff. BGB regelmäßig ohne weiteres zurückverlangen kann, vermag der Hoheitsträger als Schuldner die auf Grund rechtswidrigen Bewilligungsbescheides erbrachte Leistung erst nach vorherigem Widerruf des rechtswidrigen Verwaltungsaktes zu kondizieren[17], und dieser Widerruf ist nach heute herrschender Rechtsprechung und Lehre aus Gründen des Vertrauensschutzes des Bürgers weitgehend ausgeschlossen[18]. Die im bürgerlichen Recht getroffene Risikoverteilung zu Lasten des Schuldners kann also auf diese öffentlich-rechtlichen Schuldverhältnisse nicht übertragen werden. Dem Hoheitsträger muß vielmehr ein Prüfungs- und Entscheidungszeitraum zugebilligt werden, innerhalb dessen die Nichterfüllung bzw. die Nichtentscheidung über den geltend gemachten Anspruch objektiv (noch) nicht rechtswidrig ist, der Hoheitsträger also innerhalb dieses Zeitraums nicht in Verzug gerät, ganz unabhängig davon, ob — Fälligkeit des Anspruchs ohnehin vorausgesetzt — der Berechtigte ihn bereits gemahnt hat oder nicht. Die Rechtspflichtwidrigkeit der Verzögerung bestimmt sich hier also allein nach *objektiven* Kriterien[19] und nicht nach der subjektiven Voraussetzung einer Mahnung des Gläubigers[20].

Diese Ansicht wird durch das Gesetz selbst bestätigt, das in anderem Zusammenhang in § 75 VwGO bestimmt:

„Ist über einen Widerspruch oder über einen Antrag auf Vornahme eines Verwaltungsaktes ohne zureichenden Grund in angemessener Frist sachlich nicht entschieden worden, so ist die Klage abweichend von § 68 zulässig. Die Klage kann nicht vor Ablauf von drei Monaten seit der Einlegung des Widerspruchs oder seit dem Antrag auf Vornahme des Verwaltungsaktes erhoben werden, außer wenn wegen besonderer Umstände des Falles eine kürzere Frist geboten ist."

Die Vorschrift betrifft zwar die Zulässigkeit der Anfechtungs- und Verpflichtungsklage. Für den vorliegenden Zusammenhang interessiert aber die in ihr enthaltene Regelung hinsichtlich des nicht beschiedenen Vornahmeantrages. Dafür, daß der Zeitpunkt, von dem ab die Verzögerung des Bewilligungsbescheides rechtswidrig und forderungsverletzend ist, der Hoheitsträger also unter der weiteren Voraussetzung eines Ver-

---

[17] BVerGE 8, 261 (264 ff.); 9, 251 (253); siehe zu diesem Problem Ossenbühl, DÖV 1967, 246 ff. mit weiteren Nachweisen.
[18] Siehe dazu Wolff, Verwaltungsrecht I, § 53 III c, S. 360 ff. mit Hinw. auf die Rechtsprechung und Lehre.
[19] Selbstverständlich ist Voraussetzung des Verzuges neben dieser objektiven Pflichtwidrigkeit das Verschulden.
[20] Für die Bedeutungslosigkeit der Mahnung des Gewaltunterworfenen hinsichtlich des Verzuges eines Trägers öffentlicher Gewalt auch Götz, DVBl. 1961, 433 (437); a. A. Schwär, S. 131 ff.; 145/6, der grundsätzlich für den objektiven Tatbestand des Verzuges Fälligkeit und Mahnung genügen läßt.

schuldens des Amtsträgers in Verzug gerät, nicht *vor* Ablauf der in § 75 VwGO festgelegten Wartefrist eintritt, spricht der Vergleich mit dem Zivil- und Zivilprozeßrecht. Nach ihm wird eine Forderung — abgesehen von den Ausnahmen in den §§ 257 bis 259 ZPO — mit oder nach Eintritt der Fälligkeit[21] klagbar. Der Verzug tritt, da er Fälligkeit voraussetzt, regelmäßig erst später ein. Angewendet auf öffentlich-rechtliche Forderungen gegen Hoheitsträger bedeutet das, daß der Verzug nicht vor Ablauf der Dreimonatsfrist des § 75 Satz 2 VwGO eintreten kann, weil anderenfalls der Hoheitsträger mit der Erfüllung einer Forderung in Verzug geraten könnte, deren Klagbarkeit noch nicht besteht.

Dieser Argumentation liegt die Annahme zugrunde, daß die Wartefrist des § 75 VwGO eine „Schonfrist" nicht nur für das Gericht, sondern auch für die Behörde ist. Das ergibt sich daraus, daß die durch § 75 begründete Wartefrist in erster Linie an die Stelle des Vorverfahrens als der (allgemeinen) verwaltungsgerichtlichen Prozeßvoraussetzung für Anfechtungs- und Verpflichtungsklagen tritt. Besteht aber das Erfordernis eines Vorverfahrens jedenfalls auch im Interesse der Verwaltung[22], dann hat auch die an seine Stelle tretende Wartefrist des § 75 unter anderem den Zweck, die Verwaltung vor einer (vorzeitigen) Klage zu schützen.

Gegenüber der Argumentation aus § 75 VwGO kann auch nicht eingewandt werden, die Unklagbarkeit könne den Verzug deshalb nicht ausschließen, weil der Verzug ein materiell-rechtliches Institut sei, der Schuldner aber trotz Unklagbarkeit der Forderung durchaus materiell rechtswidrig handeln könne. Durch die in § 75 VwGO genannten (besonderen) Zulässigkeitsvoraussetzungen der Klage: Wegfall des zureichenden Grundes und Ablauf der angemessenen Frist wird durch das Gesetz klargestellt, daß — solange diese Voraussetzungen nicht vorliegen — die Verzögerung des Bewilligungsbescheides für den Anspruchsberechtigten im öffentlichen Interesse an sachgerechter Prüfung der Anspruchsberechtigung und damit an der Gesetzmäßigkeit der Entscheidung zumutbar, auf seiten des verpflichteten Hoheitsträgers nicht „ungebührlich" (vgl. Begründung zu § 76 Reg. Entw.), sondern angemessen und erforderlich, d. h. aber: nicht rechtswidrig ist[23].

---

[21] Baumbach-Lauterbach, Grundz. 4 vor § 253 und Einf. 1 vor §§ 257—259 ZPO; abweichend stellen Stein-Jonas-Schönke-Pohle, § 257 ZPO Anm. 1, nicht auf die Unzulässigkeit der Klage, sondern auf die Unzulässigkeit der Verurteilung vor Eintritt der Fälligkeit ab.
[22] Bettermann, DVBl. 1959, 308 (311); Dapprich, DVBl. 1960, 194.
[23] Vgl. dagegen Schwär, S. 147, der unter Hinweis auf § 75 VwGO ausführt: „Daher kann sich der Hoheitsträger im allgemeinen im Wege des 'Anscheinsbeweises' darauf berufen, daß eine dreimonatige Bearbeitungsfrist normalerweise keine *schuldhafte* Verzögerung darstellt..." (Hervorhebung von mir).

A. Ergänzende Anwendung schuldrechtlicher Vorschriften

Diese Erwägungen gelten nur für den Fall, daß nach der jeweiligen gesetzlichen Regelung der Erbringung der Leistung ein Bewilligungsbescheid vorausgehen *muß*, die zur Leistung verpflichtete Behörde also nicht nur das Recht, sondern auch die *Pflicht* hat, vor Erbringung der geschuldeten Leistung durch Bewilligungsbescheid eine (potentiell) verbindliche Entscheidung über den geltend gemachten Anspruch zu treffen.

Ist dagegen gesetzlich ein derartiges Prüfungs- und Bewilligungsverfahren mit dem Abschluß eines obligatorischen Bewilligungsbescheides nicht vorgesehen, die Behörde vielmehr wie jeder private Schuldner zu „unmittelbarem Leisten" verpflichtet, dann greifen die genannten Einschränkungen für den öffentlich-rechtlichen Schuldnerverzug nicht ein. Gleiches gilt, wenn nach Erlaß des (obligatorischen) Bewilligungsbescheides die Behörde die Erbringung der Leistung, also den Vollzug der bereits getroffenen Entscheidung, verzögert[24]. In diesen Fällen bestehen keine Bedenken, die Voraussetzungen des öffentlich-rechtlichen Schuldnerverzuges entsprechend § 284 BGB zu bestimmen.

c) Die Bedeutung der Antragstellung für den Eintritt des Verzuges bei antragsbedingter Leistung

Eine Besonderheit gegenüber dem Privatrecht besteht noch insoweit, als zu unterscheiden ist, ob die geschuldete Leistung antragsbedingt oder von Amts wegen zu erbringen ist. Denn im ersten Fall begründet die Antragstellung (erst) die Fälligkeit der Leistung. Nach § 271 Abs. 1 BGB ist jede privatrechtlich geschuldete Leistung sofort bei Entstehung des Schuldverhältnisses fällig, sofern keine abweichende Parteivereinbarung getroffen und aus den Umständen nichts anderes zu entnehmen ist. Auf Grund einer Parteivereinbarung kann die Bestimmung der Leistungszeit aber auch einer Partei, insbesondere dem Gläubiger, übertragen sein, was vor allem bei der Abrede der Leistung „auf Abruf" der Fall ist[25]. Ein entsprechendes Bestimmungsrecht des Gläubigers hinsichtlich der Leistungszeit und damit der Fälligkeit ist bei öffentlich-rechtlichen Schuldverhältnissen mit antragsbedingter Leistung anzunehmen[26].

Ob in diesen Fällen der Antrag auch zugleich als „Mahnung" zu werten ist, das hängt einmal davon ab, ob man sich streng an den Wortlaut des § 284 Abs. 1 BGB hält, der verlangt, daß die Mahnung

---

[24] Ebenso Götz, DVBl. 1961, 433 (438).
[25] Enneccerus-Lehmann, § 24 I 1, S. 106/107; Reimer Schmidt in Soergel-Siebert, § 271 Rdn. 3; Zander, Gruchot Bd. 52, 304 ff.
[26] Ebenso BSG NJW 1964, 1874: Eintritt der Fälligkeit frühestens mit Antragstellung; a. A. Schwär, S. 135.

nach Eintritt der Fälligkeit erfolgt[27]. Das Reichsgericht[28] und ein Teil der Lehre[29] halten es jedoch für ausreichend, daß die Mahnung *bei* Fälligwerden der Leistung erfolgt, daß also die Mahnung mit der Rechtshandlung, die die Fälligkeit begründet, verbunden wird. Selbst wenn man dieser dem Wortlaut des § 284 Abs. 1 BGB widersprechenden Auffassung folgt, so ist eine *generelle* Aussage darüber, ob der Antrag auch zugleich Mahnung ist, nicht möglich. Zwar braucht eine Mahnung nicht ausdrücklich erklärt zu sein[30], es muß jedoch eine eindeutige Aufforderung zur Leistung vorliegen, die erkennen läßt, daß das Ausbleiben der Leistung Folgen haben werde[31]. Inwieweit das der Fall ist, läßt sich immer nur anhand der Umstände des Einzelfalls entscheiden.

Abgesehen von diesen gegenüber dem privaten Recht der Forderungsverletzung bestehenden, aber unmittelbar gar nicht die Anwendbarkeit des § 288 BGB, sondern die vorrangige Frage nach den Voraussetzungen eines öffentlich-rechtlichen Schuldnerverzuges betreffenden Einschränkungen ist eine entsprechende Anwendung des § 288 BGB — auch wenn die Voraussetzungen eines öffentlich-rechtlichen Schuldnerverzuges gegeben sind — in folgenden Fällen unzulässig.

2. Die gesetzlichen Regelungen öffentlich-rechtlicher Verzugszinsansprüche

Teilweise sind Zinsansprüche durch Gesetz ausdrücklich ausgeschlossen oder doch einer ausdrücklichen gesetzlichen Regelung vorbehalten. Nach § 4 des Steuersäumnisgesetzes vom 13. Juli 1961 (BGBl. I S. 993) werden

„Steueransprüche, Erstattungs- und Vergütungsansprüche sowie Ansprüche auf Rückzahlung hinterlegter Gelder ... nur verzinst, wenn dies in Steuergesetzen vorgeschrieben ist."

In den Landesbeamten- bzw. -beamtenbesoldungsgesetzen sind Ansprüche auf Verzugszinsen gegen den Dienstherrn bei verspäteter Auszahlung von Dienst- und Versorgungsbezügen ausdrücklich ausgeschlossen. § 4 Abs. 3 des LBesG von Baden-Württemberg bestimmt:

„Werden Dienstbezüge nach dem Tag der Fälligkeit bezahlt, so kann hieraus ein Anspruch auf Verzugszinsen nicht hergeleitet werden."

---

[27] So für das öffentliche Recht: Schwär, S. 143 f.
[28] RGZ 50, 255 (261); 97, 6 (11); a.A. offenbar E 113, 250 (254).
[29] Enneccerus-Lehmann, § 51 II 2, S. 218; Reimer Schmidt in Soergel-Siebert, § 284 Rdn. 4; a.A. Esser, Schuldrecht I, § 49 II 2, S. 349; Larenz, Schuldrecht I, § 22 I.
[30] RGZ 50, 255 (261).
[31] BGH MDR 1952, 155; Reimer Schmidt a.a.O. Rdn. 4.

Entsprechende Regelungen treffen beispielsweise § 4 Abs. 3 LBesG Rheinland-Pfalz, § 4 Abs. 3 LBesG Hessen, § 98 Abs. 3 LBesG Nordrhein-Westfalen, Art. 4 Abs. 4 des Bay. Besoldungsgesetzes.

Im Gegensatz zu den Landesbeamten- bzw. -besoldungsgesetzen findet sich weder im BBG noch im BBesG eine Regelung über die Verzinsung von Dienst- und Versorgungsbezügen im Falle des Verzuges. Das Bundesverwaltungsgericht[32] bejaht im Anschluß an die herrschende Meinung[33] in der Literatur die Fortgeltung der in Nr. 3 der Durchführungsverordnung zu § 38 DBG (RGBl. I 1937, S. 669) getroffenen, der früheren Regelung in Art. 7 Abs. 1 der Verordnung über die 12. Ergänzung des Besoldungsgesetzes vom 12. 12. 1923 (RGBl. I S. 1181) entsprechenden Bestimmung, die in dem hier maßgeblichen Punkt lautet:

„Werden Dienst- oder Versorgungsbezüge nach dem Tage der Fälligkeit ausgezahlt, so besteht gegen die Zahlungspflichtigen kein Rechtsanspruch auf Verzinsung..."

Einzelne Bestimmungen des Sozialversicherungsrechts sehen dagegen ausdrücklich die Zahlung von Verzugszinsen vor. § 1436 Abs. 2 RVO lautet:

„Verzögert eine Einzugsstelle[34] schuldhaft die Abführung eingezogener Beiträge zur Rentenversicherung der Arbeiter, so hat sie dem zuständigen Träger der Rentenversicherung Verzugszinsen in Höhe des Diskontsatzes der Deutschen Bundesbank zu zahlen."

Eine entsprechende Bestimmung trifft § 1400 Abs. 3 RVO.

Eine Reihe von gesetzlichen Bestimmungen, die zwar eine öffentlich-rechtliche Verpflichtung zur Zahlung von Zinsen begründen, sind im vorliegenden Zusammenhang deshalb nicht einschlägig, weil sie einen Schuldnerverzug, also eine schuldhaft rechtswidrige (= forderungsverletzende) Verzögerung der Leistung nicht voraussetzen[35]: so beispielsweise § 99 Abs. 3 BBauG, § 29 BLG, § 251 Abs. 1 LAG, § 5 Abs. 5 AltsparerG, § 37 AKG[36, 37].

3. Die entsprechende Anwendung des § 288 BGB

Aber auch wenn es an einer spezialgesetzlichen Regelung über die Verzugszinsen — sei es an einer ausdrücklichen Ausschließung,

---

[32] BVerwGE 14, 222 (223); NJW 1963, 2336/37; NJW 1967, 511; ebenso BGHZ 10, 125 (129).
[33] Plog-Wiedow, § 83 BBG Rdnr. 21; Götz, DVBl. 1961, 435; a.A. Fischbach, § 83 BBG Anm. B IV 1 a, S. 760; Bursche, ZBR 1955, 69 ff.
[34] Das sind nicht die (privaten) Arbeitgeber, sondern die Orts-, Innungs-, Betriebs- und Ersatzkrankenkassen.
[35] Ebenso Schwär, S. 63 ff., insbes. S. 65.
[36] Allgemeines Kriegsfolgengesetz vom 5. November 1957 (BGBl. I S. 1747).
[37] Vgl. die Zusammenstellung bei Götz, DVBl. 1961, 433/34.

sei es an einer ausdrücklichen Anordnung — fehlt, ist eine entsprechende Anwendung des § 288 BGB nicht uneingeschränkt zulässig[38]. Die betreffende gesetzliche Regelung, die durch entsprechende Anwendung des § 288 BGB ergänzt werden soll, darf keine abschließende und erschöpfende, die betreffende Materie voll durchnormierende Regelung sein, weil anderenfalls eine Lücke im Gesetz, die durch entsprechende Anwendung der bürgerlich-rechtlichen Vorschrift des § 288 BGB auszufüllen ist, nicht besteht.

In diesem Zusammenhang ist folgender Gesichtspunkt beachtlich: § 288 BGB ist — wie ausgeführt[39] — eine besondere Schadensersatznorm wegen Verletzung primärer Leistungspflichten. Eine gesetzliche Regelung, die hinsichtlich der beiderseitigen (primären) Haupt- oder Nebenleistungspflichten der Parteien des öffentlich-rechtlichen Verhältnisses als erschöpfend anzusehen ist, enthält bezüglich der Rechtsfolgen bei Verletzung jener primären Leistungspflichten, insbesondere bezüglich sekundärer Schadensersatzpflichten, überhaupt keine, jedenfalls keine erschöpfende und abschließende Spezialregelung. Im Gegensatz zum allgemeinen Schadensersatzanspruch wegen Forderungsverletzung setzt der Anspruch aus § 288 Abs. 1 BGB nicht den Eintritt eines konkreten Schadens voraus, und seine Geltendmachung erfordert nicht, daß der Gläubiger einen konkreten, tatsächlich eingetretenen Schaden behauptet. Auf Grund seiner geminderten Voraussetzungen kann der Anspruch aus § 288 Abs. 1 BGB in allen Fällen, in denen nur die Zeitpunkte der Fälligkeit und der Leistungsbewirkung auseinanderfallen, als Nebenforderung zur Hauptforderung geltend gemacht werden, so daß er im Gegensatz zu seiner systematischen Einordnung in der praktischen Auswirkung und Handhabung ein Nebenleistungsanspruch ist. Ist eine bestimmte Rechtsmaterie, wie beispielsweise die Sozialversicherung[40] oder das Steuerrecht, hinsichtlich der beiderseitigen Haupt- und Neben*leistungs*pflichten voll durchnormiert, dann kann davon ausgegangen werden, daß der Gesetzgeber die Geltendmachung von Verzugszinsen als Ausgleich eines „standardisierten", „unwiderleglich vermuteten" Mindestverzugsschadens, die sehr häufig mit der Geltendmachung der vom Gesetz abschließend geregelten Primäransprüche verbunden wäre, durch die Nicht-Regelung bewußt ausgeschlossen hat[41].

Abgesehen von diesen — nicht unerheblichen — Einschränkungen ist § 288 Abs. 1 BGB im öffentlichen Recht entsprechend anzuwenden.

---

[38] Gegen die allgemeine Anerkennung der Verzinsung öffentlich-rechtlicher Geldforderungen auch Schwär, S. 66.
[39] Siehe oben vor 1.
[40] Vgl. dazu auch Bettermann, Rechtsschutz im Sozialrecht, S. 47/48.
[41] Unter anderem mit dieser Begründung lehnt das BSG (E 22, 150, 151, 153/54) für den Bereich des Sozialversicherungsrechts eine generelle, über die ausdrücklich geregelten Fälle hinausgehende Verzinsungspflicht ab.

A. Ergänzende Anwendung schuldrechtlicher Vorschriften

Vor allen Dingen ist der Umstand, daß gegebenenfalls *allgemeine* Verzugsschadensersatznorm Art. 34 GG und nicht § 286 Abs. 1 BGB ist, kein Hinderungsgrund für die Anwendung des § 288 Abs. 1 BGB. Im Gegenteil ergibt sich gerade daraus, daß auch das öffentliche Haftungsrecht grundsätzlich eine Schadensersatzpflicht des Schuldners im Falle der Forderungsverletzung durch Späterfüllung vorsieht, daß § 288 Abs. 1 BGB, der nichts anderes als den Ersatz eines gesetzlich vermuteten Mindestverzugsschadens bestimmt, entsprechend anwendbar ist[42].

III. Die Verjährung des Staatshaftungsanspruchs

Nicht anders als bei der Frage der Beweislast ist auch bei der Verjährung des Staatshaftungsanspruchs der Standpunkt der herrschenden Lehre von der unrichtigen Grundvorstellung geprägt, das Amtshaftungsrecht sei ausschließlich Deliktsrecht, weil Art. 34 GG den aus § 839 BGB gegen den Amtsträger persönlich begründeten und deshalb stets deliktischen Anspruch auf den Staat überleite. Nach bisher unbestrittener Ansicht soll demgemäß der Staatshaftungsanspruch in Anwendung des § 852 BGB in allen Fällen mit dem Ablauf von drei Jahren verjähren[43], während für den (bürgerlich-rechtlichen) Schadensersatzanspruch wegen Forderungsverletzung jedenfalls als Regel die 30jährige Verjährung des § 195 BGB gilt[44].

1. Die Unanwendbarkeit des § 852 BGB auf den Staatshaftungsanspruch wegen öffentlich-rechtlicher Forderungsverletzung

Die nach dem bisherigen Verständnis der Amtshaftung durchaus folgerichtige Anwendung des § 852 wird aber problematisch, wenn man die Haftung des Staates von der — deliktsrechtlichen — Vorschrift des § 839 BGB löst und die Anspruchs- oder Haftungsnorm unmittelbar in Art. 34 erblickt, der dann, anders als § 839 BGB, eine Haftung nicht nur für Delikt, sondern gleichermaßen wegen (schuld-

---

[42] Vgl. auch die Begründung von Eckert, DVBl. 1962, 19/20. Für eine entsprechende Anwendung des § 288 BGB auch Schwär, S. 152/3, allerdings von dem grundsätzlich abweichenden Standpunkt ausgehend, daß das bürgerliche Schuldrecht — als Ausdruck allgemeiner Rechtsgedanken — auch im übrigen bei öffentlich-rechtlichen Forderungsverletzungen als Haftungsnorm gilt.
[43] Palandt-Thomas, § 852 BGB Anm. 1a); Kreft in RGRK § 839 Anm. 12.
[44] Schadensersatzansprüche wegen Nichterfüllung oder verspäteter Erfüllung verjähren wie der ursprüngliche Leistungsanspruch (BGH BB 1958, 281 Nr. 504 m. Nachw.), Ansprüche aus positiver Forderungsverletzung stets nach § 195 BGB; siehe die Nachw. bei Palandt-Danckelmann § 195 Anm. 2.

hafter) Forderungsverletzung begründet[45]: Zwar bestehen auch bei einem unmittelbar aus Art. 34 abgeleiteten Staatshaftungsanspruch gegen eine — analoge — Anwendung des § 852 BGB dann keine Bedenken, wenn diesem Anspruch eine Verletzung allgemeiner, also deliktischer Pflichten zu Grunde liegt. Dagegen ist seine Anwendung nicht mehr gerechtfertigt, wenn der Staatshaftungsanspruch eine (schuldhafte) Vertrags- oder sonstige Forderungsverletzung betrifft.

Für das Privatrecht ist allerdings anerkannt, daß der Begriff der unerlaubten Handlung im Sinne des § 852 BGB in einem weiteren, über den Anwendungsbereich der §§ 823 ff. BGB hinausgehenden Sinne zu verstehen und daß daher § 852 auch auf Ansprüche anzuwenden ist, die nicht in dem Abschnitt des Bürgerlichen Gesetzbuches über unerlaubte Handlungen geregelt sind[46]. Nach der Rechtsprechung gilt die dreijährige Verjährungsfrist des § 852 beispielsweise für die ein Verschulden nicht voraussetzenden Ansprüche aus § 302 Abs. 4, 600 Abs. 2, 717 Abs. 2, 945 ZPO sowie für die Ersatzansprüche nach dem preußischen Tumultschädengesetz[47]. Eine Grenze für die (analoge) Anwendung des § 852 und damit für die erweiterte Auslegung des Begriffs der unerlaubten Handlung im Sinne dieser Vorschrift wird aber auch im Privatrechtsbereich dort gezogen, wo es nicht mehr um den Verstoß gegen allgemeine, allen Dritten gegenüber bestehende Rechtspflichten, sondern um die Verletzung besonderer oder relativer, vertraglicher wie gesetzlicher, Verpflichtungen — also um Forderungsverletzungen geht[48]. Denn durch § 852 soll, worauf schon von Tuhr hingewiesen hat[49], nicht (jeder) rechtswidrig und schuldhaft Handelnde privilegiert werden; diese Vorschrift soll vielmehr die Erledigung von Schadensersatzansprüchen beschleunigen, die „nicht aus einem zwischen den beteiligten Personen bestehenden Rechtsverhältnis hervorgehen oder mit einem solchen Rechtsverhältnis zusammenhängen"[50, 51].

---

[45] Siehe oben Kap. 3, B II und III.
[46] RGZ 67, 141 (144); 78, 202 (205 f.); 122, 320 (326); BGHZ 9, 209 (212, 214).
[47] Siehe die Nachw. bei Kreft in RGRK § 852 Anm. 2.
[48] Siehe z. B. RGZ 117, 423 (425): Keine Anwendung des § 852 auf Ersatzansprüche aus §§ 989, 990, 992 BGB. Weitere Beispielsfälle aus der Rechtsprechung bei Kreft in RGRK § 852 Anm. 3.
[49] Bd. II/2, S. 474. Eine ganz andere Frage ist es, ob man daraus mit von Tuhr die Folgerung ziehen kann, § 852 gelte auch für *rechtmäßige* Eingriffe außerhalb eines bestehenden Schuldverhältnisses. Dagegen insbesondere BGHZ 9, 209 (212 ff.).
[50] von Tuhr a.a.O. S. 474.
[51] Vgl. auch die dem § 852 BGB teilweise entsprechende Vorschrift des § 54 ALR I 6:
„Wer einen außerhalb dem Fall eines Contrakts erlittenen Schaden innerhalb dreier Jahre, nachdem das Dasein und der Urheber desselben zu seiner Wissenschaft gelangt sind, gerichtlich einzuklagen vernachlässigt, hat sein Recht verloren".

A. Ergänzende Anwendung schuldrechtlicher Vorschriften 139

Scheidet somit eine analoge Anwendung des § 852 BGB auf die aus Art. 34 GG abzuleitenden Schadensersatzansprüche wegen öffentlich-rechtlicher Forderungsverletzung aus, so beträgt die regelmäßige Verjährungsfrist für diese Ansprüche unter entsprechender Anwendung des § 195 BGB, dessen Geltung im öffentlichen Recht bei Fehlen von Sondervorschriften jedenfalls für vermögensrechtliche Ansprüche anerkannt ist[52], dreißig Jahre.

2. Die gesetzlichen Sonderregelungen

Gegen dieses Ergebnis liegt der Einwand nahe, das positive öffentliche Recht treffe, soweit es Schadensersatzansprüche wegen Forderungsverletzung in speziellen Fällen ausdrücklich normiere, hinsichtlich der Verjährung gerade keine dem § 195 BGB, sondern eine dem § 852 BGB entsprechende Regelung. Die §§ 78 BBG (46 BRRG) und 24 SoldG beispielsweise, nach denen der Beamte oder Soldat, wenn er schuldhaft die ihm obliegenden Pflichten verletzt, dem Dienstherrn den daraus entstandenen Schaden zu ersetzen hat, regeln Tatbestände öffentlich-rechtlicher Forderungsverletzung[53]. So wird gerade das Beamtenverhältnis auch von der herrschenden Lehre, die — wie erwähnt — das Institut der öffentlich-rechtlichen Forderungsverletzung auf ganz bestimmte wenige Rechtsverhältnisse beschränkt, seit jeher als „schuldrechtsähnliche", die Anwendung des privaten Rechts der Forderungsverletzung rechtfertigende „Sonderverbindung" angesehen[54]. § 78 Abs. 3 BBG — und dementsprechend § 24 Abs. 3 SoldG — trifft jedoch hinsichtlich der Verjährung die mit § 852 BGB übereinstimmende Regel:

„Die Ansprüche nach Abs. 1 verjähren in 3 Jahren von dem Zeitpunkt an, in dem der Dienstherr von dem Schaden und der Person des Ersatzpflichtigen Kenntnis erlangt, ohne Rücksicht auf diese Kenntnis in 10 Jahren von der Begehung der Handlung an."

Die in § 19 Abs. 1 BNotO angeordnete Haftung des Notars ist mindestens gegenüber dem — wie das Gesetz[55] formuliert — „Auftraggeber" eine Haftung wegen öffentlich-rechtlicher Forderungsverletzung. Das Rechtsverhältnis zwischen Notar und „Auftraggeber" muß selbst bei Zugrundelegung der einschränkenden Voraussetzungen der herrschenden Lehre und der Rechtsprechung als „schuldrechtsähnliche Sonderverbindung" angesehen werden. § 19 Abs. 1 Satz 3 BNotO verweist aber für alle Fälle der Haftung nach Satz 1 ausdrücklich auf die

---
[52] BGHZ 9, 209/10; W. Jellinek, Verwaltungsrecht, S. 224; Forsthoff, S. 167/168. Siehe zur Anwendung des § 197 BGB auf beamtenrechtliche Versorgungsansprüche BGHZ 23, 166 (167) m. w. Nachw.
[53] Ebenso Simons, S. 139.
[54] Siehe oben Kap. 1, F III.
[55] § 19 Abs. 1 Satz 2 a.E. BNotO.

bürgerlich-rechtlichen Vorschriften über die Beamtenhaftung, somit auch auf die Verjährungsvorschrift des § 852 BGB.

Eine zwar nicht der deliktsrechtlichen Bestimmung des § 852 BGB entsprechende, aber von der regelmäßigen Verjährung im bürgerlichen Vertragsrecht ebenfalls erheblich abweichende Verjährungsvorschrift enthält § 24 Abs. 2 des neuen Postgesetzes vom 28. Juli 1969 (BGBl. I, S. 1006), das nach seinem § 30 Abs. 1 am 1. Januar 1970 in Kraft getreten ist. Nach den §§ 19 und 20 dieses Gesetzes haftet die Bundespost im Postscheckdienst und im Postsparkassendienst „entsprechend den allgemein gesetzlichen Vorschriften über die Haftung des Schuldners für die Erfüllung seiner Verbindlichkeiten." Gemäß § 24 Abs. 2 Nr. 1/2 und 6 verjähren die Schadensersatzansprüche nach diesen Vorschriften in vier Jahren.

Aus diesen Sondervorschriften kann jedoch ebenso wenig eine — dem § 195 BGB widersprechende — allgemeine Regel über die Verjährung von Schadensersatzansprüchen bei öffentlich-rechtlichen Forderungsverletzungen abgeleitet werden, wie es im bürgerlichen Recht ausgeschlossen ist, an der Geltung der Regelvorschrift des § 195 BGB außerhalb des Anwendungsbereichs von Sondervorschriften zu zweifeln, obgleich gerade durch das Bürgerliche Gesetzbuch die Regel des § 195 so stark und so häufig durchbrochen ist, daß sie praktisch die Ausnahme darstellt[56].

Als Ergebnis ist daher festzustellen, daß die Schadensersatzansprüche aus Art. 34 GG nicht einheitlich verjähren. Soweit es sich um Ansprüche wegen deliktischen Unrechts handelt, findet § 852 BGB entsprechende Anwendung. Betrifft der Staatshaftungsanspruch jedoch eine Vertrags- oder sonstige Forderungsverletzung, dann gilt, soweit nicht Sondervorschriften wie beispielsweise die §§ 78 Abs. 3 BBG, 24 Abs. 3 SoldG, 19 Abs. 1 S. 3 BNotO, 24 Abs. 2 Nr. 1, 2 und 6 PostG eingreifen, analog § 195 BGB die 30jährige Verjährungsfrist.

B. Die Fälle gesetzlicher Anerkennung einer Haftung des Hoheitsträgers wegen Forderungsverletzung neben der Amtshaftung

Eine Haftung des Hoheitsträgers gegenüber dem Gewaltunterworfenen in entsprechender Anwendung des bürgerlichen Rechts der Forderungsverletzung besteht bei Verletzung der beamtenrechtlichen Fürsorgepflicht sowie bei Verletzung der einem Hoheitsträger obliegenden Verwahrungs-, Obhuts- und Herausgabepflicht aus öffentlich-rechtlicher Verwahrung. Insoweit ist der oben in Kap. 1 unter F dargestellten

---

[56] BGHZ 9, 209 (212).

B. Gesetzliche Anerkennungen schuldrechtlicher Haftung

Rechtsprechung sowie der herrschenden Lehre im Ergebnis zu folgen. Denn daß dem Geschädigten in diesen Fällen — neben dem Amtshaftungsanspruch — ein Schadensersatzanspruch in entsprechender Anwendung des bürgerlichen Vertragsrechts zusteht, ist im positiven öffentlichen Recht anerkannt: Es gibt Normen des öffentlichen Rechts, die das Bestehen derartiger öffentlich-rechtlicher Schadensersatzansprüche voraussetzen. Im Unterschied zu dem unter A Ausgeführten geht es hier nicht mehr nur um eine teilweise Ergänzung der Staatshaftungsnorm durch Einzelvorschriften des BGB, sondern um die Anerkennung eines neben das Staatshaftungsrecht tretenden selbständigen Haftungssystems für schuldhafte Forderungsverletzungen.

Dabei ist vorauszuschicken, daß das positive öffentliche Recht — abgesehen von diesen wichtigen und bekannten Fällen — in weiteren Einzelfällen ausdrücklich das bürgerliche Recht der Forderungsverletzung auf öffentlich-rechtliche Schuldverhältnisse für entsprechend anwendbar erklärt, so beispielsweise in § 1436 Abs. 1 und 2 RVO, §§ 19 und 20 PostG (Haftung im Postscheckdienst und im Postsparkassendienst)[57].

I. Der Schadensersatzanspruch wegen Verletzung der beamtenrechtlichen Fürsorgepflicht

Grundlage dieses Anspruchs sind allerdings nicht § 79 BGB[58] und die entsprechenden Bestimmungen der Landesbeamtengesetze[59]. Denn diese Vorschriften gewähren einen auf Fürsorge gerichteten *Erfüllungs*anspruch, sie bieten aber nicht zugleich eine Rechtsgrundlage für einen — sekundären — Schadensersatzanspruch wegen Nichterfüllung oder allgemein wegen Verletzung jener primären Leistungspflicht. Im deutschen Rechtssystem ist der Anspruch auf Schadensersatz wegen Verletzung einer Rechtspflicht niemals Bestandteil des primären Leistungs-

---

[57] Gesetz über das Postwesen vom 28. Juli 1969 (BGBl. I, S. 1006), das am 1. Januar 1970 in Kraft getreten ist, § 30 I. Dagegen verweisen § 16 (Haftung im Postauftragsdienst) und § 21 (Haftung für unrichtige Auskünfte) ausschließlich auf das Amtshaftungsrecht. § 18 (Haftung im Postreisedienst) verweist auf die Gefährdungshaftung nach dem StVG, auf das Amtshaftungsrecht und auf das Recht der Forderungsverletzung.

[58] § 79 BBG bestimmt: „Der Dienstherr hat im Rahmen des Dienst- und Treueverhältnisses für das Wohl des Beamten und seiner Familie, auch für die Zeit nach Beendigung des Beamtenverhältnisses, zu sorgen. Er schützt ihn bei seiner amtlichen Tätigkeit und in seiner Stellung als Beamter."

[59] Ebenso BVerwGE 13, 17 (21); BGHZ 29, 310 (312 f.); a.A. noch BGHZ 7, 69 (72); 14, 122 ff.; sowie Plog-Wiedow, § 79 BBG, Rdnr. 25: „... Schadensersatzanspruch unmittelbar aus § 79 wegen schuldhafter Verletzung der Fürsorgepflicht..."; vgl. auch Idel, NJW 1955, 1300 (1301), der den Schadensersatzanspruch wegen Fürsorgepflichtverletzung als einen „zum Erfüllungsanspruch im Verhältnis des minderen zum Vollrecht" stehenden und deshalb verschuldensunabhängigen Fürsorgeanspruch ansieht. Dagegen insbesondere BVerwGE 13, 17 (22); Schütz, DÖD 1958, 201 (205).

anspruchs und nicht ein auf mindere Erfüllung gerichteter, sondern ein einer selbständigen Anspruchsgrundlage bedürfender sowie regelmäßig ein Verschulden voraussetzender Anspruch[60]. Darüber hinaus enthalten die genannten Vorschriften der Beamtengesetze über die Fürsorgepflicht gerade keine dem § 618 Abs. 3 BGB entsprechende Bestimmung, in der ausdrücklich ein Schadensersatzanspruch wegen schuldhafter Verletzung der Fürsorgepflicht vorausgesetzt ist. § 79 BBG kann auch nicht mit dem Argument als Grundlage eines neben dem Staatshaftungsanspruch bestehenden Schadensersatzanspruchs herangezogen werden, daß „es im Bereich der geltenden Rechtsordnung eine Besonderheit darstellen würde, wenn ein klagbarer Erfüllungsanspruch nicht der Umwandlung in einen Schadensersatzanspruch fähig wäre", und daß — hätte der Gesetzgeber eine derartige Abweichung gewollt — er dies in § 79 BBG bzw. § 36 DBG deutlich hätte zum Ausdruck bringen müssen[61]. Denn daß sich der Erfüllungsanspruch des § 79 BBG bei — schuldhafter —Verletzung in einen Schadensersatzanspruch verwandelt, bestimmt schon Art. 34 GG, ist doch die Staatshaftungsnorm nach richtigem Verständnis die allgemeine Haftungsnorm wegen Verletzung öffentlich-rechtlicher — absoluter wie relativer — Rechtspflichten.

Eine — stillschweigende — Anerkennung einer neben der Amtshaftung bestehenden Schadensersatzpflicht wegen Verletzung der beamtenrechtlichen Fürsorgepflicht enthält aber § 40 Abs. 2 Satz 2 VwGO. Daß eine prozessuale Norm zugleich die Anerkennung eines materiellrechtlichen Satzes enthält, ist gerade für das einer Kodifikation ermangelnde materielle Verwaltungsrecht keine Seltenheit, das wichtigste Beispiel ist die Vorschrift des § 113 Abs. 1 Satz 2 VwGO in bezug auf den Folgenbeseitigungsanspruch[62]. § 40 Abs. 2 Satz 2 VwGO schränkt die Bestimmung des Satzes 1 a. a. O., wonach „für Schadensersatzansprüche aus der Verletzung öffentlich-rechtlicher Pflichten ... der ordentliche Rechtsweg gegeben" ist, in der Weise ein, daß die besonderen Vorschriften des Beamtenrechts unberührt bleiben. Damit ist die Existenz von Schadensersatzansprüchen wegen Verletzung öffentlich-rechtlicher Pflichten aus dem Beamtenverhältnis neben dem Staatshaftungsanspruch vorausgesetzt[63]. Die Vorschrift des Satzes 2 liefe anderenfalls leer.

---

[60] BVerwGE 13, 17 (22).
[61] Siehe BVerwGE 13, 17 (23); Weimar, RiA 1960, 311.
[62] Bachof, JZ 1966, 643; siehe auch AöR 88, 427 f. mit Fußn. 7; Eyermann-Fröhler, § 80 VwGO Rdnr. 57; Heidenhain, S. 131 Anm. 35; Obermayer, JuS 1963, 113; Rösslein, S. 3 u. 9; Schleeh, AöR 92, 60; Weyreuther, Gutachten, S. 43/44; Bettermann, JZ 1960, 340; OVG Münster DVBl. 1964, 885; OVG Koblenz AS Bd. 9, 88 (92).
[63] Ebenso BVerwGE 13, 17 (27); Krause, ZBR 1960, 65.

B. Gesetzliche Anerkennungen schuldrechtlicher Haftung 143

Um Schadensersatzansprüche wegen Verletzung öffentlich- rechtlicher Pflichten aus dem Beamtenverhältnis handelt es sich allerdings auch bei den Ansprüchen des Dienstherrn gegen den Beamten gemäß § 78 Abs. 1 BBG, so daß der Einwand nahe liegt, die Vorschrift des § 40 Abs. 2 Satz 2 VwGO habe auch dann noch einen Sinn, wenn es von Art. 34 GG unabhängige und aus einer entsprechenden Anwendung bürgerlichen Vertragsrechts abgeleitete Schadensersatzansprüche des Beamten gegen den Dienstherrn nicht gäbe. Bei derartiger Argumentation wird aber übersehen, daß § 40 Abs. 2 Satz 1 VwGO nur die in zweifacher Hinsicht qualifizierten öffentlich-rechtlichen Ansprüche erfaßt: Es muß ein Sachzusammenhang mit den Ansprüchen aus Amtshaftung und Enteignung bzw. enteignungsgleichem Eingriff bestehen, und die Ansprüche müssen schon bisher — kraft Tradition — im ordentlichen Rechtsweg judiziert worden sein[64]. Da aber ein Schadensersatzanspruch eines Trägers öffentlicher Gewalt gegen den Gewaltunterworfenen niemals mit einem Anspruch aus Enteignung und Amtshaftung konkurriert, also schon die erste Voraussetzung des Sachzusammenhangs nie in Frage kommt[65], kann sich die Regelung des § 40 Abs. 2 Satz 1 und mithin auch die des Satzes 2 auf die bezeichneten Ansprüche des Dienstherrn gegen den Beamten nach § 78 BBG von vornherein nicht beziehen. Gegenstand und Grund der Bestimmung des § 40 Abs. 2 Satz 2 VwGO können also ausschließlich die durch eine entsprechende Anwendung des bürgerlichen Rechts der Forderungsverletzung begründeten Schadensersatzansprüche des Beamten gegen den Dienstherrn wegen Verletzung der Fürsorgepflicht sein, deren Existenz in § 40 Abs. 2 Satz 2 VwGO damit vorausgesetzt und anerkannt wird.

II. Der Schadenersatzanspruch aus öffentlich-rechtlicher Verwahrung

1. Eine neben der Amtshaftung bestehende Schadensersatzpflicht eines Trägers öffentlicher Gewalt wegen Forderungsverletzung im Bereich öffentlich-rechtlicher Verwahrung ist nicht in § 18 HintO[66] vorausgesetzt und anerkannt[67]. Gemäß dieser Bestimmung kann „nach der Herausgabe... das Reich nur auf Grund der Vorschriften über die Haftung für Amtspflichtverletzung der Justizbeamten in Anspruch genomen werden". Aus dieser Beschränkung ausschließlicher Geltung der

---
[64] Schriftliche Begründung des Rechtsausschusses des Bundestages vom 12. 5. 1959, BT-Drucksache Nr. 1094, 3. WP.
[65] Vgl. auch BGHZ 43, 269 (277); OVG Bremen, KStZ 1965, 181; LG Köln NJW 1965, 1440; Bettermann, JZ 1966, 446 f.
[66] Hinterlegungsordnung vom 10. 3. 1937 (RGBl. S. 285).
[67] So jedoch Simons, S. 139/40.

4. Kap.: Bürgerliches Haftungsrecht neben Amtshaftungsrecht

Amtshaftung für die Zeit *nach* Herausgabe des Hinterlegten kann nun nicht gefolgert werden, daß das Gesetz von einer (zusätzlichen) Haftung des Staates nach dem Recht der Forderungsverletzung für die Zeit *vor* Herausgabe ausgehe[68]. Durch § 18 HintO soll — wie die amtliche Begründung ergibt[69] — zum Ausdruck kommen, daß das Hinterlegungsverhältnis erlischt, wenn die Masse nach den Vorschriften des Vierten Abschnitts der HintO herausgegeben ist. Danach sollen weitere Anträge im Hinterlegungsverfahren und die Klage auf Herausgabe ausgeschlossen sein[70]. Insbesondere für die Fälle „unregelmäßiger" Verwahrung (vgl. § 700 BGB) soll bei Leistung an einen Nichtberechtigten[71] der (selbstverständlich verschuldensunabhängige) primäre Erfüllungsanspruch des Berechtigten ausgeschlossen, der Verletzte vielmehr ausschließlich auf einen sekundären, verschuldensabhängigen Schadensersatzanspruch gegen den Justizfiskus angewiesen sein. Also nicht der Ausschluß von *Schadensersatz*ansprüchen nach dem Recht der Forderungsverletzung für die Zeit *nach* Herausgabe der Masse, so daß das Bestehen derartiger Ansprüche *vor* diesem Zeitpunkt vorausgesetzt wäre, sondern der Ausschluß jener speziellen Rechtsbehelfe des Hinterlegungsverfahrens und der Erfüllungsrechte gegen den Staat als Verwahrer bei Herausgabe an einen Nichtberechtigten ist Sinn dieser Vorschrift.

2. § 40 Abs. 2 Satz 1 VwGO eröffnet den Zivilrechtsweg u. a. „für vermögensrechtliche Ansprüche ... aus öffentlich-rechtlicher Verwahrung". Gegen die Annahme, daß damit das Bestehen von Schadensersatzansprüchen des Gewaltunterworfenen gegen einen Träger öffentlicher Gewalt wegen Verletzung der Obhuts- oder Rückgabepflichten aus öffentlich-rechtlicher Verwahrung außerhalb des Staatshaftungsrechts vorausgesetzt und anerkannt sei, spricht folgende Überlegung: § 40 Abs. 2 Satz 1 VwGO unterscheidet deutlich zwischen vermögensrechtlichen Ansprüchen schlechthin und den Schadensersatzansprüchen und weist hinsichtlich der öffentlich-rechtlichen Verwahrung die vermögensrechtlichen Ansprüche generell an die Zivilgerichte. Diese Bestimmung scheint damit neben den Schadensersatzansprüchen auch alle sonstigen Leistungsansprüche des Hinterlegers gegen den Verwahrer — vornehmlich auf Herausgabe der hinterlegten Sache — und darüber hinaus die Ansprüche des verwahrenden Hoheitsträgers gegen den Gewaltunterworfenen, etwa auf Zahlung von Verwahrungskosten, zu erfassen. Abgesehen von dem Wortlaut der Bestimmung liegt diese Annahme auch deshalb nahe, weil sich die Zuständigkeit der Zivil-

---

[68] a.A. Simons a.a.O.
[69] abgedruckt bei Drischler, HintO, S. 96.
[70] Siehe auch Drischler, § 18 HintO Anm. 2.
[71] Vgl. Drischler, § 18 Anm. 4; Palandt-Heinrichs, Einf. 3 a vor § 372 BGB.

B. Gesetzliche Anerkennungen schuldrechtlicher Haftung

gerichte für die Schadensersatzansprüche des Hinterlegers gegen den Verwahrer schon aus der allgemeinen Vorschrift des § 40 Abs. 2 Satz 1 VwGO ergibt, wonach für Schadensersatzansprüche aus der Verletzung öffentlich-rechtlicher Pflichten der ordentliche Rechtsweg gegeben ist, so daß die erörterte Bestimmung in § 40 Abs. 2 Satz 1 bei Beschränkung auf Schadensersatzansprüche des Gewaltunterworfenen überflüssig wäre.

Würde aber § 40 Abs. 2 Satz 1 VwGO alle möglichen Ansprüche aus öffentlich-rechtlicher Verwahrung, nicht nur die Schadensersatzansprüche des Gewaltunterworfenen, erfassen, dann könnte nicht mehr gesagt werden, diese Vorschrift setze öffentlich-rechtliche, durch eine entsprechende Anwendung des bürgerlichen Rechts der Forderungsverletzung abzuleitende Schadensersatzansprüche außerhalb des Staatshaftungsrechts voraus. Denn die Regelung in § 40 Abs. 2 Satz 1 hinsichtlich der öffentlich-rechtlichen Verwahrung behielte dann auch bei ausschließlicher Anwendung der Staatshaftungsnorm des Art. 34 GG auf die von einem Hoheitsträger zu vertretende Forderungsverletzung im Rahmen öffentlich-rechtlicher Verwahrungsverhältnisse noch ihren Sinn und ihre Bedeutung.

Der der allgemeineren Bestimmung in § 40 Abs. 2 Satz 1 VwGO über die Schadensersatzansprüche wegen Verletzung öffentlich-rechtlicher Pflichten zugrunde liegende Sinn und Zweck, für öffentlich-rechtliche Streitigkeiten den Zivilrechtsweg zu *erhalten,* in denen ein enger Sachzusammenhang mit der Enteignung oder der Amtshaftung besteht, dieser doppelte Grund des Sachzusammenhangs und der Traditionszuständigkeit, ist auch maßgeblich für die Klausel über die öffentlich-rechtliche Verwahrung[72], die damit restriktiv zu interpretieren ist: Ansprüche eines Trägers öffentlicher Gewalt als Verwahrer gegen den gewaltunterworfenen Hinterleger, aber auch umgekehrt die Ansprüche des Gewaltunterworfenen gegen den verwahrenden Hoheitsträger mit Ausnahme des Schadensersatzanspruches können weder mit Ansprüchen aus Staatshaftung und Enteignung konkurrieren noch sind diese Ansprüche schon bisher im ordentlichen Rechtsweg judiziert worden.

Daß § 40 Abs. 2 Satz 1 VwGO insbesondere nicht für den Herausgabeanspruch des Hinterlegers gegen den Verwahrer gilt, das ergibt sich vor allem auch daraus, daß dieser Anspruch regelmäßig ein Folgenbeseitigungsanspruch ist, beispielsweise gerichtet auf Rückgängigmachung der Vollzugsfolgen einer aufgehobenen Beschlagnahmeverfügung. Folgenbeseitigungsansprüche gehören aber ausnahmslos vor

---
[72] LG Köln NJW 1965, 1440 f.; Bettermann, JZ 1966, 446 f.; im Ergebnis ebenso Menger-Erichsen, VerwArch Bd. 57 (1966) S. 75.

die Verwaltungsgerichte und nicht — wie es § 40 Abs. 2 Satz 1 VwGO bestimmt — vor die Zivilgerichte. Die Herausgabe öffentlich verwahrter Sachen ist eine Amtshandlung: So wenig Art. 34 S. 3 GG es zuläßt, daß ein Träger öffentlicher Gewalt vom ordentlichen Gericht auf Grund einer Amtshaftungsklage zur Vornahme einer Amtshandlung verurteilt wird[73], so wenig erfaßt auch die Rechtswegbestimmung des § 40 Abs. 2 Satz 1 VwGO Ansprüche des Gewaltunterworfenen auf Vornahme von Amtshandlungen.

Betrifft also die Bestimmung über die öffentlich-rechtliche Verwahrung in § 40 Abs. 2 Satz 1 VwGO — gerade und jedenfalls in erster Linie[74] — die Schadensersatzansprüche des gewaltunterworfenen Hinterlegers, dann muß sie das Bestehen derartiger materiellrechtlicher — von der Rechtsprechung seit langem angenommener — Schadensersatzansprüche außerhalb des Staatshaftungsrechts voraussetzen. Die Vorschrift enthält in prozessualer Einkleidung — im Umfang ihrer Regelung — die Anerkennung eines durch eine entsprechende Anwendung des bürgerlichen Rechts der Forderungsverletzung zu begründenden öffentlich-rechtlichen Schadensersatzanspruches.

C. Die Leistungsstörungen im Rahmen gegenseitiger Verträge des öffentlichen Rechts

Die wesentlichste Einschränkung des Grundsatzes ausschließlicher Geltung der Staatshaftungsnorm bei öffentlich-rechtlichen — von einem Hoheitsträger zu vertretenden — Forderungsverletzungen besteht aber in den Fällen der Verletzung synallagmatischer Hauptleistungspflichten aus gegenseitigen Verträgen des öffentlichen Rechts.

I. Die Bedeutung der §§ 323 ff. BGB neben einer Schadensersatzhaftung aus Art. 34 GG

Im Privatrecht werden die allgemeinen Vorschriften der §§ 275 ff. BGB für die Leistungsstörungen im Rahmen gegenseitiger Verträge ergänzt durch die §§ 323 ff. BGB[75]. Ebenso wie § 280 BGB behandelt auch Art. 34 GG lediglich die Umwandlung der — primä-

---

[73] Siehe oben Kap. 3, C II 3.
[74] Zweifelhaft kann nur sein, soll hier aber wegen der verhältnismäßig geringen praktischen Bedeutung offen bleiben, ob nicht wenigstens die Aufwendungsersatzansprüche, die dem Verwahrer in entsprechender Anwendung des § 693 BGB zustehen können, sowie umgekehrt die Nutzungsentschädigungsansprüche des Hinterlegers, insbesondere auch die Zinsansprüche nach § 698 BGB, dem § 40 II 1 VwGO unterfallen.
[75] RGZ 106, 24; Palandt-Heinrichs, Vorbem. 1 vor § 323; Blomeyer, Schuldrecht, S. 151; Staudinger-Kaduk, Vorbem. 22 vor § 320 BGB.

ren — Leistungspflicht im Falle ihrer Verletzung in eine — sekundäre — Schadensersatzpflicht, es fehlt aber eine — bei gegenseitigen Verträgen zwingend erforderliche — Regelung über das Schicksal der *Gegen*leistung. Bei gegenseitigen oder entgeltlichen Verträgen besteht eine synallagmatische Verknüpfung von Leistung und Gegenleistung, d. h. jeder Vertragspartner verspricht seine Leistung gegen ein Leistungsversprechen des anderen Teils. Diese finale Gegenseitigkeitsbindung im Sinne des „do ut des"[76], dieser Bedingungszusammenhang[77] zwischen Leistung und Gegenleistung, bedeutet nicht nur eine Abhängigkeit des Leistungsversprechens in der Entstehung von der Gültigkeit des Gegenversprechens (genetisches Synallagma), sondern muß auch nach der Entstehung der Leistungspflichten zu deren wechselseitiger Abhängigkeit und zur Auswirkung einer Forderungsverletzung (auch) auf die *Gegen*leistungspflicht führen (funktionelles Synallagma)[78].

Die für den gegenseitigen Vertrag des Privatrechts geltenden Bestimmungen der §§ 323 ff. BGB über die wechselseitige Abhängigkeit der Leistungspflichten sind mangels einer eigenen Regelung des öffentlichen Rechts auf öffentlich-rechtliche Austauschverträge analog anzuwenden. Art. 34 GG regelt also nur die von einem Hoheitsträger zu vertretende Leistungsstörung im Rahmen einseitig verpflichtender und „unvollkommen" zweiseitig verpflichtender Schuldverhältnisse des öffentlichen Rechts sowie die Verletzung einer Rechtspflicht im Rahmen gegenseitiger Verträge, soweit es sich nicht um eine synallagmatische Hauptleistungspflicht handelt[79], für die die Sondervorschriften der §§ 323 ff. BGB entsprechend gelten.

II. Anwendbarkeit der §§ 323 ff. BGB im öffentlichen Recht nur mit Einschränkungen?

1. Die These einer unbedingten Aufrechterhaltung öffentlich-rechtlicher Vertragspflichten zur Wahrung des öffentlichen Interesses

Die analoge Anwendung der §§ 323 ff. BGB auf gegenseitige Verträge des öffentlichen Rechts, die bereits in Art. 202 Abs. 1 des Entwurfs einer Verwaltungsrechtsordnung für Württemberg ausdrücklich vorgesehen war[80], ist in der Literatur im Grundsatz anerkannt[81]. Einschränkungen

---
[76] Esser, Schuldrecht I, S. 102.
[77] Blomeyer, Bedingungslehre, S. 108 ff. u. Schuldrecht, S. 106.
[78] Blomeyer, Schuldrecht, S. 106/07; Esser a.a.O. S. 102.
[79] Auch im Privatrecht gelten für diese Pflichten nicht die §§ 323 ff., sondern die §§ 275, 280 BGB.
[80] Siehe auch § 48 des Musterentwurfs eines Verwaltungsverfahrensgesetzes, 1963: „Soweit sich aus den Vorschriften dieses Abschnitts nichts

werden aber teilweise in folgender Hinsicht vorgenommen: Das öffentliche Interesse, dessen Wahrnehmung der verwaltungsrechtliche Vertrag diene, verlange die Erfüllung einer Leistungspflicht, solange und soweit das möglich ist. Die — noch mögliche — Erfüllung der primären Leistungspflicht habe aus Gründen des öffentlichen Interesses den Vorrang vor den anderweitigen, ausschließlich an einer bestmöglichen Verfolgung der Individualinteressen des in seinem Forderungsrecht verletzten Gläubigers orientierten Rechtsfolgen der §§ 323 ff. BGB[82]. Aus diesem Grunde sei eine entsprechende Anwendung des § 326 Abs. 2 BGB — ebenso des in diesen Zusammenhang des gegenseitigen Vertrages nicht gehörenden § 286 Abs. 2 BGB — ausgeschlossen, nach dem ein Gläubiger bei verzugsbedingtem Wegfall seines Interesses an der Leistung die Wahlmöglichkeiten des § 326 Abs. 1 BGB, also insbesondere das Recht hat, anstatt Erfüllung der noch möglichen Schuldnerleistung Schadensersatz wegen Nichterfüllung zu verlangen oder vom Vertrage zurückzutreten[83].

2. Zur Vereinbarkeit der in den §§ 323 ff. BGB getroffenen Regelungen mit der zu 1. genannten These

Ist aber der Satz, im Rahmen öffentlich-rechtlicher Austauschverträge verlange das öffentliche Interesse die unbedingte Erbringung einer noch möglichen Primärleistung, richtig, dann ist nicht nur eine entsprechende Anwendung speziell des § 326 Abs. 2, sondern der §§ 323—327 BGB überhaupt weitgehend ausgeschlossen. Daß unter der bezeichneten Voraussetzung auch § 326 Abs. 1 auf öffentlich-rechtliche Verträge keine Anwendung finden kann[84], ist schon des-

---

Abweichendes ergibt, gelten die übrigen Vorschriften dieses Gesetzes. Ergänzend gelten die Vorschriften des Bürgerlichen Gesetzbuches entsprechend". Diese ausdrückliche (generelle) Verweisung auf das bürgerliche Recht fehlt in der entsprechenden Vorschrift des § 129 LVerwG Schleswig-Holstein vom 18. April 1967.
[81] Eckert, DVBl. 1962, 11, insb. S. 17—19; Schwär, S. 82/83, 92 ff., 124 ff., 160 ff.; Beinhardt, VerwArch 55 (1964), S. 255 ff.; wobei hier außer Betracht bleibt, daß überwiegend nicht von Analogie, sondern von der Anwendung als allgemeine Rechtsgrundsätze gesprochen wird. Im Ergebnis ebenso Simons, S. 141 ff., obgleich er zuvor auf S. 112 ff. nicht nur die analoge, sondern auch die Anwendung der §§ 323 ff. als Ausdruck allgemeiner Rechtsgedanken ausdrücklich ablehnt. Er gelangt dann aber über einen im Verwaltungsschuldrecht angeblich geltenden besonderen Rechtsgrundsatz zu einem den §§ 323 ff. im wesentlichen entsprechenden Haftungssystem (S. 146/47); ebenso Wolff, Verwaltungsrecht I, § 44 III b, S. 284 ff.
A.A. für den Anwendungsbereich des LVerwG Schl.Holstein: Foerster, § 129 Anm. 2.
[82] Eckert, DVBl. 1962, 17, 19, 20; Simons, S. 142, 143 im Widerspruch zu S. 117/18; Beinhardt, VerwArch 55, 258; Schwär, S. 159/60.
[83] Eckert a.a.O. S. 19; im Ergebnis ebenso Simons, S. 142, 143.
[84] So auch Simons, S. 115.

halb offensichtlich, weil sich diese Vorschrift von der des Absatz 2 a.a.O. nur dadurch unterscheidet, daß im letzteren Fall allein die Fristsetzung mit der bedingten Ablehnungserklärung entbehrlich ist[85]. Beide Vorschriften enthalten aber die hier unter dem Gesichtspunkt der Aufrechterhaltung primärer Leistungspflichten aus Gründen des öffentlichen Interesses allein entscheidende Regelung, daß der Gläubiger im Falle des Schuldnerverzuges die Erbringung der noch möglichen Leistung ablehnen und stattdessen u. a. Schadensersatz wegen Nichterfüllung verlangen oder vom Vertrage zurücktreten kann.

Aber diesem Grundsatz unbedingter Aufrechterhaltung primärer Leistungspflichten, soweit deren Erfüllung noch möglich ist, würde nicht nur die nach § 326 Abs. 1 und 2 BGB gegebene Dispositionsmöglichkeit des Gläubigers über die Erbringung der von ihm zu beanspruchenden Leistung, sondern genauso die nach § 325 BGB bestehende Wahlmöglichkeit hinsichtlich der von ihm selbst zu erbringenden, also hinsichtlich der Gegenleistung, widersprechen[86]. Nach § 325 Abs. 1 BGB hat der Gläubiger, wenn die Leistung des Schuldners aus einem von ihm zu vertretenden Grunde nachträglich unmöglich geworden ist, ein mehrfaches Wahlrecht: Er kann entweder Schadensersatz wegen Nichterfüllung verlangen oder vom Vertrage zurücktreten oder die Rechte aus § 323 BGB geltend machen, § 325 Abs. 1 Satz 3 BGB. Er hat damit, was die Erbringung der *eigenen* Leistung anlangt, eine Dispositionsfreiheit: Tritt er vom Vertrage zurück, wird er von der eigenen Leistungspflicht frei und kann die bereits erbrachte Leistung gemäß §§ 327, 346 BGB zurückfordern. Ebenfalls befreit von der eigenen Leistungspflicht ist der Gläubiger, wenn er sich auf §§ 325 Abs. 1 Satz 3, 323 Abs. 1 BGB beruft; eine bereits erbrachte Leistung kann er nach Bereicherungsrecht zurückfordern, § 323 Abs. 3 BGB. Er kann ferner auf Grund des Satzes 3 des § 325 Abs. 1 gegebenenfalls Herausgabe des stellvertretenden commodums nach §§ 323 Abs. 2, 281 BGB verlangen. In diesem Fall bleibt er zur eigenen Leistung verpflichtet. Seine Gegenleistungspflicht wird jedoch entsprechend gemindert, wenn der Wert des stellvertretenden commodums hinter dem der (ursprünglich) geschuldeten Leistung zurückbleibt. Der Gläubiger kann schließlich Schadensersatz wegen Nichterfüllung verlangen. was nach der Surrogationstheorie[87] bedeutet, daß er zur eigenen Leistung verpflichtet bleibt und für die unmöglich gewordene Gegenleistung Wertersatz erhält. Hat er die eigene Leistung noch nicht erbracht, so gewährt ihm die Rechtsprechung[88] darüber hinaus für den Fall, daß

---

[85] Palandt-Heinrichs, § 326 Anm. 11 a.E.
[86] Vgl. auch Simons, S. 116.
[87] Siehe zur Surrogations- und Differenztheorie Larenz, Schuldrecht I, S. 260 ff. mit Nachweisen.
[88] RGZ 50, 255 (262 ff.); 127, 245 (248); 149, 135 (136); BGHZ 20, 338 (343).

er Schadensersatz wegen Nichterfüllung verlangt, auch das Recht, anstelle des Ausgleichs nach der Surrogationstheorie nach der Differenzmethode unter Einbehaltung der eigenen Leistung den Betrag als Schadensersatz zu fordern, um den der Wert der unmöglich gewordenen Leistung den seiner eigenen — nunmehr ersparten — Gegenleistung übersteigt.

Wäre also der eingangs wiedergegebene Satz von der unbedingten Erbringung der primär geschuldeten Leistung bei Leistungsstörungen im Rahmen öffentlich-rechtlicher Verträge richtig, dann kämen im öffentlichen Recht nur zwei der verschiedenen, in § 325 Abs. 1 BGB hinsichtlich der vom Gläubiger geschuldeten Gegenleistung vorgesehenen Rechtsfolgen nachträglicher Unmöglichkeit der Schuldnerleistung in Frage: Einmal der Schadensersatzanspruch wegen Nichterfüllung, und zwar ausschließlich im Sinne der Surrogationstheorie in der Weise, daß der Gläubiger zu seiner eigenen — noch möglichen — Leistung verpflichtet bleibt, für die unmöglich gewordene Gegenleistung aber Wertersatz erhält. Diese Rechtsfolge einer Umwandlung der primären Leistungspflicht in eine sekundäre Schadensersatzpflicht im Falle einer vom Schuldner zu vertretenden Unmöglichkeit ergäbe sich aber schon — wie im Privatrecht aus der allgemeinen Vorschrift des § 280 BGB — im öffentlichen Recht aus Art. 34 GG.

Der Anspruch auf Herausgabe des stellvertretenden commodums nach §§ 325 Abs. 1 Satz 3, 323 Abs. 2, 281 Abs. 1 BGB wäre die zweite noch mögliche Rechtsfolge, weil auch hier der Gläubiger zur eigenen Leistung grundsätzlich verpflichtet bleibt, § 323 Abs. 2 BGB. Nach der Ausgangsthese einer unbedingten Aufrechterhaltung öffentlich-rechtlicher Leistungspflichten wäre aber bereits die in § 323 Abs. 2 vorgesehene Minderung der eigenen Leistung des Gläubigers, wenn der Wert des stellvertretenden commodums dem der ursprünglichen Schuldnerleistung nicht entspricht, problematisch. Aber gerade ohne diese Besonderheit ergäbe sich die in §§ 325 Abs. 1 Satz 3, 323 Abs. 2 BGB vorgesehene Rechtsfolge auch bei ausschließlicher Geltung der Amtshaftung, also auch ohne die Anwendung der §§ 323 ff. BGB, weil auch dann eine analoge Anwendung des § 281 BGB zulässig und geboten wäre[89].

Im Anwendungsbereich des Art. 34 GG wäre damit eine analoge Anwendung des § 325 Abs. 1 BGB auf öffentlich-rechtliche Austauschverträge in jener Einschränkung überflüssig. Auf der Grund-

---

Hat der Gläubiger die ihm obliegende Leistung bereits erbracht, so findet der Ausgleich nur nach der Surrogationstheorie statt: RG JW 1931, 1183 f. Vgl. über den Stand der Meinungen Staudinger-Kaduk, Vorbem. 50 ff. vor § 323; Esser a.a.O. S. 362 ff; Larenz a.a.O. S. 261/62.

[89] Gegen eine Anwendung des § 281 BGB im öffentlichen Recht, ohne überzeugende Argumente, Schwär, S. 119 f.

lage jener These von der unbedingten Erfüllung öffentlich-rechtlicher Primärverpflichtungen müßten gerade die gegenüber der algemeinen Haftungsnorm des Art. 34 GG besonderen Rechtsfolgen der Leistungsstörung gegenseitiger Verträge ausgeschlossen werden. Das würde selbst für die „Grundregel" bei Leistungsstörung gegenseitiger Verträge, also für den auch im Rahmen des § 325 Abs. 1 anwendbaren § 323 Abs. 1 BGB gelten, wonach eine Partei, die von ihrer Leistungspflicht wegen Unmöglichkeit frei wird, ihren Gegenanspruch verliert.

3. Die Ablehnung einer besonderen, die §§ 323—326 BGB ausschließenden Bestandskraft öffentlich-rechtlicher Erfüllungsansprüche

Die These von der besonderen Bestandskraft der Pflichten aus öffentlich-rechtlichen Verträgen ist unhaltbar. Daß bei Leistungsstörungen das öffentliche Interesse stets und unter allen Umständen die Erbringung der primär geschuldeten Leistung verlange und den Wegfall der primären Leistungspflicht, soweit deren Erfüllung noch möglich ist, trotz Vorliegen einer Leistungsstörung verbiete, läßt sich in dieser Allgemeinheit nicht sagen[90]. Die Erreichung des (öffentlichen) Vertragszweckes kann durch die Leistungsstörung unmöglich geworden oder doch so stark gefährdet sein, daß es umgekehrt gerade im öffentlichen Interesse liegt, dem Gläubiger ein Rücktrittsrecht, den Schadensersatzanspruch wegen Nichterfüllung oder die Rechte aus § 323 BGB zu gewähren. Darüber hinaus ist der Ansatzpunkt einer derartigen Argumentation verfehlt. Die hier erwähnten Gesichtspunkte betreffen nicht die Frage der Anwendbarkeit der §§ 323 ff. BGB auf synallagmatische Leistungspflichten aus öffentlich-rechtlichen Verträgen, sondern die vorrangige, hier aber nicht weiter zu erörternde Frage nach der *Zulässigkeit* gegenseitiger öffentlich-rechtlicher Verträge[91]. Wenn und soweit es zutrifft, daß das öffentliche Interesse die unbedingte Erfüllung einer bestimmten Leistungspflicht verlangt, dann konnte die Erbringung jener Leistung zulässigerweise nicht in ein Abhängigkeitsverhältnis zu einer bestimmten Gegenleistung gebracht, in eine finale Gegenseitigkeitsbindung im Sinne eines „do ut des" gestellt werden. Wenn

---

[90] So auch Simons, S. 117/18, allerdings im Widerspruch zu den Ausführungen auf S. 142 und 143.
[91] Vgl. auch Eckert, DVBl. 1962, 18, zu der an sich nicht problematischen Umwandlung eines öffentlich-rechtlichen Leistungsanspruchs in einen sekundären Schadensersatzanspruch im Falle schuldhafter Nichterfüllung:
„Das öffentliche Interesse kann der Umwandlung des Anspruchs auf ordnungsmäßige Erfüllung eines Schuldverhältnisses in einen Schadensersatzanspruch grundsätzlich nicht entgegenstehen. Wenn das öffentliche Interesse die Begründung eines Schuldverhältnisses erlaubt — was schon bei der Frage, ob eine Verbindlichkeit wirksam eingegangen worden ist, geprüft werden muß —, dann hat es auch die sich notwendig daraus ergebenden Rechtsfolgen zu dulden."

152   4. Kap.: Bürgerliches Haftungsrecht neben Amtshaftungsrecht

und soweit man aber einen gegenseitigen Vertrag des öffentlichen Rechts zuläßt, steht damit zugleich das wechselseitige Abhängigkeitsverhältnis von Leistung und Gegenleistung, das genetische wie funktionelle Synallagma fest. Es ist ausgeschlossen, einerseits die von den Parteien vogenommene Bestimmung einer wechselseitigen Abhängigkeit der beiderseitigen Leistungspflichten für zulässig und wirksam zu erachten, andererseits aber die wesentlichen und notwendigen Folgerungen aus dieser von den Parteien gewollten Abhängigkeit der Leistungen nach Entstehung des Schuldverhältnisses für das öffentliche Recht als mit öffentlichen Interessen unvereinbar auszuschließen.

Als Ergebnis ist daher festzustellen, daß für den gegenseitigen oder entgeltlichen Vertrag des öffentlichen Rechts die §§ 323, 325, 326 BGB ohne Einschränkung entsprechend anwendbar sind.

D. Die Grenzen des Art. 34 GG als Zurechnungsnorm — die Ergänzung durch entsprechende Anwendung des § 278 BGB

In Art. 34 GG sind — im Gegensatz zum Schadensersatzrecht des Privatrechts — Haftungs- und Zurechnungsnormen zusammengefaßt. Bei den bisherigen Erörterungen ging es im wesentlichen um die Staatshaftungsnorm als *Haftungs*norm oder Anspruchsgrundlage bei öffentlichrechtlicher Forderungsverletzung. Die Ausschließlichkeit des Art. 34 GG für öffentlich-rechtliche Forderungsverletzungen ohne Rückgriff auf das Privatrecht wird aber auch gerade unter dem Gesichtspunkt der Zurechnungsnorm problematisch[92].

Eine Anwendung der Zurechnungsnorm des Art. 34 GG im Rahmen öffentlich-rechtlicher Schuldverhältnisse ist in folgenden Fällen von vornherein ausgeschlossen: Nicht nur als Haftungs-, sondern auch als Zurechnungsnorm gilt Art. 34 GG nur für das einem Träger öffentlicher Gewalt zurechenbare Unrecht; die von Organen oder Gehilfen einer juristischen Person des Privatrechts begangene öffentlich-rechtliche Vertrags- oder sonstige Forderungsverletzung ist der juristischen Person als Schuldnerin nur unter entsprechender Anwendung des § 278 BGB zuzurechnen[93]. Aber auch in den Fällen der von Organen oder Gehilfen eines Trägers öffentlicher Gewalt begangenen (öffentlich-

---

[92] Die im folgenden aufgezeigten Schwierigkeiten verkennt Schwär, wenn er einerseits, im Gegensatz zu der hier vertretenen Auffassung, die Anwendbarkeit des bürgerlichen RRechts der Forderungsverletzung als *Haftungs*norm bejaht, andererseits die *Zurechnungs*norm nicht in § 278 BGB, sondern — mit gewissen Ausnahmen — stets in Art. 34 GG erblickt, siehe S. 104 ff.
[93] Daß für Forderungsverletzungen im Privatrecht stets § 278 BGB gilt, auch soweit Organverschulden vorliegt, wird unten näher erörtert.

rechtlichen) Forderungsverletzung gilt nicht Art. 34 GG, sondern § 278 BGB entsprechend, wenn — bei Forderungsverletzungen im Rahmen gegenseitiger Verträge — Art. 34 GG auch als Haftungsnorm ausscheidet, vielmehr die §§ 323, 325, 326 BGB als Grundlage einer Haftung des Hoheitsträgers entsprechende Anwendung finden[94].

I. Art. 34 GG als Institut der Organ- u n d Gehilfenhaftung

1. Zur Unterscheidung von Organschaft und Stellvertretung von Organhaftung und Gehilftenhaftung im Privatrecht

Eine Notwendigkeit entsprechender Anwendung des § 278 BGB neben Art. 34 GG scheint darüber hinaus aus folgendem Grunde zu bestehen: Nach der im Privatrecht herrschenden Lehre besteht ein wesentlicher Unterschied zwischen Organschaft und Stellvertretung[95] und damit zwischen der Organhaftung nach §§ 31, 89 BGB als einer Haftung der Körperschaft für eigenes Handeln und eigenes Verschulden und der Gehilfenhaftung aus §§ 278, 831 BGB für das Handeln und — bei § 278 BGB — auch für das Verschulden Dritter. Nach dieser Ansicht gelten die §§ 31, 89 BGB nicht nur im deliktischen Bereich, sondern auch bei Forderungsverletzungen, wo sie den § 278 BGB ersetzen, wenn Organe der juristischen Person die Verletzung verschuldet haben[96]. Organhaftung und Gehilfenhaftung, § 31 und § 278 BGB, stehen also nach der im Privatrecht überwiegenden Ansicht bei Forderungsverletzungen selbständig nebeneinander. Geht man nun davon aus, daß Art. 34 GG das „publizistische Gegenstück" zu den §§ 31, 89 BGB ist, daß er — als Zurechnungsnorm — den Vorschriften über die *Organ*haftung entspricht[97], dann scheint auf den ersten Blick im öffentlichen Schadensersatzrecht mangels einer dem § 278 BGB entsprechenden *Gehilfen*haftung eine erhebliche Lücke zu bestehen, die durch analoge Anwendung des § 278 BGB zu schließen wäre.

Die Annahme, es fehle wegen einer Beschränkung des Art. 34 GG auf Organverschulden an einer dem § 278 BGB entsprechenden Zurechnungsnorm, erweist sich jedoch im wesentlichen als nicht begründet.

---

[94] Siehe dazu oben unter C in diesem Kapitel.
[95] Preuss, IherJb. Bd. 8, 429 ff., insbes. S. 445; Laband, AcP Bd. 73, 187 f.; Haff, Institutionen, S. 266 ff. (271 f.).
[96] Siebert in Soergel-Siebert, § 31 Rdn. 1 u. 2; derselbe: Rechtsstellung und Haftung der Technischen Überwachungsvereine, S. 10 f., 47; Enneccerus-Nipperdey, § 110 I 3 sowie Fußn. 17; Nastelski in RGRK § 278 Anm. 10; Erman-Westermann, § 31 Anm. 7; Westermann, JuS 1961, 333 (335); Denecke, JR 1951, 742.
A.A. von Tuhr, Bd. 1, S. 540, Fußn. 87; Staudinger-Coing, § 31 Rdn. 7; Erman-Groepper, § 278 Anm. 4 b; RGZ 122, 355 (358 f.).
[97] Bettermann, DÖV 1954, 299 (300); Grundrechte III, 2, S. 831; JZ 1961, 482; Heydt, JR 1967, 169 (170). Siehe dazu oben Kap. 3, B.

Schon für das Privatrecht ist der Unterschied zwischen Organschaft und Stellvertretung, zwischen Organhaftung und Gehilfenhaftung entgegen überwiegender Ansicht beschränkt auf das Deliktsrecht, er gilt nicht für die Vertragshaftung[98]:

Der Unterschied zwischen Organ und Stellvertreter und damit die Notwendigkeit einer Trennung von Organhandeln und Gehilfentätigkeit für die gesamte Rechtsordnung wird damit begründet, daß das Organ im Gegensatz zum Stellvertreter oder Gehilfen nicht an Stelle der juristischen Person, sondern daß diese selbst durch das Organ handele. Bei der Vertretung gehe es um ein Rechtsverhältnis zwischen zwei Rechtssubjekten, von denen das eine für das andere handele. Bei der Organschaft dagegen handele die juristische Person selbst und unmittelbar[99], „ihr Vorstand tritt nicht als ein von ihr verschiedenes Rechtssubjekt dem Dritten gegenüber, sondern die juristische Person handelt durch ihn, sie bedient sich desselben wie die physische Person sich des Mundes oder der Hand zur Abgabe von Willenserklärungen bedient"[100].

Aber bei dieser Argumentation treten Bilder oder Fiktionen an die Stelle der Wirklichkeit: Auch die Handlung des Organs ist ausschließlich seine eigene Handlung und nicht die des Organismus. Wenn die Handlung des Organs (auch) als eine solche der juristischen Person gilt, dann aus keinem anderen Grunde als dem, demzufolge auch die Handlung des Vertreters rechtlich als die des Vertretenen gilt: weil sie kraft Gesetzes einem anderen als dem physisch und psychisch Handelnden zugerechnet wird[101].

Ein grundsätzlicher Unterschied zwischen Organschaft und Stellvertretung ist also nicht anzuerkennen. Das ist auch der Standpunkt des Gesetzes, das zwar im (privaten) Deliktsrecht zwischen Organ- und Gehilfenhaftung unterscheidet, das aber für die Forderungsverletzungen in § 278 BGB nur eine einheitliche Zurechnungsnorm für Organ- und Gehilfenhandlungen kennt[102]. Daß § 31 BGB nur im deliktischen Bereich gilt, für Forderungsverletzungen der Organe dagegen § 278 BGB Anwendung findet, das besagt einmal der Wortlaut des § 31 BGB: Denn danach ist die juristische Person für den Schaden verantwortlich, den ihr Organ durch eine „zum Schdensersatz verpflichtende Handlung" einem Dritten zugefügt hat. Daß damit aber nur eine das *Organ,* nicht

---

[98] Siehe die Nachweise in Anm. 96 Abs. 2.
[99] Preuss, IherJb. Bd. 8, 429 ff. (445); Laband, AcP Bd. 73, 187 f.
[100] Laband a.a.O.
[101] Kelsen, Hauptprobleme, S. 697 ff.; von Tuhr, Bd. I, S. 459 ff., insbes. S. 461; H.-J. Wolff, Organschaft, Bd. II, S. 283 ff.; Rehm, Staatslehre, S. 180; Richter, S. 88.
[102] Nachweise in Anm. 96 Abs. 2.

D. Art. 34 GG als Zurechnungsnorm

die juristische Person zum Schadensersatz verpflichtende Handlung gemeint sein kann, das ergibt sich daraus, daß es sich hier um ein Tatbestandsmerkmal handelt, die Haftung der juristischen Person als Rechtsfolge des § 31 BGB aber unmöglich zugleich Tatbestandsmerkmal dieser Vorschrift sein kann. Die Verletzung einer gegen den Verein gerichteten Forderung ist aber — abgesehen von einem möglicherweise zugleich vorliegenden deliktischen Eingriff — keine das *Organ* zum Schadensersatz verpflichtende Handlung[103].

§ 278 BGB bezieht sich unter anderem auf die gesetzlichen Vertreter des Schuldners. Nach § 26 Abs. 2 Satz 1 BGB hat aber auch der Vorstand des Vereins „die Stellung eines gesetzlichen Vertreters", so daß sich auch hieraus die Anwendbarkeit des § 278 BGB auf Organhandlungen ergibt[104].

§ 31 BGB wäre schließlich bei Forderungsverletzungen eine unvollkommene Zurechnungsnorm, da er auf die Schadensersatzpflichten beschränkt ist. Das bürgerliche Schuldrecht kennt aber insbesondere in den §§ 325, 326 BGB neben dem Schadensersatz noch weitere Rechtsfolgen der Forderungsverletzung. Auch in diesen Fällen besteht die Notwendigkeit einer Zurechnung des Organverschuldens.

Als Zwischenergebnis ist daher festzustellen, daß im bürgerlichen Vertragsrecht § 278 BGB die einzige und umfassende Zurechnungsnorm ist, daß ein Unterschied zwischen Organen und sonstigen Erfüllungsgehilfen einer juristischen Person und damit zwischen Organ- und Gehilfenhaftung bei der Forderungsverletzung nicht besteht.

2. Die Regelung des öffentlichen Haftungsrechts

Dieser privatrechtlichen Regelung entspricht aber im wesentlichen die öffentlich-rechtliche Zurechnungsnorm des Art. 34 GG. Er erfaßt das Handeln aller Amtsträger oder Amtsgehilfen[105]. Wie im bürgerlichen Recht der Forderungsverletzung besteht auch für Art. 34 GG kein Unterschied zwischen Organschaft und Stellvertretung, zwischen Organen und sonstigen Amtsgehilfen, zwischen Eigen- und Fremdhaftung. Im Bereich der öffentlichen Gewalt wird dem Staat oder der juristischen Person des öffentlichen Rechts das Handeln eines jeden Amtsträgers, soweit er in Ausübung seines Amtes tätig wird, in gleichem Umfang haftungsrechtlich zugerechnet.

---

[103] Ebenso von Tuhr, Bd. I, S. 540, Fußn. 87; gegen dieses Argument Siebert in Soergel-Siebert, § 31 Rdn. 8; Enneccerus-Ninpperdey, § 110, Fußn. 17.
[104] Ebenso Erman-Groepper, § 278 Anm. 4 b.
[105] Siehe auch Bettermann, DÖV 1954, 300; Heydt, JR 1967, 169 (170).

II. Die Haftung der „Funktionskörperschaft" aus Art. 34 GG als der Schuldnerin der Primärverpflichtung

Trotz der Ausdehnung der Zurechnungsnorm des Art. 34 GG auf alle Amtsträger führt die Regelung des Art. 34 bei öffentlich-rechtlicher Forderungsverletzung zu teilweise unbefriedigenden Ergebnissen. Denn nach der Rechtsprechung und der herrschenden Lehre, die sich insoweit auf den Wortlaut des Art. 34 GG: es haftet diejenige Körperschaft, „in deren Dienst" der Amtsträger steht, berufen können, soll dafür, daß ein bestimmter Träger öffentlicher Gewalt gemäß Art. 34 GG haftet, im Grundsatz allein maßgebend sein, daß der rechtspflichtverletzende Amtsträger im Dienste dieser juristischen Person des öffentlichen Rechts steht. Für die Frage, welcher Körperschaft das Amtswalterverschulden zuzurechnen ist, soll insbesondere nicht entscheidend sein, wessen Funktionen und wessen Hoheitsrechte der Amtsträger ausübte[106] (sog. Anstellungstheorie). Eine Ausnahme zugunsten der sog. „Funktionstheorie" wird nur bei Beamten mit einer Doppelstellung gemacht, die also beispielsweise — wie in manchen Ländern der Landrat — sowohl ein staatliches als auch ein kommunales Amt ausüben[107]. Hier wird darauf abgestellt, in welcher Eigenschaft der Amtsträger tätig gewesen ist, als er den Rechtspflichtverstoß beging. Der Funktions- und nicht der Anstellungstheorie folgt man ferner in den Fällen, in denen der rechtspflichtwidrig handelnde Amtsträger überhaupt nicht in einem Anstellungsverhältnis zu einem Träger öffentlicher Gewalt steht, sondern als Privatperson, gegebenenfalls als Angestellter einer juristischen Person des Privatrechts[108], mit hoheitlichen Aufgaben beliehen worden ist[109].

Die Annahme einer grundsätzlichen Dienstherrnhaftung, d. h. Haftung der Anstellungskörperschaft, geht bei der öffentlich-rechtlichen Forderungsverletzung auf der einen Seite viel zu weit. Die Körperschaft, deren Organ oder Funktionär eine Forderung des öffentlichen Rechts verletzt hat, kann aus dieser Forderungsverletzung nur dann haften, wenn sie hinsichtlich des verletzten (Primär-)Anspruchs auch passiv-legitimiert gewesen ist. Unter dem Gesichtspunkt der Forderungsverletzung kann wegen der Relativität des Schuldverhältnisses nur der *Schuldner*, kein außerhalb des Schuldverhätnisses stehender

---

[106] RGZ 125,11 (13); 126,81 (83); 168,214 (218); 168,361 (368); 142,190 (195); 140, 126 (127); BGHZ 2, 350 (351); BGH DÖV 1955,554; Wolff, Verwaltungsrecht I, § 64 II g 1, S. 446; Forsthoff, Verwaltungsrecht, S. 299.
[107] RGZ 100,189/90; 111,13; 137,39; 140, 126 (127); BGH DÖV 1955,555; Wolff a.a.O. § 64 II g 2, S. 446/47.
[108] z. B. der Sachverständige des Technischen Überwachungsvereins, siehe dazu BGH NJW 1968, 443 ff.
[109] RGZ 142, 190 (195); BGHZ 36, 193 (196); BGH NJW 1968, 443 (445); Wolff a.a.O., § 64 II g 3, S. 447.

und hinsichtlich des verletzten primären Anspruchs nicht passiv-legitimierter Dritter haften[110]. Genauso wenig, wie eine juristische Person des Privatrechts aus Vertragsverletzung gemäß § 278 BGB dem in seinen Rechten verletzten Gäubiger gegenüber haftet, wenn ihr Organ oder Gehilfe in Erfüllung eines zwischen Dritten bestehenden Vertragsverhältnisses eine Forderungsverletung begeht, sondern ausschließlich der Schuldner, als dessen Erfüllungsgehilfin die betreffende juristische Person tätig gewesen ist, so kann eine Körperschaft des öffentlichen Rechts — nur weil ihr Organ oder Funktionär gehandelt hat — nicht gemäß Art. 34 GG wegen Forderungsverletzung haften, wenn nicht sie, sondern eine dritte Körperschaft des öffentlichen Rechts Partei des öffentlich-rechtlichen Schuldverhältnisses ist.

Andererseits ist auf Grund der überkommenen Grenzziehung zwischen der Anstellungs- und der Funktionstheorie die Anwendbarkeit des Staatshaftungsrechts auf öffentlich-rechtliche Forderungsverletzungen erheblich eingeschränkt. Eine gegen eine juristische Person des öffentlichen Rechts gerichtete öffentlich-rechtliche Forderung kann nicht nur durch Organe oder Funktionäre dieser Körperschaft als Schuldnerin, sondern auch

a) durch Amtsträger einer dritten, als Gehilfin in den Erfüllungsablauf eingeschalteten öffentlich-rechtlichen Körperschaft[111],

b) durch einen in keinem Anstellungsverhältnis zu einem Träger öffentlicher Gewalt stehenden, aber mit hoheitlichen Aufgaben beliehenen Privaten, der in einer der zu a) genannten entsprechenden Weise für die Schuldnerin tätig gewesen ist, und ferner

c) durch eine — nicht in Ausübung öffentlicher Gewalt tätige — Zivilperson

verletzt werden[112]. Ein derartiger Fall ist beispielsweise denkbar, wenn ein Träger öffentlicher Gewalt, um seine Fürsorgepflicht gegenüber seinem Beamten zu erfüllen, einen selbständigen Handwerker mit der Instandsetzung der Diensträume beauftragt hat.

---

[110] Vgl. Burckhardt, Die völkerrechtliche Verantwortung, S. 11/12: „.... weil der Gesamtheit notwendig die Verletzung der Pflicht, welche *sie allein* zu erfüllen hat, zugerechnet werden muß. Für die Erfüllung eines Vertrages, den die Aktiengesellschaft geschlossen hat, kann nur *sie* haften; sonst hätte diese Verpflichtung selbst keinen Sinn". (Hervorhebungen von mir.)

[111] Siehe BVerwGE 25, 138 (143): „Auch eine selbständige Körperschaft kann als Gehilfin des Landes bei der Erfüllung von Fürsorgepflichten gegenüber Landesbeamten in Betracht kommen..."

[112] Diese Fälle werden in der Literatur teilweise ausdrücklich angeführt, um die Notwendigkeit einer neben der Staatshaftung aus Art. 34 GG, § 839 BGB bestehenden Haftung eines Trägers öffentlicher Gewalt entsprechend dem bürgerlichen Recht der Forderungsverletzung zu begründen: Pentz, NJW 1960, 85; Weimar, JR 1959, 334 f.

Lediglich in den unter b) genannten Fällen gelangen Rechtsprechung und Lehre zu der allein sachgemäßen Haftung der „Funktionskörperschaft", also der Schuldnerin und nicht einer außerhalb des Schuldverhältnisses stehenden dritten Körperschaft. Dagegen würde in den unter a) erwähnten Fällen nach der herrschenden „Anstellungstheorie" und bei Ablehnung der „Funktionstheorie" ein Nichtschuldner für Forderungsverletzungen haften. Die Anstellungskörperschaft würde wegen Verletzung einer gar nicht ihr, sondern einer dritten Körperschaft obliegenden Primärverpflichtung zum Schadensersatz verpflichtet sein. Zur Begründung einer *Schuldner*haftung ist daher auch in den Fällen zu a) entgegen der herrschenden Meinung nicht der Anstellungs-, sondern der Funktionstheorie zu folgen.

III. Die Haftung des Hoheitsträgers für das Verschulden einer als Erfüllungsgehilfin eingeschalteten Z i v i l person

Dagegen versagt Art 34 GG als Zurechnungsnorm ungeachtet der richtigen Entscheidung zwischen der Anstellungs- und Funktionstheorie in den Fällen, in denen eine *Zivil*person als Erfüllungsgehilfin eines Hoheitsträgers im Rahmen öffentlich-rechtlcher Schuldverhältnisse eine Forderungsverletzung verschuldet, ohne selbst hoheitlich tätig zu sein. Denn Art. 34 GG setzt jedenfalls — wie weit der Begriff des Beamten im haftungsrechtlichen Sinne auch immer gefaßt wird — eine mit der Ausübung öffentlicher Gewalt betraute Person voraus, und die Pflichtverletzung des Amtsträgers muß „in Ausübung eines ihm anvertrauten öffentlichen Amtes" begangen worden sein[113].

Art. 34 GG stellt also keine für alle Fälle ausreichende Zurechnungsnorm bei öffentlich-rechtlicher Forderungsverletzung dar[114]. Sein Mangel besteht darin, daß er die Gehilfenhaftung auf die *Amts*gehilfen beschränkt und dabei nicht berücksichtigt, daß ein Hoheitsträger im Rahmen öffentlich-rechtlicher Schuldverhältnisse auch eine nicht in Ausübung öffentlicher Gewalt tätige Zivilperson als Erfüllungsgehilfin einschalten kann. Insoweit ist eine entsprechende Anwendung des § 278 BGB auf öffentlich-rechtliche Schuldverhältnisse geboten[115]. Der Grund dieser Zurechnungsnorm, daß nämlich ein Schuldner, der für die Erfüllung seiner Schuld den Vorteil fremder Hilfe beansprucht, auch deren Risiko tragen, daß mit der durch die Verwendung von Hilfspersonen

---

[113] Siehe dazu Wolff, Verwaltungsrecht I, § 64 II b, c und d, S. 444—446.
[114] Vgl. auch Pentz, NJW 1960, 85; Weimar, JR 1959, 334 f.
[115] Unrichtig daher insoweit von Arnswaldt, S. 472 und Denecke, JR 1953, 40 f., die der Meinung sind, daß das durch § 278 BGB begründete Institut der Gehilfenhaftung für das öffentliche Recht durch die Staatshaftungsnormen des Art. 34 GG bzw. 131 WV in vollem Umfang verwirklicht sei.

eingetretenen Erweiterung des Geschäftskreises des Schuldners eine Erweiterung seines — nicht des Gläubigers — Risikobereichs einhergehen muß[116], trifft auch auf öffentlich-rechtliche Schuldverhältnisse zu[117].

Eine Körperschaft des öffentlichen Rechts haftet also nach Art. 34 GG nicht nur, wenn sie sich zur Erfüllung einer kraft öffentlichen Rechts bestehenden Obligation ihrer eigenen Organwalter bedient, sondern auch — in Übereinstimmung mit der Funktionstheorie — wenn sie eine andere juristische Person des öffentlichen Rechts oder deren Funktionäre oder eine mit öffentlicher Gewalt beliehene Privatperson in den Erfüllungsablauf einschaltet. Bedient sie sich dagegen einer nicht in Ausübung öffentlicher Gewalt tätigen — natürlichen oder juristischen — Zivilperson, also keines Amtsgehilfen, dann findet § 278 BGB entsprechende Anwendung.

Die Ergänzung der Zurechnungsnorm des Art. 34 GG durch die des § 278 BGB bedeutet aber nicht, daß in allen Fällen der entsprechenden Anwendung des § 278 BGB notwendigerweise auch die *Haftungs*normen des bürgerlichen Schuldrechts Anwendung finden[118]. Vielmehr bleibt Haftungsnorm der öffentlich-rechtlichen Forderungsverletzung—mit den genannten Einschränkungen —die Staatshaftungsnorm des Art. 34 GG. Sie wird in den Fällen, in denen kein Amtsträger oder Amtsgehilfe, sondern eine als Erfüllungsgehilfin tätige Zivilperson eine Forderungsverletzung verschuldet, ergänzt durch eine analoge Anwendung des § 278 BGB[119].

---

[116] Larenz, Schuldrecht I, S. 233 f.; Esser, Schuldrecht I, S. 254; Bettermann, DÖV 1954, 300.
[117] Zur Anwendbarkeit des § 278 BGB im öffentlichen Recht siehe insb.: Palandt-Heinrichs, § 278 Anm. 5; Erman-Groepper, § 278 Anm. 10; Reimer Schmidt in Soergel-Siebert, § 278 Rdn. 4; Staudinger-Werner, § 278 Rdn. 12—14; Schack, Laun-Festschrift, S. 282; Simons, S. 154/55; Blume, S. 163; siehe ferner BSG NJW 1969, 206 (207).
[118] Im Gegensatz dazu die herrschende Lehre und Rechtsprechung, die die — begrenzte — Anwendung des Rechtsgedankens des § 278 BGB stets mit der Anwendung der *Haftungs*normen des privaten Rechts der Forderungsverletzung verbinden.
[119] Der Sache nach ähnlich — wenn auch ohne ausdrücklichen Rückgriff auf § 278 BGB — Herschel, NJW 1969, 817 (818), für die Fälle, daß der Organwalter bei der Entscheidung bzw. zur Vorbereitung seiner Entscheidung Hilfspersonen als technische, medizinische, pädagogische usw. Experten heranzieht und nur diesen Hilfspersonen ein schuldhafter Pflichtverstoß zur Last fällt: „... täte man ... besser, anzunehmen, daß es sich um eine besondere, rechtspolitisch notwendige Haftung für Gehilfen handelt ... Ohne diese Ausdehnung würde der Art. 34 GG in sehr vielen Fällen leerlaufen ... Für die Staatshaftung kann es nicht darauf ankommen, ob der vom Ausüber des 'eigentlichen Hoheitsaktes' hinzugezogene Gehilfe der gleichen Verwaltungseinheit als Bediensteter angehört oder ob er ein Externer ist".

Zusammenfassung

1. Das Schuldverhältnis als rechtliche Sonderverbindung bestimmter Personen, in der einer Leistungspflicht der einen ein Forderungsrecht der anderen Partei entspricht (vgl. § 241 BGB), ist nicht nur ein Institut des privaten, sondern auch des öffentlichen Rechts.

2. Auch im öffentlichen Recht sind absolute und relative Rechte zu unterscheiden.

Die begrifflich-dogmatische Trennung der unerlaubten Handlung von der Forderungsverletzung gilt mit der Besonderheit auch im öffentlichen Recht, daß die (positiven) Handlungsansprüche des status negativus nicht den privaten Forderungsrechten, sondern den dinglichen oder negatorischen Ansprüchen entsprechen, so daß ihre Verletzung unerlaubte Handlung und nicht Forderungsverletzung ist.

3. Mit der Bejahung der begrifflich-dogmatischen Frage nach Anerkennung öffentlich-rechtlicher Schuldverhältnisse ist die Anwendbarkeit der für das privatrechtliche Schuldverhältnis maßgeblichen Haftungsnormen noch nicht erwiesen.

4. Die von der Rechtsprechung und herrschenden Lehre vorgenommenen, gegenüber dem entsprechenden Rechtsinstitut des Privatrechts *einschränkenden* Begriffsbestimmungen eines öffentlich-rechtlichen Schuldverhältnisses und die daran anschließende unterschiedliche Behandlung öffentlich-rechtlicher Forderungsverletzungen sind willkürlich:

a) Das Reichsgericht beschränkte das Institut der Forderungsverletzung auf ganz bestimmte, einzelne wenige Rechtsverhältnisse des öffentlichen Rechts: auf die öffentlich-rechtliche Verwahrung, auf das Beamtenverhältnis und auf gewisse Anstaltsverhältnisse.

b) Die neuere Rechtsprechung scheint einen weniger engen Standpunkt einzunehmen: Der Bundesgerichtshof bejaht seit BGHZ 21, 214 generell die „sinngemäße Anwendung des vertraglichen Schuldrechts als Ausdruck allgemeiner Rechtsgedanken auf öffentlich-rechtliche Verhältnisse", sofern „ein besonders enges Verhältnis des einzelnen zum Staat oder zur Staatsverwaltung" bestehe, in dem das staatliche Handeln „Ausfluß seiner fürsorgerischen Tätigkeit in bezug auf den einzelnen" sei.

c) In der Literatur wird die Forderungsverletzung überwiegend entweder auf öffentlich-rechtliche Koordinationsverhältnisse oder auf Rechtsverhältnisse des einzelnen zum Staat beschränkt, bei denen der Hoheitsträger nicht „obrigkeitlich", sondern „schlicht-hoheitlich" tätig werde.

Die öffentlich-rechtliche Forderungsverletzung als enteignungsgleicher Eingriff?

5. Die öffentlich-rechtliche Forderungsverletzung stellt keinen enteignungsgleichen Eingriff dar. Auch soweit öffentliche Forderungsrechte dem Eigentumsschutz des Art. 14 GG unterfallen, liegt ein enteignungsgleicher Eingriff wegen Verletzung dieser Forderungsrechte doch nur dann vor, wenn der Hoheitsträger als ein außerhalb des Schuldverhältnisses stehender *Dritter*, also als Nichtschuldner, eingreift.

6. Sieht man demgegenüber auch in der öffentlich-rechtlichen Forderungsverletzung einen enteignungsgleichen Eingriff, dann entfällt jedes Bedürfnis einer entsprechenden Anwendung des bürgerlichen Schuldrechts, soweit es um die Schadenshaftung des Staates im allgemeinen und besonderen Gewaltverhältnis geht. Ein derartiges Bedürfnis läßt sich insbesondere nicht unter dem Gesichtspunkt einer weitergehenden Haftungsfolge des bürgerlichen Rechts, also mit dem Unterschied von Kompensation (Art. 14 III GG) und Restitution (§ 249 BGB) rechtfertigen.

Amtspflichtverletzung und öffentlich-rechtliche Forderungsverletzung

7. Als Partei eines öffentlich-rechtlichen Schuldverhältnisses kommt nur der Staat oder eine sonstige juristische Person des öffentlichen Rechts, nicht aber der Amtsträger in Betracht. Da niemals er der Schuldner öffentlich-rechtlicher Erfüllungsansprüche des Bürgers ist, kann er persönlich nicht wegen (schuldhafter) Forderungsverletzung, sondern nur wegen unerlaubter Handlung haften.

8. Wenn die herrschende Lehre davon ausgeht, daß Art. 34 GG keine unmittelbare Staatshaftung, sondern nur eine Haftungsübernahme des Staates für Beamtenunrecht begründet, dann erfaßt die Amtshaftung nicht unmittelbar die Tatbestände der Forderungsverletzung. Die Hafung des Staates als Schuldner für Forderungsverletzungen setzt eine originäre und primäre Haftung voraus.

9. Die notwendige Folgerung aus der Schuldübernahmekonstruktion der herrschenden Lehre, daß das geltende Amtshaftungsrecht Be-

standteil des Deliktsrechts ist und daß es ausschließlich *Delikte* des *Amtsträgers* sanktioniert, ist dann nicht von entscheidender Bedeutung, wenn die Amtshaftungsvorschriften *mittelbar* und im Ergebnis — über die Eigenpflichtverletzung des Organwalters — jede Form von Staatsunrecht einschließlich der Forderungsverletzung sanktionieren.

10. Das aber ist nach der herrschenden Lehre und Rechtsprechung deshalb nicht der Fall, weil man über die Schuldübernahmekonstruktion hinaus die Amtspflichten im Sinne des § 839 BGB/Art. 34 GG nicht nur als Eigenpflichten des Organwalters, die Staatshaftung nicht nur als Haftung für fremdes, weil Organwalterunrecht versteht, sondern darüber hinaus die Amtspflichten als *Innen*pflichten des Amtsträgers konstruiert.

Das hat die Konsequenz, daß einerseits rechtmäßiges Organwalterhandeln amtspflichtwidrig und andererseits rechtswidriges Amtshandeln amtspflichtgemäß sein kann.

11. Auch auf der Grundlage der Schuldübernahmetheorie können die Amtspflichten der geltenden Staats- und Amtshaftungsvorschriften nur *Außen*pflichten sein. Die Amtspflichtverletzung ist als unerlaubte Handlung Verstoß gegen objektives Recht. Ebenso wie für § 831 BGB die bloße Vertragswidrigkeit nicht genügt, so reicht auch die bloße Dienstpflichtwidrigkeit für § 839 BGB nicht aus.

12. Abgesehen davon ist die Staatshaftung nach Art. 34 GG im Gegensatz zur herrschenden Meinung keine sekundäre und übernommene Haftung des Staates für Amtswalterunrecht, sondern primäre und unmittelbare Haftung des Staates für eigenes Unrecht.

Art. 34 GG ist — anders als die (ausschließlichen) Zurechnungsnormen der §§ 31, 89, 278 BGB — Zurechnungs- und Haftungsnorm zugleich. Es ist insbesondere nicht möglich, den § 839 BGB als Haftungs- oder Anspruchsnorm einer unmittelbaren Staatshaftung heranzuziehen.

13. Die Staatshaftung aus Art. 34 GG ist nicht beschränkt auf deliktisches (Staats-)Unrecht, also auf die Verletzung absoluter oder allgemeiner Pflichten eines Trägers öffentlicher Gewalt. Art. 34 GG ist zugleich Haftungsnorm für schuldhafte öffentlich-rechtliche Forderungsverletzungen.

14. Grundsätzlich ergibt sich daher die Rechtsfolge einer von einem Hoheitsträger zu vertretenden öffentlich-rechtlichen Forderungsverletzung ausschließlich aus Art. 34 GG, eine entsprechende Anwendung der §§ 280 ff. BGB kommt insoweit nicht in Frage.

15. Eine Schlechterstellung des Gläubigers eines öffentlich-rechtlichen Schuldverhältnisses gegenüber dem privaten Gläubiger ist dadurch ausgeschlossen, daß

a) die Subsidiaritätsklausel des § 839 I 2 BGB und der Haftungsausschluß in § 839 III BGB für die Staatshaftung nicht gelten;

b) der Staatshaftungsanspruch auch Naturalrestitution umfaßt;

c) die Beweislast hinsichtlich des Verschuldens sich in analoger Anwendung des § 282 BGB bestimmt;

d) die entsprechende Anwendung des § 288 BGB (Verzugszinsen) auch im Rahmen des Staatshaftungsanspruchs nach Art. 34 GG zulässig ist und

e) beim Staatshaftungsanspruch, soweit dieser nicht deliktisches Unrecht, sondern eine Vertrags- oder sonstige Forderungsverletzung betrifft, die Verjährungsvorschrift des § 852 BGB unanwendbar ist, vielmehr mangels abweichender Sondernormen die Regelvorschrift des § 195 BGB entsprechend gilt.

16. Der unter Ziffer 14 genannte Grundsatz wird — abgesehen von den unter Nr. 15 c) bis e) genannten Ergänzungen des Amtshaftungsrechts — durchbrochen bei der öffentlich-rechtlichen Verwahrung und bei der Verletzung der beamtenrechtlichen Fürsorgepflicht. In diesen Fällen wird durch das Gesetz selbst (§ 40 II S. 1 und 2 VwGO) ein durch entsprechende Anwendung des bürgerlichen Rechts der Forderungsverletzung abzuleitender Schadensersatzanspruch neben dem Amtshaftungsanspruch vorausgesetzt und anerkannt.

17. Ferner finden bei Verletzung synallagmatischer Hauptleistungspflichten im Rahmen gegenseitiger Verträge des öffentlichen Rechts nicht Art. 34 GG, sondern die §§ 323, 325, 326 BGB entsprechende Anwendung.

18. Als *Zurechnungs*norm ist Art. 34 GG bei Forderungsverletzungen in den Fällen ergänzungsbedürftig, in denen als Erfüllungsgehilfe kein Amtsträger, sondern eine — nicht in Ausübung öffentlicher Gewalt tätige — Zivilperson eingeschaltet ist. Insoweit findet § 278 BGB neben Art. 34 GG entsprechende Anwendung.

Literaturverzeichnis

Apelt, Willibalt: Der verwaltungsrechtliche Vertrag, AöR 84 (1959), S. 249 bis 273

Arnswaldt, Hans-Dietrich von: Der Anspruch aus öffentlich-rechtlicher Verwahrung und staatshoheitsrechtliche Haftung, Gruchot 73 (1933), S. 459 bis 478

Bachof, Otto: Die verwaltungsgerichtliche Klage auf Vornahme einer Amtshandlung, 2. Aufl., Tübingen 1968
— Zum Problem des Klagerechts im Anfechtungsprozeß, Nachwort, AöR 88 (1963), S. 424 ff.
— Die Rechtsprechung des Bundesverwaltungsgerichts, JZ 1966, 642 ff.
— Rechtswirkung und subjektive Rechte im öffentlichen Recht, Gedächtnisschrift für W. Jellinek, München 1955

Bartlsperger, Richard: Die Folgen von Staatsunrecht als Gegenstand der Gesetzgebung, NJW 1968, S. 1697 ff.

Baur, Fritz: Der Beseitigungsanspruch nach § 1004 BGB, AcP 160, S. 465 ff.
— Lehrbuch des Sachenrechts, 5. Aufl., München 1969
— Neue Verbindungslinien zwischen Privatrecht und öffentlichem Recht, JZ 1963, S. 41 ff.
— Zu der Terminologie und einigen Sachproblemen der „vorbeugenden Unterlassungsklage", JZ 1966, 381 ff.

Beinhardt, Gerd: Der öffentlich-rechtliche Vertrag im deutschen und französischen Recht, VerwArch 55 (1964), S. 151, 210

Bender, Bernd: Zur Problematik der durch Staatsunrecht begründeten öffentlich-rechtlichen Kompensations- und Restitutionspflichten, DÖV 1968, S. 156 ff.
— Der Rechtsweg bei Klagen gegen Auftragssperren der öffentlichen Hand, JuS 1962, S. 178 ff.

Berber, Friedrich: Lehrbuch des Völkerrechts, Bd. III, München und Berlin 1964

Bergmann, Heinrich: Die Auswertung von Vorschriften des Bürgerlichen Gesetzbuches im Rechtsbereich der Verwaltung, iur. Diss. (ungedr.) Leipzig 1946

Baumbach, Adolf und Wolfgang *Lauterbach*: Zivilprozeßordnung, 29. Aufl., München und Berlin 1966—68

Bettermann, Karl August: Beweislast und Beweiswürdigung im Zivil- und Verwaltungsprozeß, Verhandlungen des 46. DJT, Essen 1966, Bd. II, E 26 ff.
— Diskussionsbeitrag auf dem 41. DJT, Berlin 1955, Verh. Bd. II, C 81 ff.
— Die Bindung der Sozialbehörden an Gesetz und Recht, in: Rechtsschutz im Sozialrecht, Köln 1965, S. 47 ff.

Bettermann, K. A.: Gewerbefreiheit der öffentlichen Hand — Beiträge zu Art. 12 I, 15, 19 III GG, Berliner Festschrift für Ernst E. Hirsch, Berlin 1968
— Juristische Personen des öffentlichen Rechts als Grundrechtsträger, NJW 1969, 1321 ff.
— Über Klage- und Urteilsarten, Festschrift für Fragistas, 1967, S. 47 ff.
— Zur Lehre vom Folgenbeseitigungsanspruch, DÖV 1955, S. 528 ff.
— Rechtsgrund und Rechtsnatur der Staatshaftung, DÖV 1954, 299 ff.
— Vom Sinn der Amtshaftung, JZ 1961, 482 f.
— Der Schutz der Grundrechte in der ordentlichen Gerichtsbarkeit, in: Die Grundrechte, Bd. III, 2. Halbbd., Berlin 1959, 779 ff.
— Das erfolglose Vorverfahren als Prozeßvoraussetzung des verwaltungsgerichtlichen Verfahrens, DVBl. 1959, 308 ff.
— Zivilgerichtlich verfolgbarer Schadensersatzanspruch bei unberechtigter Verwaltungsvollstreckung? JZ 1960, S. 335 ff.
Bezzola, Clo Duri: Der Einfluß des privaten auf die Entwicklung des öffentlichen Schadensersatzrechts in der Schweiz, in Deutschland und in Frankreich, Züricher Diss., Winterthur 1960
Blomeyer, Arwed: Allgemeines Schuldrecht, 3. Aufl., Berlin-Frankfurt/M. 1964
— Studien zur Bedingungslehre, Teil 1, Über bedingte Verpflichtungsgeschäfte, Berlin 1938
Blume, Joachim: Schuldrechtsähnliche Sonderverbindungen im öffentlichen Recht, Diss. Göttingen 1967
Boehmer, Gustav: Grundlagen der Bürgerlichen Rechtsordnung; Erstes Buch: Das bürgerliche Recht als Teilgebiet der Gesamtrechtsordnung, Tübingen 1950
Böhmer, Emil: Elterliches Mitverschulden bei Unfällen von in der Bahn beförderten Kindern, MDR 1960, 265 f.
— Der Schlußsatz des § 254 Abs. 2 BGB bezieht sich nicht auf unerlaubte Handlungen i. S. des § 254 Abs. 1 BGB, MDR 1961, S. 1 ff.
Brückler, Karl Otto: Rechtsweg bei Verletzung öffentlich-rechtlicher Verträge, DRiZ 1964, S. 372—373
Buchner, Werner: Die Körperschaften und Anstalten des öffentlichen Rechts, Diss. (ungedr.) München 1958
Buddeus: Amtsverbrechen und Amtsvergehen, Dienstverbrechen und Dienstvergehen, in: Rechtslexikon für Juristen aller deutschen Staaten enthaltend die gesamte Rechtswissenschaft, redigiert von Julius Weiske, Band I, 1839, S. 220 ff.
Buhl, Herbert: Rechtsverhältnis des Notars zum Auftraggeber in Deutschland, zugleich in Vergleichung mit außerdeutschen Rechten, Lübeck 1930
Bühler, Ottmar: Die subjektiven öffentlichen Rechte und ihr Schutz in der deutschen Verwaltungsrechtsprechung, Berlin, Stuttgart, Leipzig 1914
— Altes und Neues über Begriff und Bedeutung der subjektiven öffentlichen Rechte, in: Gedächtnisschrift für W. Jellinek, München 1955, S. 269 ff.
— Der Einfluß des Steuerrechts auf die Begriffsbildung des öffentlichen Rechts, Mitbericht in: VVDStRL 3, S. 102 ff.
Bullinger, Martin: Öffentliches Recht und Privatrecht, Stuttgart, Berlin, Köln, Mainz 1968

Burckhardt, Walter: Die völkerrechtliche Verantwortlichkeit der Staaten, Bern 1924

Bursche, H.: Die Verzinsung von Dienst- und Versorgungsbezügen, ZBR 1955, 69 ff.

Caemmerer, Ernst von: Wandlungen im Deliktsrecht, in: Hundert Jahre Deutsches Rechtsleben, Festschrift zum hunderjährigen Bestehen des Dt. Juristentages, Band 2, Karlsruhe 1960, S. 49 ff.

Czermak, Fritz: Nochmals: Zum Beurteilungszeitraum beim verwaltungsgerichtlichen Verpflichtungsurteil, BayVerwBl. 1965, S. 93 f.

Daimer, Richard: Die Prüfungs- und Belehrungspflicht des Notars, 2. Aufl., Berlin und Köln 1955

Dapprich, Gerhard: Die prozessualen Folgen des fehlenden Vorverfrahrens, DVBl. 1960, 194 ff.

Denecke, Johannes: Zur Anwendung des § 278 BGB bei öffentlich-rechtlichen Verhältnissen, JR 1953, S. 40—44

Deubner, K. G.: Bemerkungen zur analogen Anwendung des § 281 BGB auf den Eigentumsherausgabeanspruch, MDR 1958, 197 ff.

Dietz, Rolf: Anspruchskonkurrenz bei Vertragsverletzung und Delikt, Berlin und Köln 1934

Drischler, Karl: Hinterlegungsordnung vom 10. März 1937, Münster 1951

Dürig, Günter: Der Staat und die vermögenswerten öffentlich-rechtlichen Berechtigungen seiner Bürger, in: Festschrift für W. Apelt, München 1958, S. 13 ff.

Eckert, Lutz: Leistungsstörungen in verwaltungsrechtlichen Schuldverhältnissen, DVBl. 1962, S. 11—21

Enneccerus, Ludwig und Heinrich *Lehmann*: Lehrbuch des Bürgerlichen Rechts, 2. Bd.: Recht der Schuldverhältnisse, 15. Bearbeitung, Tübingen 1958

— und Hans Carl *Nipperdey*: Lehrbuch des Bürgerlichen Rechts, 1. Bd.: Allgemeiner Teil des Bürgerlichen Rechts, 15. Aufl., 1. u. 2. Halbband, Tübingen 1959 u. 1960

Erichsen, Hans-Uwe: Zur Haftung der Post, DÖV 1965, S. 158 ff.

Erman, Walter (Hrsg.): Handkommentar zum Bürgerlichen Gesetzbuch, 4. Auflage, in zwei Bänden, Münster 1967

Esser, Josef: Schuldrecht, Allgemeiner und Besonderer Teil, 2. Aufl., Karlsruhe 1960 und Schuldrecht Bd. I, Allgemeiner Teil, Bd. II, Besonderer Teil, 3. Aufl., Karlsruhe 1968, 1969

— Die Verantwortlichkeit des Verletzten für mitwirkendes Verschulden seiner Hilfspersonen, JZ 1952, S. 257 ff.

Evers, Hans-Ulrich: Die Nachbarklage im Baurecht, JuS 1962, S. 87 ff.

Eyermann, Erich und Ludwig *Fröhler*: Verwaltungsgerichtsordnung, 4. Aufl., München-Berlin 1965

Felix, Günther: Steuerrecht und Verwaltungsrecht, in: Festschrift für Armin Spitaler, Köln 1958, S. 135 ff.

Fischbach, Oskar Georg: Bundesbeamtengesetz, 3. Aufl., Köln, Berlin, Bonn, München 1964—65

Fischer, Robert: Empfiehlt es sich, die verschiedenen Pflichten des Staates zur Entschädigungsleistung aus der Wahrnehmung von Hoheitsrechten nach Grund, Inhalt und Geltendmachung gesetzlich neu zu regeln? Referat auf dem 41. DJT (1955), Verhandlungen Bd. II, Tübingen 1956, S. C 37 ff.

Fischer, Ulf: Zur Verzinsung öffentlich-rechtlicher Geldforderungen, NJW 1969, 1883 ff.

Fleiner, Fritz: Institutionen des Deutschen Verwaltungsrechts, Tübingen 1911 u. 8. Aufl. 1928

Flume, Werner: Steuerwesen und Rechtsordnung, in: Festschrift für R. Smend zum 70. Geburtstag, Göttingen 1952, S. 59 ff.

Foerster, Geman: Kommentar zum Allgemeinen Landesverwaltungsgesetz für Schleswig-Holstein, Wiesbaden 1968

Forsthoff, Ernst: Lehrbuch des Verwaltungsrechts, Erster Band: Allgemeiner Teil, 9. Aufl., München und Berlin 1966

Franke, Franz-Josef: Der Folgenbeseitigungsanspruch, VerwArch 57 (1966), S. 356 ff.

Friedrichs, Karl: Wie weit sind die Vorschriften des BGB auf Schuldverhältnisse des öffentlichen Rechts anwendbar? ArchBürgR 42 (1916), S. 28—80

— Der allgemeine Teil des Rechts, Berlin und Leipzig 1927

Gehre, Horst: Die Entwicklung der Amtshaftung in Deutschland seit dem 19. Jahrhundert, Diss. Bonn 1958

Gernhuber, Joachim: Die Haftung für Hilfspersonen innerhalb des mitwirkenden Verschuldens, AcP 152 (1952/53), S. 69-83.

— Lehrbuch des Familienrechts, München und Berlin 1964

Giacometti, Zaccaria: Allgemeine Lehren des rechtsstaatlichen Verwaltungsrechts, Zürich 1960

Goetzeler, Richard: Die Steuerhinterziehung als Rechtsgrundlage für die steuerliche Pflicht des Hinterziehers, in: Vierteljahresschrift für Steuer- und Finanzrecht, 1928, S. 196 ff.

Gönner, Nicolaus Thaddäus: Der Staatsdienst aus dem Gesichtspunkt des Rechts und der Nationalökonomie betrachtet, Landshut 1808

Götz, Volkmar: Verzinsung öffentlich-rechtlicher Geldforderungen, DVBl. 1961, S. 433—439

Haas, Diether: System der öffentlich-rechtlichen Entschädigungspflichten, Karlsruhe 1955

Häfelin, Ulrich: Die Rechtspersönlichkeit des Staates. 1. Teil: Dogmengeschichtliche Darstellung, Tübingen 1959

Haff, Karl: Institutionen der Persönlichkeitslehre und des Körperschaftsrechts, Zürich 1918

Hälbig, Elmar: Zur Auslegung der Wendung „die ihm einem Dritten gegenüber obliegende Amtspflicht" in Art. 34 GG, Diss. Münster 1965

Hartmann: Können die bürgerlichen Gerichte über öffentlich-rechtliche Gegenforderungen entscheiden? DJZ 1912, 1519

— Kann der Anstellungsakt widerrufen werden? JW 1915, 120 ff.

Heidenhain, Martin: Amtshaftung und Entschädigung aus enteignungsgleichem Eingriff, Berlin 1965

— Folgen rechtswidrigen hoheitlichen Verwaltungshandelns, JZ 1968, S. 487 ff.

Hellwig, Konrad: System des deutschen Zivilprozeßrechts, Bd. I, Leipzig 1912
Henke, Wilhelm: Das subjektive öffentliche Recht, Tübingen 1968
Hensel, Albert: Der Einfluß des Steuerrechts auf die Begriffsbildung des öffentlichen Rechts, Bericht in VVDStRL 3, S. 63 ff.
Herschel, Wilhelm: Die Haftung der Technischen Überwachungs-Vereine (Ein Beitrag zur Frage der Staatshaftung), in: NJW 1968, 817 ff.
Hesse, Konrad: Grundzüge des Verfassungsrechts der Bundesrepublik Deutschland, 2. Aufl., Karlsruhe 1968
Heydt, Volker: Naturalrestitution und Verwaltungsrechtsweg bei Amtshaftungsklagen, JR 1967, 169 ff.
Hinke, Horst: Zu den Bestimmungen über die Staatshaftung im Referentenentwurf eines Gesetzes zur Änderung und Ergänzung schadensersatzrechtlicher Vorschriften, DVBl. 1967, 641 ff.
Hippel, Ernst von: Mechanisches und moralisches Rechtsdenken, Meisenheim 1959
Horn, Hans Rudolf: Untersuchungen zur Struktur der Rechtswidrigkeit, Berlin 1962
Idel, W.: Beamtenrechtliche Fürsorgepflicht und Amtshaftung, NJW 1955, 1300 ff.
Imboden, Max: Der verwaltungsrechtliche Vertrag, Basel 1958
Ipsen, Knut: Zur Rechtsnatur des Tarifs der Bundesbahn, AöR Bd. 89 (1964), S. 336 ff.
Jaenicke, Günther: Gefährdungshaftung im öffentlichen Recht? Bericht in VVDStRL 20, 135 ff.
Janssen, Günther: Der Anspruch auf Entschädigung bei Aufopferung und Enteignung, Stuttgart 1961
— Entschädigungsrechtlicher Adhäsionsprozeß in der Verwaltungsgerichtsbarkeit? DVBl. 1967, 190 ff.
Jecht, Hans: Die öffentliche Anstalt, Berlin 1963
Jellinek, Georg: System der subjektiven öffentlichen Rechte, 2. Aufl., Tübingen 1919
Jellinek, Walter: Verwaltungsrecht, 3. Aufl., Offenburg 1948
— Schadenersatz aus Amtshaftung und Enteignungsentschädigung, JZ 1955, 147 ff.
Josef, Eugen: Die Anwendbarkeit des § 278 BGB auf öffentlich-rechtliche Verbindlichkeiten, Gruchot 58 (1914), S. 638—651
Kelsen, Hans: Allgemeine Staatslehre, Berlin 1925
— Hauptprobleme der Staatsrechtslehre, 1. u. 2. Aufl., Tübingen 1911 u. 1923
— Reine Rechtslehre, Wien 1934
— Der soziologische und der juristische Staatsbegriff, 2. Aufl., Tübingen 1928
— Das Problem der Souveränität und die Theorie des Völkerrechts, 2. Aufl., Tübingen 1928
— Über Staatsunrecht, in GrünhutsZ Bd. 40 (1914), S. 1 ff.
— General theory of law and state, Cambridge 1947
Kleindienst, Bernhard: Die Bedeutung des § 278 bei mitwirkendem Verschulden, JZ 1957, S. 457—462

Kleindienst, Bernhard: Die entsprechende Anwendung des § 278 BGB bei mitwirkendem Verschulden, NJW 1960, 2028—3032

Knoll, Ernst: Eingriffe in das Eigentum im Zuge der Umgestaltung gesellschaftlicher Verhältnisse, AöR Bd. 81 (1956), S. 157 ff.

Koch, Norbert: Die öffentlich-rechtliche Verwahrung, Diss. jur. (ungedr.), Hamburg 1953

Koehler, Alexander: Verwaltungsgerichtsordnung, Berlin-Frankfurt 1960

Krause, Eberhard: Folgenbeseitigung und Entschädigung wegen sofortiger Vollziehung angefochtener Verwaltungsakte, Diss. Göttingen 1955

Krause, V.: Die beamtenrechtliche Klage nach der Verwaltungsgerichtsordnung, ZBR 1960, S. 65 ff.

Kröner, Herbert: Die Eigentumsgarantie in der Rechtsprechung des Bundesgerichtshofes, Berlin, Köln, München, Bonn 1961

Krüger, Herbert: Allgemeine Staatslehre, 2. Aufl., Stuttgart 1966

— Das besondere Gewaltverhältnis, Bericht in VVDStRL 15, 109 ff.

Kruse, Heinrich Wilhelm: Steuerrecht I (Allgem. Teil), München-Berlin 1966

Kuschmann, Horst: Die Abgrenzung der Enteignung und der Aufopferung von der Amtshaftung in der Rechtsprechung des Bundesgerichtshofs, NJW 1966, 574 ff.

Laband, Paul: Das Staatsrecht des Deutschen Reiches, 5. Aufl., Tübingen 1911/14

— Zum zweiten Buch des Entwurfs eines bürgerlichen Gesetzbuches für das Deutsche Reich, AcP Bd. 73, S. 161 ff.

Lange, Heinrich: Mitwirkendes Verschulden des gesetzlichen Vertreters und Gehilfen außerhalb eines Verpflichtungsverhältnisses (§ 254 BGB), NJW 1953, S. 967 ff.

Lange, Herrmann: Empfiehlt es sich, die Haftung für schuldhaft verursachte Schäden zu begrenzen? Kann für den Umfang der Schadensersatzpflicht auf die Schwere des Verschuldens und die Tragweite der verletzten Norm abgestellt werden? Gutachten für den 43. DJT, Verhandlungen Bd. I, 1. Teil, Tübingen 1960

Larenz, Karl: Lehrbuch des Schuldrechts, Bd. I (7. Aufl.), Bd. II (8. Aufl.), München und Berlin 1964, 1967

Lassally, Oswald: Anwendbarkeit von Normen des bürgerlichen Rechts im öffentlichen Rechte, Fischers Z. 59 (1926), S. 153—166

Lassar, Gerhard: Der Erstattungsanspruch im Verwaltungs- und Finanzrecht, Berlin 1921

Lehmann, Heinrich: Allgemeiner Teil des Bürgerlichen Gesetzbuches, 13. Aufl., Berlin 1962

— Die Unterlassungspflicht im bürgerlichen Recht, München 1906

Leisner, Walter: Gefährdungshaftung im öffentlichen Recht? VVDStRL 20, 185 ff

Lent, Friedrich: Die Gesetzkonkurrenz im bürgerlichen Recht und Zivilprozeß, Bd. I, Leipzig 1912

Lerche, Peter: Die verwaltungsgerichtliche Klage aus öffentlich-rechtlichen Verträgen, in: Staatsbürger und Staatsgewalt, Karlsruhe 1963, Bd. II, S. 59—90

— Übermaß und Verfassungsrecht, Köln, Berlin, München, Bonn 1961

Loening, Edgar: Die Haftung des Staates aus rechtswidrigen Handlungen seiner Beamten nach deutschem Privat- und Staatsrecht, in: Festschrift für Bluntschli, 1879

Lorenz, Werner: Fortschritte der Schuldrechtsdogmatik, JZ 1961, 433 ff.

Löwenberg, Bernward: Die Geltendmachung von Geldforderungen im Verwaltungsrecht, Berlin 1967

Luhmann, Niklas: Öffentlich-rechtliche Entschädigung rechtspolitisch betrachtet, Berlin 1965

Mallmann, Walter: Schranken nichthoheitlicher Verwaltung, Bericht in VVDStRL 19, 165 ff.

Mammey, Gotthold: Zur Anrechnung des Aufsichtsverschuldens des gesetzlichen Vertreters als Mitverschulden des Kindes, NJW 1960, 753 ff.

Mayer, Adalbert: Die Anwendung des § 278 BGB auf öffentlich-rechtliche Verhältnisse, Diss. Köln 1933

Mayer, Otto: Deutsches Verwaltungsrecht, 3. Aufl., Bd. I und II, München-Leipzig 1924

Meier-Branecke, H.: Die Anwendbarkeit privatrechtlicher Normen im Verwaltungsrecht, AöR 11 (n. F.) (1926), S. 230—286

Menger, Christian-Friedrich: Der Schutz der Grundrechte in der Verwaltungsgerichtsbarkeit, in: Bettermann-Nipperdey-Scheuner: Die Grundrechte, Bd. III, 2. Halbband, Berlin 1959, S. 717 ff.

— System des verwaltungsgerichtlichen Rechtsschutzes, Tübingen 1954

— Über die Identität des Rechtsgrundes der Staatshaftungsklagen und einiger Verwaltungsstreitsachen, Gedächtnisschrift für W. Jellinek, München 1955, S. 347—359

— Höchstrichterliche Rechtsprechung zum Verwaltungsrecht, in: VerwArch 52 (1961), S. 92 ff.; 56 (1965), S. 81 ff.

— und Hans-Uwe *Erichsen*: Höchstrichterliche Rechtsprechung zum Verwaltungsrecht, in: VerwArch 56 (1965), S. 278 ff.; 57 (1966), S. 64 ff.

Merk, Wilhelm: Steuerschuldrecht, Tübingen 1926

Meyer, Theodor: Kritische Streifzüge in das Recht der unerlaubten Handlung, Recht 1924, Sp. 507 ff.

Mirbt, Hermann: Beiträge zur Lehre vom Steuerschuldverhältnis, FinArch Bd. 44/I (1927), S. 1 ff.

Molitor, Erich: Über öffentliches Recht und Privatrecht, Karlsruhe 1949

Müller, Wilfried: Beseitigungs- und Unterlassungsansprüche im Verwaltungsrecht, Diss. Göttingen 1967

Münch, Ingo von: Das völkerrechtliche Delikt in der modernen Entwicklung der Völkerrechtsgemeinschaft, Frankfurt/M. 1963

Münzberg, Wolfgang: Verhalten und Erfolg als Grundlagen der Rechtswidrigkeit und Haftung, Frankfurt/M. 1966

— Bemerkungen zum Haftungsgrund der Unterlassungsklage, JZ 1967, 689 ff.

Naumann, Richard: Vom vorbeugenden Rechtsschutz im Verwaltungsprozeß, in Gedächtnisschrift für W. Jellinek, München 1955, S. 391 ff.

Nawiasky, Hans: Allgemeine Rechtslehre, Einsiedeln, Zürich, Köln 1941

Nawiasky, Hans: Einiges über steuerrechtliche Grundfragen, Vierteljahresschrift für Steuer- und Finanzrecht, 1928, S. 442 ff.

Nebinger, Robert: Verwaltungsrecht — Allgemeiner Teil, 2. Aufl., Stuttgart 1949

Nicolaysen, Gert: Eigentumsgarantie und vermögenswerte subjektive öffentliche Rechte, in: Hamburger Festschrift f. Friedrich Schack zum 80. Geburtstag, Hamburg 1966, S. 107 ff.

Niese, Werner: Beurkundung als Rechtspflegeakt, ZZP 73 (1960), S. 1 ff.

Nipperdey, Hans Carl: Tatbestandsaufbau und Systematik der deliktischen Grundsatztatbestände, NJW 1967, S. 1985 ff.

Obermeyer, Klaus: Zur Rechtsstellung des Nachbarn im Baurecht und zum Folgenbeseitigungsanspruch, JuS 1963, 110 ff.

Oertmann, Paul: Kommentar zum Bürgerlichen Gesetzbuch, 1. Buch, 2. Aufl., 2. Buch, 5. Aufl., Berlin 1908 und 1929

Ossenbühl, Fritz: Die Rücknahme von Wohngeldbescheiden und die Rückforderung gezahlter Wohngelder, DÖV 1967, 246 ff.

Palandt: Bürgerliches Gesetzbuch, 29. Aufl., Berlin und München 1970

Pentz, A.: Abgrenzung von Amtshaftung und beamtenrechtlicher Fürsorgepflichtverletzung, NJW 1960, 85 f.

Peters, Hans: Lehrbuch der Verwaltung, Berlin, Göttingen, Heidelberg 1949

Piloty, Robert: Verwaltungsrechtliche Gedanken, in: Otto-Mayer-Festgabe, Tübingen 1916

Planck: Kommentar zum Bürgerlichen Gesetzbuch, herausgegeben von Emil Strohal, 3. Auflage, Bd. II: Recht der Schuldverhältnisse, Berlin 1907

Plog, Ernst und Alexander *Wiedow:* Kommentar zum Bundesbeamtengesetz, Bonn 1958 ff.

Preuß, Hugo: Stellvertretung oder Organschaft? IherJb., II. Folge, Bd. 8 (1902), S. 429 ff.

Raape, Leo: Die Beweislast bei positiver Vertragsverletzung, AcP 147 (1941), S. 217 ff.

Redeker, Konrad und Hans-Joachim *von Oertzen:* Verwaltungsgerichtsordnung, 3. Aufl., Stuttgart, Berlin, Köln, Mainz 1969

Rehm, Hermann: Allgemeine Staatslehre, Freiburg, Leipzig, Tübingen 1899
— Die rechtliche Natur des Staatsdienstes nach deutschem Staatsrecht historisch-dogmatisch dargestellt. Hirths Annalen 1884, S. 565 ff.

Reichsgerichtsrätekommentar: Das Bürgerliche Gesetzbuch, Kommentar herausgegeben von Reichsgerichtsräten und Bundesrichtern, Bd. I, 2. Teil, Bd. II, 2. Teil, 11. Aufl., Berlin 1960

Reinhardt, Rudolf: Empfiehlt es sich, die verschiedenen Pflichten des Staates zur Entschädigungsleistung aus der Wahrnehmung von Hoheitsrechten nach Grund, Inhalt und Geltendmachung gesetzlich neu zu regeln? Gutachten zum 41. DJT (1955), Verhandlungen Bd. I, 1. Halbband, Tübingen 1955, S. 233 ff.

Richter, Ingo: Die Grundlagen der Haftung für 'faute de service' im französischen Staatshaftungsrecht, Frankfurt/M., Berlin 1965

Römer, Gustav: Notariatsverfassung und Grundgesetz, München, Berlin 1963

Rösslein, Thomas: Der Folgenbeseitigungsanspruch, Diss. Tübingen 1967

Rüfner, Wolfgang: Formen öffentlicher Verwaltung im Bereich der Wirtschaft, Berlin 1967

— Der Folgenbeseitigungsanspruch ein materiell-rechtlicher oder ein prozessualer Anspruch? DVBl. 1967, 186 ff.

— Zum gegenwärtigen Stand des deutschen Staatshaftungsrechts, BB 1968, 881 ff.

Rupp, Hans Heinrich: Grundfragen der heutigen Verwaltungsrechtslehre, Tübingen 1965

— Zur neuen Verwaltungsgerichtsordnung: Gelöste und ungelöste Probleme, AöR 85 (1960), S. 149, 301

— Widerruf amtlicher ehrenkränkender Behauptungen, NJW 1961, 811

Sarwey, Otto von: Das öffentliche Recht und die Verwaltungsrechtspflege, Tübingen 1880

Schack, Friedrich: 'Analogie' und 'Verwendung allgemeiner Rechtsgedanken' bei der Ausfüllung von Lücken in den Normen des Verwaltungsrechts, Festschrift für R. Laun, Hamburg 1948, S. 275 ff.

— Die Haftung bei öffentlich-rechtlicher Verwahrung, RVerwBl. 1935, 189 ff.

— Die Haftung aus öffentlich-rechtlicher Verwahrung, Deutsches Gemein- und Wirtschaftsrecht 1939, 17 ff.

— Beamtenfürsorge und Amtshaftungsklage, ZBR 1961, 132 ff.

— Unterlassen einer Beförderung, ZBR 1961, 225 ff.

— Das Maß der Enteignungsentschädigung, MDR 1953, 195

Schelcher, Walter: Die Haftung des Staates für Eingriffe in Privatrechte, FischersZ 52 (1921), S. 1 ff.

Scheuner, Ulrich: Grundfragen der Staatshaftung für schädigende Eingriffe, Gedächtnisschrift für W. Jellinek, München 1955, S. 331—345

Schleeh, Jörg: Zur Dogmatik der öffentlich-rechtlichen Folgenbeseitigung, AöR 92 (1967), S. 58 ff.

Schlusnus, Karl: Der Anspruch auf Beseitigung der Folgen aus fehlerhaften Verwaltungsakten, Diss. München 1952

Schneider, Hans: Die Haftung der Gemeinden für ihre öffentlichen Anstalten, NJW 1962, S. 705—710

Schrödter, Hans: Bundesbaugesetz (Kommentar), Berlin-Frankfurt 1964

Schüle, Adolf: Treu und Glauben im Deutschen Verwaltungsrecht, VerwArch 38 (1933), S. 399—436

Schulthes, Jens: Die Höhe der Enteignungsentschädigung, Köln 1965

Schulze, Elmar: Baudispensverträge, Stuttgart 1964

Schütz, Erwin: Die Fürsorge- und Schutzpflicht des beamtenrechtlichen Dienstherrn, DÖD 1958, 201 ff.

Schwär, Günter: Leistungsstörungen bei der Erfüllung öffentlich-rechtlicher Leistungspflichten, Diss. jur., Köln 1969

Schwankhart, Franz: Verzugs- und Prozeßzinsen im Sozialrecht, NJW 1970, 1301 ff.

Seybold, Karl und Erich *Hornig*: Bundesnotarordnung, 4. Aufl., Berlin-Frankfurt/M. 1962

— und Franz *Lemmens*: Reichsnotarordnung, 3. Aufl., Leipzig-Berlin 1943

Siber, Heinrich: Der Rechtszwang im Schuldverhältnis nach deutschem Reichsrecht, Tübingen 1907

Siebert, Wolfgang: Rechtsstellung und Haftung der Technischen Überwachungsvereine im Kraftfahrzeugprüfungswesen, Heidelberg 1957

Simons, Lothar: Leistungsstörungen verwaltungsrechtlicher Schuldverhältnisse, Berlin 1967

Soergel, Hans Theodor und Wolfgang *Siebert:* Bürgerliches Gesetzbuch (Kommentar), 9. Aufl., Bd. I, Stuttgart 1959

Somló, Felix: Juristische Grundlehre, Leipzig 1917

Spanner, Hans: Gesetzliche Regelung des Folgenbeseitigungsanspruchs? DVBl. 1968, 618 ff.

Staedler, E.: Über die Haftpflicht der Zollverwaltung für Postsendungen, JW 1914, 584 f.

Staudinger, Julius von: Kommentar zum Bürgerlichen Gesetzbuch, 11. Aufl., Berlin 1956

Stein-Jonas-Schönke: Kommentar zur Zivilprozeßordnung, begr. von Ludwig Gaupp, bearbeitet seit 1953 von Rudolf Pohle, fortgeführt seit 1967 von Grunsky/Leipold/Münzberg/Schumann, 19. Aufl., 1968

Stein, Ekkehart: Lehrbuch des Staatsrechts, Tübingen 1968

Stein, Lorenz von: Handbuch der Verwaltungslehre, Erster Teil, 1. Abth., Die vollziehende Gewalt, 2. Aufl., Stuttgart 1869

Stern, Klaus: Die Problematik des energiewirtschaftlichen Konzessionsvertrages, AöR 84 (1959), S. 137—184, 273—330

Stödter, Rolf: Öffentlich-rechtliche Entschädigung, Hamburg 1933

Stoll, Hans: Die Beweislastverteilung bei positiven Vertragsverletzungen, Festschrift für Fritz von Hippel zum 70. Geburtstag, Tübingen 1967, S. 517 ff.

Stoll, Heinrich: Abschied von der Lehre von der positiven Vertragsverletzung, AcP 136 (1932), S. 257—320

— Die Lehre von den Leistungsstörungen, Tübingen 1936

Thoma, Richard: Das System der subjektiven öffentlichen Rechte und Pflichten, in Handbuch des Deutschen Staatsrechts, Bd. II, Tübingen 1932, S. 607 ff.

Tiedemann, Klaus: Haftung für Gesundheitsbeschädigungen Gefangener, NJW 1962, 1760 ff.

Tietgen, Walter: Der Zugang zu den Ämtern des öffentlichen Dienstes, in „Hundert Jahre Deutsches Rechtsleben", Festschrift zum hundertjährigen Bestehen des Deutschen Juristentages, Bd. II, Karlsruhe 1960, S. 325 ff.

Tuhr, Andreas von: Der Allgemeine Teil des Deutschen Bürgerlichen Rechts, Leipzig 1910, 1914, 1918

Ule, Carl Hermann: Verwaltungsgerichtsbarkeit, 2. Aufl., Köln, Berlin, München, Bonn 1962

— Rentenkürzungen als Enteignung? in Zeitschrift für Sozialreform 1956, S. 138, 180

Unger, Joseph: Über die Haftung des Staates für Verzugs- und Vergütungszinsen, Zeitschrift für das Private und Öffentliche Recht 31 (1904), S. 107 ff.

Verwaltungsrechtsordnung für Württemberg — Entwurf eines Gesetzes mit Begründung, Stuttgart 1931

Wagner, Heinz: Die Abgrenzung von Enteignung und enteignungsgleichem Eingriff, NJW 1967, 2333 ff.

— Eingriff und unmittelbare Einwirkung im öffentlich-rechtlichen Entschädigungsrecht, NJW 1966, 569 ff.

Wassermeyer, Heinz: Der prima facie Beweis, Münster 1954

Weber, Werner: Eigentum und Enteignung, in Neumann-Nipperdey-Scheuner, Die Grundrechte, Bd. II, Berlin 1954, S. 331 ff.

Weigelin, Ernst: Die Lücken im Recht, IherJb. 88 (1939/40), S. 1—30

Weigert, H. W.: Öffentlich-rechtliche Verwahrungsverhältnisse, Gruchot Bd. 69 (1928), S. 303—311

Weimar, Wilhelm: Gilt der Rechtsgedanke des § 278 BGB auch für öffentlich-rechtliche Verhältnisse? JR 1959, 334 f.

— Kann der Beamte aus der Verletzung der Fürsorgepflicht an den Dienstherrn Schadensersatzansprüche herleiten? RiA 1960, 311 ff.

Wengler, Wilhelm: Völkerrecht, Band I, Berlin-Göttingen-Heidelberg 1964

Wertenbruch, Wilhelm: Der Schadensersatzanspruch des Beamten bei Verletzung der Fürsorgepflicht, JuS 1963, 180 ff.

Westermann, Harry: Haftung für fremdes Verschulden, JuS 1961, S. 333 ff.

— Sachenrecht, 5. Aufl., Karlsruhe 1966

Weyreuther, Felix: Empfiehlt es sich, die Folgen rechtswidrigen hoheitlichen Verwaltungshandelns gesetzlich zu regeln? Gutachten zum 47. DJT, München 1968

— Die Klage auf Unterlassung einer Amtshandlung, Diss. Hamburg 1953

Wilhelm, Bernhard: Die maßgebliche Sach- und Rechtslage bei der Verpflichtungsklage, BayVerwBl. 1964, 350 ff.

Wolff, Hans Julius: Organschaft und juristische Person, Bd. I, Juristische Person und Staatsperson; Bd. II, Theorie der Vertretung, Berlin 1933, 1934

— Verwaltungsrecht, Bd. I, 5. Aufl., München und Berlin 1963; 6. Aufl., 1965; 7. Aufl., 1968; Bd. II, 2. Aufl., 1967; Bd. III, 1966

— Der Unterschied zwischen öffentlichem und privatem Recht, AöR 76 (1950/51), S. 205—217

Wolff, Martin und Ludwig *Raiser*: Sachenrecht, 10. Aufl., Tübingen 1957

Zacharia, Heinrich Albert: Über die Haftungsverbindlichkeiten des Staates aus rechtswidrigen Handlungen und Unterlassungen seiner Beamten, ZgesStW 19 (1863), S. 582 ff.

Zander, Gustav: Der Kauf „auf Abruf", Gruchot Bd. 52, S. 304 ff.

Zeuner, Albrecht: Gedanken zur Unterlassungs- und negativen Feststellungsklage, in: Vom deutschen zum europäischen Recht, Festschrift für Hans Dölle, Bd. I, Tübingen 1963, S. 295 ff.

Zuleeg, Manfred: Die Rechtsform der Subventionen, Berlin 1965

— Bürgerlichrechtliche Schuldverhältnisse zwischen Hoheitsträger und Staatsbürger auf Grund Verwaltungsaktes? Diss. Erlangen 1959

Printed by Libri Plureos GmbH
in Hamburg, Germany